한국재정사의 행태적 탐구 (1945~2007)

–재정적 양심을 위하여

이필우 지음

도서출판 해남

머리말

나라살림은 주지하는 바와 같이 국민이 낸 세금으로 이루어지고 있다. 세금은 나라살림의 수입이다. 수입이 없으면 지출은 불가능한 것이며, 온 국민이 바라는 국정을 수행해 나가려면 무엇보다 중요한 것은 재정의 세입이라 할 수 있다. 한편, 우리가 애써 번 소득에서 나라를 위해 바치는 세금이 잘 쓰이고 있는지의 관심은 납세자 누구나 지니고 있을 것이며, 여기에서 국민의 국가의식 또는 납세의식이 긍정적 또는 부정적으로 형성된다고 할 수 있다.

그런데 이러한 나라살림이 어떤 방식으로 이루어져 왔는가는 납세자 국민의 재정적 관심으로 이어지므로 세금의 씀씀이에 대해 납세자에게 알려 주어야 하며, 그래서 재정정보는 개방화되어야 할 것이다. 이러한 취지에서 1990년에 KDI에서 『한국재정40년사』가 발간되었던 것이다.

이러한 나라살림의 역사는 당시 현역 재정학자들의 집필로서 한국재정사 연구에 큰 업적으로 평가되고 있다. 하지만 주로 수량적 사실의 실증분석에 집중해 재정 문외한에게는 좀 난해한 것이기도 하였다. 따라서 이 나라 일반납세자인 재정 문외한에게도 이해될 수 있는, 그리고 설득적이고 이해 중심의 서술적 설명방식의 재정사 연구가 필요하다. 즉, 질적인 측면에 치중해 이해적 재정사의 연구로 납세자의 재정현상에 대한 바른 이해와 인식이 요구되는 것이다. 그러니까 레토릭(rhetoric)한 수사적이고 설득적인 나라살림의 모습을 그려야 하지 않을까 하는 생각에서 재정학계의 말석에서 저자가 본서의 집필을 감히 시도하였음을 송구스러운 마음으로 고백한다.

이러한 질적인 재정사의 연구는 방법론적으로 정통파가 고집하는 방법론적 개인주의를 피하고, 여기에서는 사회, 국가, 세계를 비롯하여 형이상학적 측면도 포함하는 방법론적 전체론주의(methodological holism)를 채택하고 있음을 밝힌다. 왜냐하면 인간은 단자적인 고립체가 아니며 사회적 개인이기 때문이다.

본서에서는 군정 이후 오늘에 이르기까지(1945~2007)의 나라살림의 모습을 그려 보고자 하였다. 그래서 지난 60년간에 펼쳐진 나라살림의 흐름을 추적하였다. 그 흐름의 주안점은 건전재정이었다. 적자재정이 없는 균형재정의 실현을 재정의 미덕으로 보았기 때문이었다. 그러나 그러한 흐름은 역사적 · 시대적 · 정치적 산물이었다. 따라서 재정운용의 흐름은 때로는 그 시대에 지배된 정치적 역사성 내지 시대적 특성 및 사회문화적 정서 등을 고찰해 전체론적 방법에 의지하는 수밖에 없었음을 밝힌다. 특히, 1980년대 후반기의 재정행태는 한국 고유의 민속심리론의 전통인 이기론(利己論)을 적용해 설명한 분야도 있다.

무엇보다도 재정행태의 특성은 동서를 막론하고 선험적 행태의 정치 · 사회 · 경제적 귀결을 함축하고 있다. 이는 이상과 현실을 연계하는 연역적 방법으로 해명되기보다 선험적 귀납에 의해 수행되고 있음을 알아야 한다. 왜냐하면 위정자의 정치적 의지 및 재정책임 관료의 정책의지 등 목적지향적인 정책의지의 반영으로 이루어지고 있는 것이 그때그때 나라살림의 모습이었기 때문이다. 그래서 방법론적으로 미제스(Ludwig von Mises)의 사전적(事前的)인 추론(推論, a priori)에 기초한 귀납에 의지하고자 한다. 즉, 선험적 귀납에 의지해 한국 재정의 모습을 그려 보고자 하였다. 그러한 모습은 재정책임자의 마음의 반영이기도 하다. 그래서 건전재정과 관련해 재정적 양심(財政的 良心)이라는 심리적 측면을 하나의 정의로운 규범가치로, 아니 칸트(Kant)적인 도의적 의무(道義的 義務, moralische Deontologie, Categorical Imperative)로 그 모습을 가늠해 보고자 하였다.

오늘날 우리는 세계화를 지향하는 새 시대에 살고 있다. 세계화의 가치는 절대성을 지양하고 다원주의(多元主義, pluralism)를 옹호하면서 방법론적으로 개방성(openess)을 지향하는 시대로 전환하고 있다. 이런 가치전제하에서 우리의 경제학 연구도 이제는 인습적인 전통적 방법의 담을 넘어 정통적 절대성에서 눈을 돌려 전체론주의에 기초한 경제학 연구도 받아들일 줄 아는 성숙한 개방성을 보여 주어야 하지 않을까? 그렇지 않고서는 세계화시대에 뒤지는 우스운

꼴이 될 것이며, 단자적 개인주의로 획일화된 경제논리로 비선형적이고 미분화된 심미성을 함축한 경제행동은 설명될 수 없기 때문이다. 특히, 방법론적 폐쇄성의 울타리 속에 갇혀서 합리성으로 양심을 파는 바보, 즉 센(A. Sen)적인 '합리적 바보'(rational fool)가 되어서는 안 되기 때문이다.

2010년 5월

차례

제3장 개발독재시대의 재정행태(박정희, 1961~1979)

제4장 자선적 독재시대의 재정행태(전두환, 1980~1987)

제5장 '보통사람'(가치부재)시대의 재정행태(노태우, 1988~1992)

제6장 '문민정부'의 재정행태(김영삼, 1993~1997)

제7장 '국민의 정부'의 재정행태(김대중, 1998~2002)

제11장 결론: 한국 재정행태의 현실과 규범

제1장

서언

1. 연구동기 및 목적
2. 연구방법
3. 방법론적 전제
4. 기존 연구의 개관 및 연구방향

1 연구동기 및 목적

우리나라에서 재정사에 관한 연구는 다양하게 이루어져 왔다. 또한 연구유형도 다양한데, 예로서 자료 중심의 서술적이고 시사적인 연구가 있는가 하면, 시사담론적인 연구도 있으며, 현대 재정이론의 재정기능(fiscal function)을 적용한 연구[1])도 있다.

그러나 이러한 연구물이 나름대로 가치는 있다고 보지만 재정과정에 참여한 재정주체에 관한 정치경제학적인 행동을 행태학적인 측면에서 해명한 연구는 찾아볼 수 없다. 즉, 재정현상에 관한 정치가, 관료의 행태를 환경변수와 개인적 · 집단적 · 사회심리적 변수와 매개변수 사이의 관계 속에서 결정되는 재정행태의 명확하고 분명한 연구는 결여되어 왔다. 본 연구를 착수하게 된 동기가 바로 이러한 재정사의 흐름을 행태학적 연구의 결여를 메워 보고자 하였던 데 있다.

본 연구의 목적은 한국 재정사에서 재정주체의 행태를 밝힘에 있어, 첫째 재정현상의 인과관계를 목적론적 행태를 통해 밝히며, 둘째 납세자의 공공욕구, 즉 민의수렴에 근거한 재정행태의 정치경제학적 귀결을 조명하고자 한다. 특히, 이에 있어 정부관료 및 정치가의 정책결정이 공익심(公益心)에 집중되었는지, 사익심(私益心)에 집중되었는지를 분별해 내고자 한다.

1) 이창세(1965), 김옥근(1992), 김옥근(1994), KDI(1991), 이철성(1986), 이수범(1996), 유한성(2002).

2 연구방법

앞으로 쓸 것은 '한국재정사의 행태적 탐구'이다. 해방 후 위정자와 재정담당자를 중심으로 한 나라살림 이야기이다. 1945~1986년까지는 『한국재정40년사』가 이미 발간되어 자료이용에 좋지만, 1986년 이후 2008년까지 약 20년간의 자료가 정리되어 있지 않아 국회도서관이나 신문사에 가서 찾는 수밖에 없다.

우선 본 연구의 방법부터 정리해 보자. 행태학은 곧 행위학(behavioral science)이다. 통계수치의 나열로 설명되는 재정사와는 달리 나라살림을 책임지고 운용하였던 재무부 장관의 예산편성 내용의 동기 · 목적 등을 서술할 것이며, 그러한 예산의 집행이 목표대로 운용되었는지, 안 되었다면 그 원인이 무엇인지를 밝히는 것이다. 이러한 연구방법은 장관 개인의 심성도 중요한데, 어떤 사리심(私利心)이 작동하여 공적인 재정운용 목적에 위배되는 행동을 함으로써 비합리성을 초래할 수도 있기 때문이다. 연구방법은 다음과 같다.

첫째, 연구대상은 재정의 통계자료가 아니고 재정운용 책임자인 대통령 및 재무장관의 재정과 관련한 행동이다. 행동은 behavior가 아니라 action이며, 그것은 특정 목적을 전제로 한 수단의 행위이기도 하다.[2)]

둘째, 행동을 설명하자면 특정 행동의 목적과 동기가 먼저 설명되어야 하며, 그 목적달성을 위한 수단제시 또한 설명되어야 된다. 행정관료의 목적과 수단은 재정통계 자료, 대통령 예산안 설명 등을 통해 알 수 있으나 그 동기는, 즉 심리적인 측면은 당시의 상황을 고려해 유추하는 도리밖에 없다. 수단제시는 일부 통계자료를 통해 유추할 수 있다.

셋째, 행동의 결과는 재정자료로서 설명하되 그 원인이 무엇이었던가를 찾아 설명해야 한다. 재정사의 경제학적 연구는 주로 양적인 분석에 치중하고 있다. 그러나 본 연구는 질적인 해명에 집중할 것이다.

2) Ludwig von Mises(2006), pp. 21, 37.

넷째, 당국의 재정행위 결과가 납세자에게 무엇을 가져왔는지 밝히고, 그 결과의 국민경제적 사회 · 문화 · 정치적인 특성을 표현하며, 그것으로 재정행동의 대표적인 특성이 표출되어야 할 것이다. 재정의 정치경제학적 귀결이 탐구되어야 할 것이다. 또한 그러한 귀결의 특성을 한국의 정치 · 경제 · 문화의 정서에 조명하여 그 의미를 밝히는 것이 본 연구의 목적이 있다고 생각된다.[3)]

다섯째, 행동의 인과관계는 선험적(先驗的)이라기보다 사전적으로 예시된 추론적 목표와 수단이다. 행동의 목표 · 수단은 현실에 없는 이상적인 상념이기 때문이다. 인과관계와 관련된 행동의 전제는 사전적 추론(a priori reasoning)으로 볼 수 있다. 즉, 그러한 추론은 사전적 범주(a priori categories)를 전제로 한다. a priori reasoning은 "상념된 어떤 목적을 달성함에 있어 가치의 수단을 적용하여 목적달성을 하겠다는 사전적인 계획 또는 추론"이라고 할 수 있다.[4)] 사전적 추론은 행동의 범주로서의 원인이 되고 있기 때문이다. 그러나 행동의 결과인 종말(finality)은 a priori와 다를 수 있으며, 이 경우 목적과 결과는 일치하지 않을 수도 있다.[5)]

사전적 추론은 연역적이 아니라 귀납적인데, 연역법은 선험성을 전제로 하고 있음에 반해 귀납법은 경험세계에서 이미 알고 있는 그러나 아직 사용하지 않은 지식정보를 수단으로 목적에 적용하는 행동을 말한다. 관료의 재정행동은 이러한 사전적인 a priori한 합리적인 계획하에 이루어지고 있다.

여섯째, 행동에 규칙성(regularity)이 있을 때 사전적 추론은 현실에 적중할 수 있다. 그러나 연역은 규칙성을 결여할 수 있다. 연역은 과거의 경험이 그대로 현실에 나타날 것을 기대하지 않는다. 경험세계에서 체험되지 않은 선험성은 현실에 잘 나타나지 않으므로 오히려 현실은 연역을 부인할 수도 있다. 귀납적인 경험적 아이디어가 현실화되기 때문이다. 연역은 미래행동을 설명할 수 없는

3) 역사학의 목적은 바로 어떤 행동이 사회에 어떤 결과를 초래하였는지를 밝히며, 그 결과의 의미(meaning)를 발견해 내는 데 있다고 미제스는 강조하고 있다(Ludwig von Mises, 2006, p. 39).
4) *Oxford Advavanced Learner's Dictionary*, Oxford University Press(1995), p. 50.
5) Ludwig von Mises(2006), pp. 31~33.

비합리적 방법이기도 하다.

일곱째, 통계적 확률은 표본에 포함되지 않은 부차적 집단(sub group)의 특정 행동과 부차적 집단의 규모에 크게 의존한다. 또한 표본(sampling)선정에도 문제가 있을 수 있다. 그래서 맞을 수도 틀릴 수도 있다. 부차적 집단의 행동이 일치한다면 맞겠지만 그렇지 않다면 확률은 적용될 수 없다.[6]

여덟째, 인간의 마음은 이기적일 수도 이타적일 수도 있다. 여기에 영향을 주는 것은 사회·경제제도에 크게 의존한다. 본 연구에서 저자는 물질주의(materialism)를 부인한다. 경험주의와 물질주의는 체험된 인과관계만을 인간행동의 지식으로 제시하며, 그래서 형이상학적 명제를 부인하고 있다. 그러나 인간행동은 영적이고 정신적인 측면이 있으며, 물리적인 자연법칙과는 상이하며 물질만을 가지고 경제현상을 설명함에는 그 한계가 있다.[7]

인간행동의 규명에는 동기추적이 핵심이다. 기업가는 미래를 예측하고, 역사학자는 과거가 핵심이다. 선택도 인간의 생각하는 마음에서 비롯된다. 행동목적에는 정신과 새로운 발상이 동기가 되어 표출되고 있다. 마르크스(K. Marx)의 경제이론은 물질만 중시하였지 물질적 운동법칙에 영향을 주는 인간의 정신과 이상적인 형이상학적 상념을 배제하고 물질적 인과관계만을 분석한 반쪽짜리 이론이었다. 사고의 독선적 전체주의이기도 하다(경제현상은 사회문화적 기구속에서 현시되며, 그 기구 속의 역동적인 힘은 사람의 마음에 있다고 생각된다. 물질의 운동은 측정할 수 있으나 인간의 마음은 측정할 수 없다. 즉, 물질과 연계된 인간의 마음을 측정을 통해 이해함은 그 한계가 있기 때문이다. 인간의 마음은 측정가능한 도구를 사용하고 있지 않기 때문이다).

연구자료는 지금까지 제시되고 있는 재정운용에 관한 정부 통계자료, 그 통계자료를 이용·분석한 연구자료, 예산안의 국회 제출시 연설 및 언론의 사설 등을 주로 활용할 것이다. 재정운용의 양적 분석에 대한 연구는 재정행위의 질

6) Ludwig von Mises(2006), p. 21f.
7) Ludwig von Mises(2006), p. 25f.

적인 측면인 동기와 행태를 충분히 설명해 줄 수 없다. 이에는 재정운용에 관한 세속적 담론과 풍문, 재정운용의 야사(野史) 내지 비사(秘史)도 필요하다고 생각된다. 인간행동 자체를 양적으로 설명할 수는 없다고 보는데, 왜냐하면 인간의 마음은 쪼개지지 않기 때문이다. 따라서 인간행동이 개입된 사회경제현상을 양적으로 쪼개어 설명하고 인식한다는 것은 한낱 허위에 불과함을 지적한다.

실증주의는 연구방법에 있어 주로 제도, 통계 등의 자료만을 이용하여 결론에 이르고 있다. 그러나 때로는 특정 사실이 자료나 통계에 표출되지 않고 있으며, 야사와 비사에 나타난 비공식적인 인간행동이 사건의 핵심 역할을 수행할 수도 있는 것이다. 이런 경우 정통적인 양적 연구는 현실과는 거리가 먼 비과학적인 현실의 일부만을 표현하고 있어 문제가 아닐 수 없다. 인간의 마음에 관한 연구를 배제하는 실증연구는 현실설명에 부족하다.[8)]

그래서 실증을 고수하는 언필칭 통합과학(unified science)은 독선적이며 제한적이다. 사회현상을 자연과학적인 원리에 의해 설명하려는 논리적 실증주의자들은 실험적 우(愚)(experimental fallacy)와 자연과학적 독선과 나아가 과학의 전체주의적 함정(totalitarian trap)을 마련하고 있는 것이다. 통합과학의 우가 바로 여기에 있다. 자연현상의 설명은 유클리드(Euclid)원리에 의존하고 있으나, 자연현상을 초월한 인간의 마음을 설명함에는 유클리드원리를 뛰어넘는 비유클리드 기하학(non Euclid Geometry)의 원리가 적용됨을 유클리드 자신이 피력하고 있다. 이를 통해 사회현상의 설명에 있어서 형이상학을 포함하는 전체론주의적인 선험적 방법의 정당성을 확인할 수 있는 것이다.[9)] 사회공학적인 경제이론은 따라서 콰인(Quine)의 전체론적 지식체계에 흡수되어 경제현상의 행태적 양상을 그려보아야 할 것이다.

경제현상의 설명에는 당연히 물리적 자연과학적 인식에 집중하기보다 자연적 인식(naturalized epistemology)에 집중하는 것이 더욱 효과적이고 현실적임을

8) Ludwig von Mises(2006), p. 33.
9) Ludwig von Wises(2006) p. 17; D. Wade(2001), pp. 98ff.

강조하고 싶다.[10)]

3 방법론적 전제

본 연구의 방법에 대해 보다 상세히 이야기해 보자. 세상에 일어나는 일 또는 사건에 관해 진실을 구명하기 위해 학자들은 노력해 왔으며 또 노력하고 있다. 그 노력의 결과로 오늘의 과학이 발전하고 있는 것만은 사실이다. 그러한 노력에는 여러 가지 방법이 있다. 연역, 귀납, 실증, 규범, 논리적 실증주의, 실험적 경험주의, 통합과학(Unified Science), 환원주의(reductionism), 분석적 진리, 반증주의, 전체론적 지식체계, 인간행동학(Pracxiology), 실용주의, 서술주의, 행태심리학(Behaviorism), 지식혁명(revolution of knowledge), 설득적 경제과학(Rhetoric of Economics), 과학사회학 등 방법론에 관한 학설은 다양하다. 그러나 여기에서는 본인이 연구에서 체감하는 문제를 중심으로 논의해 보고자 한다.[11)]

첫째, 어떤 사회현상을 서술 또는 설명함에 있어 그 설명이 객관적이어야 누구나 그 설명에 설득되고 만족할 것이다. 가령 집 한 채를 얼마에 사고 팔았는데, 그것이 싸게 또는 비싸게 매매되었는지는 판매자와 원매자에 따라 다를 것이기 때문이다. 따라서 그 교환의 객관성은 얼마에 사고 팔았느냐인 가격만을 객관적으로 보아 설명하는 것이다.

이와 같이 양적으로 설명하는 것이 정통경제학의 방법이다. 그러나 교환이 성립하기 위해 판매자와 구매자 간에 투입된 비용은 엄청 크다. 양보도 하고 상대방 요구가 자기이득에는 반하지만 수긍하기도 하며 점심을 사기도 하고 상반되는 이득을 조화롭게 조율하며 협조를 위한 희생, 선호의 융합을 위한 희생 등

10) D. Wade(2001), p. 95.
11) 방법론 논쟁에 관하여는 이필우(2007), p. 318; D. N. McCloskey(1998) 참조.

을 고려할 때 그러한 교환이 내포하고 있는 사회심리적 비용까지도 고려하면 보다 만족스럽고 객관적인 설명이 가능하다고 생각되는 것이다.

가격 위주의 설명은 논리실증주의나 실험적 경험주의 방법이기도 하다. 그러나 저자는 교환의 사회심리적 설명방법을 택할 것이다. 즉, 콰인의 전체론적 지식체계, 미제스(Ludwig von Mieses)의 인간행동학(praxiology), 또는 사이먼(Simon)의 행태심리학(bounded-rationality)의 방법론을 따르려 한다. 왜냐하면, 전체론적 시각은 설득력과 이해에 있어 거의 완벽성을 보이고 있기 때문이다.

둘째, 사건 또는 사회현상에 대한 설명은 서술자의 주관에 의존한다. 객관적으로 서술한다고 하지만 서술하는 사람의 입장과 가치가 이미 서술자에 내포되어 있어 실제로 서술의 객관성은 배제될 수 있다. 그래서 이런 주관적 가치를 배제하고자 카르납(Carnap) 및 헴펠(Hempel)이나 프리드먼(Friedman)은 양적인 물리학적 원리의 적용으로 경제현상을 설명하는 것이 객관적이며 과학으로서 경제학이 성립할 수 있다는 것이다.[12] 그래서 그런 접근은 양적이고 물리적인 수학적 · 통계적 원리를 적용함으로써 이를 논리적(logical)이라 하며, 특히 개인의 주관성이 배제되어 객관성을 지킬 수 있다는 것이다. 그러나 여기에서 저자는 a prior한 선험성을 개인의 목적 · 수단의 합리성을 대변하는 이상적 개념으로 다루고자 한다.

셋째, 저자의 소견으로는 그러한 물리적 · 수량적 관찰로부터 얻는 지식은 자연과학적인 기계론적 설명으로 끝나 인간적 요소를 내포한 경제 · 사회현상을 왜곡하여 설명할 수 있으며, 수량적 · 기계론적 접근으로는 사회현상으로서의 경제현상을 설명할 수 없다고 단정할 수 있는 것이다. 경제현상은 수량적 · 물질적인 기계론적 의존관계가 아니며, 그것은 본질적으로 물질을 통한 인간간 상호 의존관계의 결과로 생성되는 하나의 형이상학적 · 사회과학적 · 윤리적 · 실용적인 측면을 포함하는 인간행동의 결과 출현되는 사회현상으로 보는 것이 옳다고 생각한다.[13]

12) 이필우(2009), pp. 40~43.

넷째, 인간행동은 특정한 목적을 지니며, 그 목표를 달성하기 위해 그에 적합한 수단을 강구하여 목적을 달성할 수 있는 것이다. 목적과 수단의 일치를 우리는 합리성이라고 한다. 투자를 단순한 이자율의 크기와 함수관계로 보고 있지만 상대방 기업을 기어이 퇴출시키겠다는 투지력이 핵심 변수로 작용할 수도 있다. 어쨌든 투자는 투자한 기업인의 개인적 행동의 결과이며, 자명한 행동으로서의 경제현상을 설명하는 것이 그 연구대상이 되는 것이다. 한 나라의 재정현상은 재정을 담당 · 집행하는 재무장관의 정책행동을 연구대상으로 삼아야 할 것이다. 특히, 본 연구에 있어 인간행태의 전제를 homo oekonomicus(이기적인 합리성만을 추구하는 경제인)로 보지는 않을 것이며, 그보다는 homo sapience(지혜로운 인간)를 가정하여 재정행태를 논구하고자 한다. 인간은 타인과 함께 공생하는 존재이며, 이기적일 때도 있지만 이타적인 동정심과 측은지심이 반영되는 사회가치에 지배될 수도 있기 때문이다.

우리는 여기에서 공공부문의 재정행태를 대상으로 논술하고자 한다. 특히, 국민 전체의 공공욕구는 개인욕구와는 다르며 그것은 공생을 도모하는 이타심과 공익심의 지혜가 요구되는 상황에서 homo sapience의 가정은 타당한 것으로 보아야 할 것이다.

다섯째, 그 목표는 대통령 또는 장관의 주관적 가치에 의존할 것이다. 물론 한 해의 나라살림은 백성의 공공욕구에 수렴해야 하나, 그러한 민주적인 예산도 최종적으로는 재무장관의 주관적 의지에 의존하는 것으로 볼 때, 이는 주관적이며 아직 경험되지 않은 선험적인 가치이다. 이를 방법론적으로는 a priori라고 한다. 따라서 연구방법에는 선험적(a priori) 연역법(deduction)이 제시되고 있는데, 밀(John Stuart Mill)이 주장하였다. 그러나 신오스트리아학파의 석학 미제스는 이와 달리 귀납에 의지하고 있는데, 이것은 결국 경험세계 속에서의 추론을 근거로 한 귀납이라고 볼 수 있다. 그렇지만 여기에서는 연역적 선험성을 기계론적으로 다루지 않을 것이며, 실험적인 극단적 경험주의(extremly experimental

13) 미제스는 행동학도 역사학도 다 논리적인 방법이라고 주장한다(Ludwig von Mises, 2006, pp. 39~41).

empirism)를 답습할 의도는 전혀 없다. 밀은 이러한 방법에 관여하였지만 저자는 미제스와 같이 이를 추종하지는 않을 것이다.[14]

여섯째, 방법론적 출발에 있어 본 연구는 전체론적 개인주의(holistic individualism)를 견지할 것이다. 그것은 미제스가 채택하고 있는 방법론적 개인주의(methodological individualism)와는 반하는 방법이기도 하다. 미제스는 경제측정(economic calculation)이 불가능한 사회주의적 명령경제체제와는 반대로 방법론적 개인주의를 채택하고 있다. 전체론적 개인주의에서 개인의 선호는 사회 전반의 상호의존 속의 자기희생적인 융합적 선호를 뜻한다. 이를 전체론이라는 인류문화학적인 개념을 사용하였을 뿐 그것이 전체적(total)인 의미와는 무관하다.[15]

마지막으로 본 연구의 행태적 탐구에 관해 살펴보자. 행태라 함은 행동과 태도로 볼 수 있으나, 국어사전에는 행동을 "~을 가능케 한 태도"로 정의하고 있다. 그렇지만 여기에서는 두 가지 의미, 즉 특정인의 행동과 그것을 가능하도록 한 태도로 사용할 것이다. 태도(Einstellung)는 행동의 원인이기도 하다. 따라서 심리적으로 태도와 행동은 일치해야 하며, 다만 다른 것은 태도가 지향하는 목표에 적합한 수단이 행동으로 포장되어 현실에 표출되는 것이 곧 행동이다. 그러나 태도 자체는 현실에는 부재하며 인간의 마음속에 담겨 있는 내재적인 심리변수로 볼 수 있다.

특히, 인적 자료가 전무한 상태에서 개인적 가치는 추정하되, 그 추정은 귀결된 정보와 연관성을 지닌 추정이 되어야 하나의 가설로서의 선험적 가치로 인정될 수 있다. 행동에는 개인적 태도와 선험적 가치가 전제되어 있기 때문이다. 그 전제는 행동의 목적이라고 할 수 있는데, 행동귀결에 반대되는 태도도 가능하다. 왜 그런 행동이 나왔느냐는 행동자의 태도와 가치가 작용하였기 때문이다. 그러나 조직 속의 행동 결과는 자기 외의 타인의 가치도 작용을 하므로 반드시 자기가치가 행동으로 나타난다는 보장은 없는 것이다.

14) D. Wade Hands(2001), p. 20f; Ludwig von Mises(2006), pp. 72~74.
15) 전체론적 개인주의에 관하여는 이필우(2006), p. 231; Pil-Woo Rhee(2006), p. 337.

그러나 행태는 하나의 사회과정에 개입된(involve) 사회심리적 변수로 볼 수도 있으므로, 재정행태 자체는 한 해의 나라살림인 예산편성이라는 목적지향적인 행위(goal-directed behavior)로 볼 수 있다. 그런데 목적지향적인 재정행위 내지 재정행태는 사회경제적으로 복잡하게 얽힌 사회과정(social process)으로 구성되고 있다. 여기에서 적용되고 있는 재정행태는 포괄적이다. 즉, 그것은 재정의 목표와 수단을 내포하고 있는 시정연설, 예산 및 예산의 실적, 다시 말해 재정행위의 전 과정을 포괄하는 개념으로 사용하고 있음을 밝힌다. 여기에서의 행태는 사전적 · 사후적인 넓은 의미의 개념으로 사용하였다. 재정행태는 국정목표, 재원조달의 가능성 여부, 국민의 공공욕구, 국회의 동의, 집행능력 등 복합적인 하나의 사회과정 속에서 전개되는 사회경제적 · 정치적 반향(socio-economic political reflection)의 결과이기도 하다.[16]

재정행위는 생리적이 아닌 사회적 행위이며, 그 원인은 가시적인 법적 제도와 인습적인 비가시적 정서적 환경변수에 크게 의존한다고 볼 수 있다. 재정행태의 목표는 합리성이 전제된 재정가치와 밀착되고 있다. 그런데 이러한 합리주의의 추구는 방법론적으로 두 시각이 제시되고 있다. 하나는 사적인 실증주의 예로서 판례를 중시하나, 다른 하나는 암적 인습적인 제도와 정서이다. 후자는 실용적이며 혁신적이라고 확신하면서 단순히 법적 실증성보다 실용적 · 진화론적 · 혁신적인 인습적 제도에 기초한 재정행태를 기대한다.[17]

16) Fred Dretske(1988), p. 109.
17) Cyril Hedoin(2009).

4 기존 연구의 개관 및 연구방향

다음에서 한국재정에 관한 연구가 어떻게 수행되어 왔는지에 대해 이야기해 보자. 한국에서 최초로 재정에 관한 학술적 저서는 한춘섭의 『재정학』으로 일제시대에 출판되었다. 해방 후 정통 재정학의 이론을 최초로 소개한 것은 최호진의 『재정학』이었다. 그 후 연세대의 김대준, 한양대의 황하현, 고려대의 김명윤, 서울대의 배복석 · 차병권 등 제 교수의 교과서적 재정학이 발간되어 대학에서 1950~1960년대의 재정학을 가르칠 수 있었다. 1970년대에 와서는 해외유학파가 귀국하여 새로운 이론의 저서를 선보였는데, 대표적으로 독일의 재정심리학을 중심으로 한 이필우의 『재정학개론』(1976), 미국식 후생경제학적인 재정이론을 담은 김완순의 『재정학원론』(1976), 그리고 국내파인 고려대 유한성의 『재정학』을 들 수 있다. 그 후 많은 재정학도의 저작이 있으나 여기에서는 생략하기로 한다. 특히, 이필우의 저작에는 재정학계에 조세의식(Steuermentalitaet), 조세도의, 조세저항(Steuerwiderstand)이라는 당시에는 생소한 조세심리학적 개념이 최초로 소개되고 있다.[18)]

그 후 1990년대에 와서 한국의 정부수립 후, 즉 1948년을 기점으로 하여 1988년까지 고찰 분석된 연구가 『한국재정40년사』로 KDI가 주동이 되어 발간 추진한 결과 전체 7권으로 집대성되어 발간되었다(1991년). 여기에 당시 재정40년사의 편찬위원장은 최호진 교수였으며, 집필진의 주동적인 역할은 차병권 교수가 하였다. 그리고 이 책의 집필자로 현직에 있는 중장년 재정학자 15명이 참여하였다.

이 책은 대한민국 정부수립 후 나라살림의 모습을 최초로 서술한 기초자료로서 그 의미가 크다고 볼 수 있다. 무엇보다도 한국의 백성이 나라를 위해 지출한 세금이 어떠하였으며, 또 그 세금을 거둔 나라는 백성을 위해 그 세금을 어떻

18) 차병권(1994), 축사.

게 썼는가를 통계자료를 바탕으로 서술하고 분석하여 40년간의 나라살림이라는 '얼굴'을 엮어 놓은 작품으로 높이 평가해야 할 것이다.

그러나 이 연구가 수량적 자료에만 의지하였기에 정확한 것은 아닐 것이라는 생각을 해 본다. 얼굴의 표정은 화평할 수도, 찡그릴 수도, 우울할 수도, 기쁘고 즐거울 수도 있다. 그러나 그런 감정에 의존하는 심리적 현상은 여기에서 다룰 대상이 아니며, 다만 객관적인 수량적 자료에 기초한 설명이었기에 재정주체자의 내면적인 모습까지 인식되는 것은 아니었다.

재정은 정책행동으로 표출되는데, 그 행동은 개인이 주체가 되어 의지와 목적수단이 적용되고 있으며, 그 효과는 사회 전체적인 후생과 국부에 이르기까지 광범위하나 효과의 반응 또한 사회심리적이며, 그것은 미시적으로 백성 또는 개인일 수도 있는 것이다. 그리하여 재정40년사는 바로 이러한 나라살림의 얼굴 표정을 그리고 있지는 않고 있으며, 특히 재정주체의 가슴속 깊이 담겨져 있는 의지와 정열, 나라살림의 사회적 효과로서의 거시적 · 미시적 반응에 대하여는 아무런 해답을 줄 수 없는 것이었다.

여기에서는 재정현상을 수량적 자료에 기초한 기계론적 설명을 피하고자 한다. 대신 재정현상을 재정주체의 행동을 대상으로 서술하며, 그 행동이 사회적으로 어떤 결과를 가져왔고, 그 재정행동의 효과에 대한 납세자의 반응은 어떠한 것으로 사회에 표출되었는가를 밝혀 보고자 한다.

한국재정사의 사회경제적인 질적 연구는 극히 제한되고 있다. 특히, 해방 후 최초의 원론적 재정이론은 최호진의 『재정학』을 통해서였다. 다만 이필우가 『사회속의 재정이론』(1994)에서 인간을 사회적 존재로 보며 그러한 사회체계 속에서 개인이 재정과정에 어떻게 참여하고 있는지를 조세의식, 조세도의, 개발재정, 재정의 행태, 행태적 인과관계, 재정사회학 등 정치경제학적이고 사회심리적인 측면을 질적 · 구조적 개념으로 재정현상을 조명하고 있다.

재정행태에 대한 시사론적 · 비평적 연구는 이철성의 『한국재정론』(1986)에서 비교적 심도 있게 다루어져 있다. 최근의 저작으로서 재정에 대한 제도적이고 행태적인 공공선택론을 대상으로 한 연구로 이정전의 『경제학에서 본 정치와 정부』(2005)가 있다. 여기에서는 서구 이론을 중심으로 한 논의였으며, 한국이라는 특수지역에서의 재정행태는 설명하지 않고 있다. 다만 공공부문에서의 선택이 어떤 결과로 귀결되는지 재정의 정치 · 경제현상을 이론적으로 해명한 원론적 저서라고 볼 수 있다.

한편, 김옥근의 『일제하조선재정사논교』(1994)가 발간되었는데, 그 는 이전에 『조선왕조재정사연구』를 1, 2, 3권으로 발간한 바 있다. 그의 한국재정사에 관한 집중적인 연구는 이 분야에서 최초로, 그 업적은 지대하다. 그 후 차병권은 『일정하 조선의 조세정책』(1998)을 출간하였다.

한편, 2002년에 발간된 유한성의 『한국재정사: 현대한국재정의 전개과정』(2002)은 KDI가 1990년에 『한국재정40년사』에 대한 정치경제학적인 반응으로 보이는데, 재정운영의 기본 과제를 비교적 시사적인 시각에서 다루고 있다.

또한 이수범의 『한국공공경제론』(1996)도 출간되었다. 이 책 역시 시사적인 시각에서 재정의 과제를 다루고 있는데, 이에 세계화, 지방자치시대, 국공채, 토지보유세 등을 세계 각국의 사례를 비교 연구하여 자극적인 면도 없지 않은 작품이었다.

우명동은 재정학의 방법론을 중심으로 논의한 『국가론』(2005)을 저술하였다.

그 밖에 영미계의 후생경제학 및 공공선택이론을 중심으로 한 원론적(실증 및 규범)인 재정학으로는 김동건, 이만우, 이준구, 소병희, 나성린, 이재기 등의 저서가 있는데, 이는 주로 대학 강의실에서 교재로 활용되고 있는 실정이다.

본 연구와 관련된 기존 연구를 정리해 보면 다음과 같다. 본 연구는 서두에서 밝힌 바와 같이 한국의 재정현상을 행태적으로 추적 탐구하여 그 정치경제학적인 의미를 정서적(정치 · 사회 · 문화 · 풍토)으로 이해하고자 한다. 그런데 오늘에 이르기까지 우리나라 재정학계에는 이러한 연구가 미진하게 다루어지고 있지 않나 하는 느낌을 피력하지 않을 수 없다. 행태론적인 측면과 관련성

〈표 1. 1〉 재정사 관련 기존 연구

저자	저서	출판사	연도
최호진	재정학	보문각	1949
이창세	한국재정의 근대화과정	박영사	1965
김명윤	한국재정의 구조	고대출판사	1966
장병순	한국세정사	보성사	1973
재무부	한국세제사		1979
조세연구원	한국조세50년사		1997
김옥근	조선왕조재정사연구(1, 2, 3)	일조각	1992
김옥근	일제하조선재정사논교	일조각	1994
차병권	일정하 조선의 조세정책	한국조세연구원	1998
이필우	사회속의 재정이론	회갑기념논문집	1994
이철성	한국재정론	박영사	1986
이수범	한국공공경제론	백림연구소	1996
유한성	한국재정사: 현대한국재정의 전개과정	박영사	2002
이정전	경제학에서 본 정치와 정부	박영사	2005
기획예산처	한국의 재정	매일경제신문사	2001

(relevance)을 시사하면서도 시사적인 담론으로 종결을 맺고 있는 것이 보통이기 때문이다. 특히, 접근방법에 있어 사전적인 규범 내지 추론이, 즉 a priori한 가치가 있어야 하는데, 이 역시 서구적인 체계 속에서의 기계론적 분석을 초월하여 정치경제학적이고 정책동기의 정서적 가치를 추구하면서 재정행태를 설명하고자 하는 것이다.[19)]

본 연구에서는 서구적인 이론적 틀에 구속되지 않은 나라에 대한 백성의 공공욕구, 즉 여론 또는 민의를 정부재정이 수용하여 충족시켜 주었는지를 밝혀 보고자 하며, 이에 있어 저자는 정부재정의 목적과 수단을 한국 납세자의 정

19) 이수범의 전위효과, 제로베이스(zero base) 예산 등과 유한성의 재정기능 등 이러한 a priori 전제는 한국적 문화정서에 와 닿아야 될 것이다.

치 · 경제적인 정서문화에 조명하여 살펴보고자 한다.

이러한 기존 연구에서도 KDI의 『한국재정40년사』와 유한성의 『한국재정사연구』는 몇 가지 점에서 특징적이다. 40년사는 당대의 여러 학자들의 기간별 서술이었으며(6권), 7권에서는 주로 젊은 재정경제학도들의 보다 분석적인 실증연구였다. 그런데 이 연구에 참여하지 않았던 유한성은 재정기능을 축으로 한 재정사를 논술하고 있다. 그는 1990년대 말까지 나라살림의 흐름을 재정기능을 통한 정책효과라는 잣대로 서술하고 있다. 그러나 그 기능은 서구 재정학에서 제시된 배분 · 분배 및 안정의 새 분야를 내포하고 있으며, 그러한 후생경제학적인 틀 안에서의 기능은 한국적인 나라살림의 철학과 문화적 정서를 배제하고 있어 폐쇄성을 보이고 있다. 나라살림 이야기를 보다 개방적이고 넓은 대지와의 대화로 엮어 보여 주는 전체론적 시각이 아쉽다.

그리하여 본 연구에서는 재정기능 대신 재정의지(fiscal willingness)라는 행태적 개념을 적용하고자 하며, 그 의지는 기능 이외에 사회문화적 · 역사적 변수 등 다양한 측면을 내포하고 있다. 특히, 재정행태에 있어 재정운용의 덕목을 좌우하는 재정적 양심을 평가의 척도로 삼아 역대 정부의 재정적 양심을 재정심리론적으로 조망해 보고자 한다.

특히, 방법론적으로 한국 재정행태의 서술에 있어 한국의 고유의 민속문화적 접근을 이기론(理己論)을 중심으로 해설하고자 한다. 이러한 방법을 전체적으로 적용하지는 않았으며, 다만 민속문화적으로 돋보였던 '보통사람'을 내세웠던 노태우 집권기에 집중 적용하였으며, 3공과 5공은 이에 곁들여 그 민속심리적 의미를 간략히 서술해 보았다.

제2장

건국시대의 재정행태 (군정 · 이승만 · 장면, 1945~1961)

1. 군정하의 무정부시대(하지 장군, 1945~1948)
2. 군정의 재정행태와 그 귀결
3. 국가재건시대의 재정행태(이승만 집권기, 1948~1961; 국가재건, 한국전쟁 및 4.19혁명)
4. 4.19혁명시대(장면, 1960~1961)의 재정행태

본장에서는 해방 후 군정시대와 1948년 국가재건 및 한국전쟁시대와 4.19 혁명시대에 이르는 총 16년간에 걸친 재정행태를 살펴보고자 한다.

1 군정하의 무정부시대(하지 장군, 1945~1948)

(1) 미군정 장군들의 남한 통치가치

일본의 제2차 세계대전에서의 패망과 함께 한국은 해방이라는 기쁨을 안게 되었으나, 해방과 동시에 한반도에 들이닥친[1] 미 · 소 양국의 군대가 주둔하여 38선 이남은 미국이, 북은 소련이 통치권을 행사하였다.

당시 한국의 통치책임을 맡았던 자는 태평양 육군 최고책임자였던 맥아더(Douglas MacArthur) 장군이었다. 그는 도쿄에 진주하면서 1945년 9월 20일에 38선 남북분단을 극동군사령관 포고 1호로 발하고, 9월 27일에는 남한에 군정을 포고한 바 있다. 그 후 1948년 8월 12일에 군정법령 제219호를 공포하기까지 약 3년간의 군정이 시행되었다.

이러한 군정기간은 2기로 나눌 수 있는데, 제1기는 미군의 남한 통치 전권을 행사하였던 '남조선과도정부' 수립 전까지의 기간(1945. 8. 12~1947. 6. 1)이며, 제2기는 그 후 1948년 8월 15일까지로 헌법에 기초한 민주공화국이 이 땅에 탄생할 때까지였다. 제1기는 미군정이 모든 실권을 장악하고 통치하였던 '직접적 전제정치'였으며, 제2기는 외형적으로 한국인이 미군정의 위촉을 받아 행정을 수행하였던 '간접적 전제정치'였다고 볼 수 있다. 왜냐하면 통치기간에 미군정은 한국의 정치 · 행정적인 최종 의사결정권을 행사하였기 때문이다.[2]

1) 포츠담조약에 따름.
2) 이창세(1965), p. 135.

당시 남한의 정치정세는 문자 그대로 무정부(anarchy) 상황에 처해 있었다. 해외로부터 독립운동가의 귀국, 애국자들의 출감, 전총독부 관리들의 해직, 좌파와 우파의 정치적 격돌, 신탁통치의 찬반투쟁 등 한국의 정치적 불안은 그 극에 달하였고, 여기에 미군정의 전제적(專制的)이고 독재적인 모습은 '통치의 혼미'를 야기하였던 것이다.[3)]

1945년 9월 7일에 맥아더는 포고령을 통해 "한반도 38선 이남의 조선 주민의 안전을 도모하고, 종교의 자유 권리를 보장하며, 동시에 동 지역에 군정을 실시하며, 주민에 대한 행정권은 당분간 본관의 권한하에 실시한다"라고 명시한 바 있다.

미군정의 최고사령관은 하지(John R. Hodge) 중장이고, 그 밑에 군정장관 러치 소장(A. L. Lerch)이 행정책임자로 있었다. 그리고 1946년 8월에는 남조선 과도정부 입법의원의 설치를 담은 미군정 법령 제118호가 발효되어 총 90명의 의원이 45명은 민선으로, 나머지 45명은 관선 유지로 선정하였다.[4)]

이로써 이 땅에 선거를 통해 선출된 의원이 의회를 최초로 구성하였다. 이 나라 백성의 문화정서에 소원한 서구의 민주제도가 도입되었는데, 그것의 장점과 단점이 엇갈리는 어색함 때문에 적응이 어려웠다. 외형적으로는 국민에 의한 국민을 위한 국민의 정부라고 하여 자유와 민주를 실현하였다고 하지만 군정하에서 민주는 왜곡될 수밖에 없었다. 왜냐하면 입법원에서 의결된 법령은 군정장관의 승인을 받아야 그 효력을 볼 수 있었기 때문이었다.[5)]

한편, 당시 군정의 행정부는 일제시의 총독부 조직을 그대로 이어받아 미군 장교들이 행정부서의 고문관으로 감독 · 조정하였으며, 중하위급 직원은 총독부시대에 근무하였던 한국인이 직무에 임하였다. 따라서 미군정의 행정통치체제는 상당 부분 일제하의 제도를 그대로 답습하였으며, 오히려 하지 장군은 일제하의 총독부 행정체계를 그대로 유지할 것을 포고하며 총독부의 지원을 요청

3) 이창세는 이를 '이념의 정글'로 표현하고 있다(이창세, 1965, p. 135).
4) 최광(1992), p. 233; 이창세(1965), p. 143.
5) 최광(1992), p. 233.

하였다고 한다.[6] 이러한 총독부 행정제도의 유지는 남한의 치안유지를 위한 군정의 수단으로 채택되었다고 본다. 미군정하의 통치책임자는 최고사령관 하지 장군과 그 밑의 군정장관 러치 소장이었다. 미군정의 통치결과는 따라서 이 두 장군의 통치철학과도 깊은 관련성이 있다고 본다. 그러한 통치철학은 하나의 통치가치와 관련되고 있는데, 이의 대명제는 맥아더 장군의 포고령에 담겨 있으며, 그 하위층의 두 장군은 맥아더의 통치가치를 남한이라는 특수한 사회에서 실현하는 데 전력을 다해 실천에 옮겨야만 하였던 것이다. 대체로 이들 두 장군의 통치에 있어 기본적인 태도는 남한 주민의 안전이며, 특히 남한에서의 단독정부를 수립함에 있어 정치 · 사회적으로 안전을 도모하는 것이었다. 이것이 바로 미군정하의 통치적인 대전제(a priori)였다고 보는 것이다.

미군정하 두 장군의 통치 스타일 또는 그 태도의 기본적인 특성을 추출한다면 다음과 같다.

첫째, 미군정기간은 정치적으로 과도기적 특성을 띨 수밖에 없었으며, 따라서 단기적일 수밖에 없었다. 통치의 안전은 거의 모든 분야에서 단기적인 태도를 보였다.

둘째, 그러나 단기적인 안목을 떠나 장기적으로 남한에 우선 이식되어야 할 제도는 주민의 정치적 의지를 수렴하는 선거를 통한 민주주의이며, 이를 위해 남한에 입법기관을 설립할 것을 주장하는 러치 장군의 견해는 통치의 장기적인 비전(vision)이었다고 볼 수 있는 것이다.[7]

셋째, 미군정하 통치 스타일의 특성은 독재적이고 전제적이었다. 장기적으로 민주주의라는 이념을 내세우면서도 그것은 과도입법기관으로서 미국의 의회와 다를 바 없으나, 다른 점이 있다면 남한의 입법기관의 의결권이 군정의 최고사령관 하지 장군에게 최고의결권이 있다는 것이었다. 따라서 미군정은 전제적인 통치범주에 속해 있었다.[8]

6) 조용중(1990), p. 198f.
7) 이창세(1965), p. 141. 군정법령 제2조 제1항에 규정된 군정청의 목적이었음.
8) 이창세(1965), p. 142.

당시 군정하의 나라살림 여건은 재정주체의 부재현상 속에서 과도기적 속성하의 좌나 우가 아닌 임기응변적 단기적 수단으로 대처하였다. 미군정하에 회계국장이었던 박희현(朴熙賢)은 회계제도에 대해 다음처럼 진술하고 있다.

"군정하 특수한 사정으로 모든 부문에 있어서 과거의 일제식을 완전히 탈피하지 못하고 있는 것은 사실이라 하겠는데, 특히 재정회계부문에 있어서는 일제시대의 법령과 방식이 대부분 기본을 이루고 있고 국부적으로 개정을 보게 되었다.

이와 같이 혼란된 과도적 재정처리상의 편이와 그때그때의 임기적 수요에 대비하기 위해 개정 실시되고 있는 것이 현행 과도회계법규의 대부분인데, 관습과 실례를 존중하는 영미식 법규에 친숙하지 못한 우리에게는 대단히 어색하고 의문이 족생(簇生)함을 부정하지 못함도 사실이다."[9]

이렇게 볼 때, 첫째 군정하의 재정제도는 일제하의 재정제도를 그대로 답습하였으며, 둘째 관습과 실례에 치중한 영미식 법규가 국부적으로 도입 · 시행되었다. 셋째, 예산집행권에 있어 재무부장의 독자적인 집행권은 결여되어 있었으며, 각 부처에 위임된 재무관(fiscal officer)이 최종집행권을 행사하였다고 한다. 군정하의 예산집행권은 독점적이었다.[10] 특히, 예산의 심의결과도 최종적으로 군정장관의 승인을 얻어야 집행할 수 있다. 그러므로 군정하의 재정운용은 전제적 재정체계였다고 볼 수 있다.

(2) 군정하 재정행태에 있어 통치가치

군정의 재정운용은 임시적이고 일본식과 영미식의 혼합제도를 혼용하고

9) 박희현(1948), p. 1, 이창세(1965), p. 152에서 인용함.
10) 이창세(1965), p. 153.

있었으며, 또 전제적 독점적 결정권을 행사하였다.

군정의 남한에서의 기본 목표는 안전이었다. 안전조건하에서 자율적인 독립정부의 수립을 목표로 한 것이었다. 따라서 재정제도에 있어 큰 변화는 안전을 유지하기 어려우므로, 일제의 재정제도를 그냥 존치해 운용하는 것이 오히려 효율적이라고 판단하였을 것이다. 그리하여 안전 목적을 위해 재정의 최종결정권은 군정이 장악하고, 재정제도는 일본식과 약간의 영미식 제도를 혼용한 분명한 틀이 없는 아류식(亞流式) 재정제도를 채택한 것으로 볼 수 있다. 이를 미국의 행정학자 리그스(Riggs)는 '분해된 혼색(混色)의 제도'(prismatic system)라고 하였다.[11]

미군정하에 재정행태의 특성은, 첫째 안전을 위한다는 명분으로 인해 임기응변적이었다. 둘째, 따라서 재정제도의 개혁에 관한 장기적인 안목이 전무하였다. 셋째, 재정운용에 있어 최종결정권은 군정 최고사령관 권한으로 처리되어 재정운용은 전제적이고 독재적이었다. 이러한 군정의 재정행태 결과 예산, 지출, 조세 및 지방재정에 어떠한 결과를 초래하였는지 살펴보기로 하자.

군정의 임기응변적 태도는 일제가 사용하였던 식민지적 재정제도를 그대로 답습하지 않을 수 없었다. 그리고 재정기구 운용의 실제 운용자는 일제 때 근무하였던 중 · 하위급 관리를 그대로 채용하여 재정집행에 임하였다. 이런 상황은 제도적으로는 해방이 되었지만 남한의 행정이 아직 일제 재정제도의 틀을 못 벗어나고 있음을 말해 주는 것이었다. 재정제도 자체도 일제 때 그것과 별로 다를 게 없었으며, 재정제도의 집행도 중 · 하위급 집행자도 일제 때 관료가 행사함으로써 군정하의 재정운용은 해방 전과 다를 게 없었다.

특히, 장기적인 재정지표 없이 운용된 재정은 적자재정으로 출발하여 계속 적자를 확대하였다. 군정하 재정의 특성은 무엇보다도 대규모 적자재정의 발생이었다. 예로서 1945년 10월 1일부터 1946년 3월 31일까지의 예산에서 세입은 3억여 원인데 세출은 11억여 원으로 약 3억여 원의 적자예산을 편성하였다. 또한

11) F. Riggs(1964).

1946~1947년에 이르는 1년 예산에서는 38억 원이 적자로 편성되었다.[12] 1946년 4월 17일 당시 군정장관 러치는 다음과 같이 언급한 바 있다.

"경제상태가 순조롭지 않은 때의 세출의 증가는 불가피하다. …… 1932년 미국 정부의 부채는 230억 달러이었다. 루스벨트 대통령이 취임할 당시 미국은 극심한 불경기기하에 있었다. 이 위기의 타개책으로 230억 달러의 부채는 290억 달러로 증가되었으며, 이것으로 미국의 불경기는 제2차 세계대전 참가 직전에 이르러 완전히 회복되었고 미국은 전쟁을 승리의 길로 이끌 수 있었다. …… 펌프에서 물을 올리자면 우선 물을 부어야 한다."[13]

이는 거시경제학의 재정정책인 유수정책(pump-priming policy)이었다. 그런데 해방 직후 혼란기에는 실로 사업가의 존재가 불가능하였다. 일제하의 식민지적 수탈경제체제하에서 핍박받은 한국민의 빈곤한 경제생활은 군정하에서의 적자재정과 물가고로 인해 더 어려운 삶을 겪어야 하였다. 케인즈적 유수정책은 기초적인 경제기반이 있을 때에 한해 적용될 수 있기 때문이다.

일반적으로 재무행정론자들이 제시하는 재정행태론은 납세자, 재정관료, 대통령 및 국회 등의 예산관련 전략을 기준으로 하여 이를 위처럼 유형화하고 있다. 그러나 군정의 재정행태는 그 어느 개념에도 속하지 않고 있어 규격화된 개념적 함정에 몰입하지 않고 독자적인 특유의 상황으로 설명하고자 한다.

1) 하지의 정치관련 선험적 가치

1945년 9월 8일 인천항에 상륙한 하지는 다음 날인 9일 조선총독부 건물에 일장기를 내리고 미국의 성조기를 달았다. 이후 3년간의 군정이 시작되었는데, 군정 첫날 하지는 통치조건을 선포한 바 있다. 그것은 군정을 효율적으로 집행

12) 최광(1992), p. 242.
13) 이창세(1965), p. 200.

하기 위해 일본인 아베 노부유키(阿部信行) 총독과 상당수의 일본 관리들을 당분간 그대로 이용하겠다는 것이었다. 이에 대한 한국민의 반대는 엄청난 것이었으며 실망과 분노를 가져다주었다.

9월 14일 워싱턴의 미국 정부는 이러한 하지의 발표에 놀라 국방부를 통하여 남한 통치의 기본 지침을 합동참모보부(Joint Chiefs of Staff)로 하여금 하지에게 전달하도록 하였다.[14] 그 내용은 총독부의 아베를 비롯한 모든 기관장과 도지사들, 그리고 경찰책임자들을 즉시 해임시키고, 그 밖에 일본인들과 협력하고 있는 한국인 관리들도 모두 제거하라는 지시였다. 하지는 이에 무척 당황하였다. 실은 맥아더의 지시로 하지는 일본인을 사용하였던 것이다.

1945년 12월 하지는 본국 정부로부터 한국에 대한 새로운 기본정책지침서를 받았는데, 그 내용은 (1) 미국과 소련에 의한 남북한 분할통치, (2) 4대 강국에 의한 신탁통치 실시, (3) 궁극적인 한국의 독립은 점진적인 과정을 담고 있었다.[15]

이미 3상회의에서 남북한의 분할이 결정되어 군정청에 하달된 지침에 의해 38선의 구획은 구체화되었다고 본다. 한편, 신탁통치에 대한 남한의 우익정치세력은 분노에 찬 반대운동을 펴 나갔으며, 좌파는 이를 찬성함으로써 좌 · 우익의 대립투쟁은 신탁통치로 인해 더욱 격화되었다. 한국의 당시 우파정치인들은 한구인의 자치능력은 충분히 있다 하면서, 신탁통치는 강국에 의한 또 다른 내정간섭이고, 이는 주권침해라고 여겼으며, 국제적인 살인행위라고 비난하였던 것이다.[16]

이러한 한국민의 견해에 대해 미국 정부는 외면하였으며 신탁통치를 포기하지 않았다. 또한 이승만과 소원하였던 하지는 이승만을 군정지침 실천의 걸림돌로 생각하였다. 무엇보다도 이승만은 신탁통치를 반대하였으며, 이승만의

14) 차상철(1995), pp. 455~490, 463.
15) 차상철(1995), p. 466.
16) 이는 미 국무성이 발간하는 *State Bulletin*에 실린 변영태의 「나의 조국」에서 피력되었다(차상철, 1995, p. 469).

남한 단독정부 수립은 민의에 합당하지 않다고 생각하였다. 특히, 이는 민주적이고 독립된 통일정부의 수립을 불가능하게 만들어 결국 미국의 한국에 대한 정책에 위배되기 때문이었다. 그래서 하지는 이승만을 자기를 반대하는 사람은 모두 공산주의자로 모는 아주 못된 늙은이, 또는 언제나 보기 싫은 늙은이, 또는 정신적으로 비정상적인 바보 같은 늙은이라고 혹평을 하였던 것이다.

이에 대해 이승만은 하지를 자신과 미국의 적이라고 비난하였다. 하지는 김규식과 여운형을 공동의장으로 하는 좌우합작추진위원회를 결성하여 좌 · 우익의 협력을 도모하는 노력을 하였다. 하지와 군정당국은 김규식의 온건한 성품을 높이 평가하고 한국의 가장 적합한 인물로 생각하였다. 그러나 한국민은 즉각적인 독립을 원하였으며, 그러한 좌우합작의 미온적인 처사에 반대하였다.

미국 정부는 당시 한국이 정치적으로 중요한 지역이라 보지 않아, 기존 정책을 포기하고 한국문제를 국제연합의 문제로 처리하며 명예롭게 남한으로부터의 퇴진을 모색하였다.[17] 하지의 군정청 최고사령관으로서의 정치적 견해를 종합하면 다음과 같다. 이는 군정청의 대한정책에 관한 목적이요 선험적 규범가치이기도 하다.

첫째, 미국 정부의 신탁통치는 남한의 국민정세에 적합지 않다. 그들은 자립적인 독립국가의 건설을 갈망하고 있기 때문이다.

둘째, 좌 · 우익 투쟁으로 인해 통일국가의 건설은 불가능하며 이질적인 민족분열은 불가피하다. 미국이 남한을 철수하면 남북 간의 분쟁은 더욱 격화될 것이다. 그러나 하지는 소련이 제시한 남북한에 주둔한 미 · 소의 동시 철군은 찬성하였다. 미국의 명예로운 남한 철수는 이로써 가능한 것이었기 때문이다.

셋째, 따라서 미국은 남북의 통일정부 수립은 포기하고 남한에 단독적인 민주국가의 건설을 필요로 하였다. 따라서 이 목적에 부합하는 우파정치가 이승만을 지원하도록 하였다. 비록 하지는 개인적으로 이승만을 혐오하였지만, 가장 강한 반공주의자인 그의 독립정부 건설에 반대할 수 없었으며 지원하기로

17) 이승영(2002), p. 56; 차상철(1995), p. 482.

하였다.[18]

넷째, 우파적인 민주정부 수립과 남한 주민에 의한 자주적인 정부를 수립하는 데 있어 무엇보다 중요한 것은 사회안전이었다. 이러한 안전은 폭력투쟁의 방지, 범죄의 엄벌, 생활의 안정, 특히 경제의 안정을 선행요건으로 하는 것이었다.

그리하여 1948년 5월 10일에 남한만의 총선거가 실시되며, 8월 15일에 대한민국 독립정부의 탄생을 세계에 선포하였다. 이에 따라 군정은 종식되고 각종 정권이양 및 정부조직과 관계된 서류들을 정리하였다고 한다.[19]

이상의 내용은 한국의 군정청 사령관인 하지의 대한 정치에 관한 선험적 규범가치이다. 이는 정치분야와 관련되어 있는데, 우리의 목적은 한국 재정행태의 서술에 있으므로 재정, 즉 나라살림과 관련된 군정당국의 선험적인 규범가치를 이해해야 한다.

2) 러치 장군의 재정관련 가치

미 군정청의 직계는 총사령관 하지를 정점으로 그 밑에 군정장관을 두었으며, 또 그 밑에는 민정장관을 두었다.[20] 러치 장군의 재정과 관련한 가치는 유수정책 외에는 찾아볼 수 없었다. 그러나 재정관련 가치는 기자 인터뷰를 통해 추리하는 방법밖에 없다고 생각되어 여기에서는 기자 인터뷰 자료, 그리고 재정귀결현상을 통해 그의 선험적 가치를 유추하였다.

첫째, 러치 장군의 대전제적 가치는 군정청 사령관의 명령이었다. 그것은 남한 국민의 안전한 사회분위기 속에서 자립정부를 건설하여 자유독립국가를 마련하도록 하는 것이었다. 이러한 남한에 대한 정치적 대전제는 여타의 가치를 포용하는 것이었으며, 따라서 재정과 관련한 선험적 가치도 이러한 대전제가치의 지배를 받지 않을 수 없다.

둘째, 이러한 대전제가치하에서 남한의 정치 · 사회 · 문화에 걸친 안전을

18) 차상철(1995), pp. 488~490.
19) 주한 미군사령부 하지 장군 문서철, RG 338, Box No. 1.
20) 초대 군정장관은 아놀드(A. V. Arnold) 장군이었으며, 그 다음이 러치 장군이었다.

위하여는 좌우익 간의 격투를 억제해야 하였으며, 각종 사회·문화적인 비리로서 절도, 강도, 사기, 밀수, 매점매석 등 헤아릴 수 없는 해방 직후의 사회혼란상태를 안정화시키는 데에는 상당한 가시적·비가시적 비용이 소요되었다. 이는 재정적으로 치안비의 엄청난 증가를 필요로 하였다.

셋째, 이러한 상황에서 치안외적인 민생복지를 위한 경제정책의 장기적 안목은 당초에 없었음을 인정해야 할 것이다. 군정은 과도기적인 단기의 임시통치였다.

넷째, 그러면서도 미국의 대한 군사정책에는 미국의 고유한 자유와 민주주의라는 서구적 정치이념을 남한에 이식·정착시킬 것에 가치를 두었다.

다섯째, 군정청 각 기관의 관리운영방식은 군사적 통치방식으로 일관하였다. 그것은 제도상의 민주적 방식과는 달리 미국이라는 대국의 영웅주의 의식이 군정 통치자의 기본 태도였다.

다음은 러치 군정장관의 기자 인터뷰에서 추정한 그의 선험적 가치이다.

첫째, 기업자금의 은행대부는 군정청의 허가를 받아야 가능할 정도로 금융권을 군정이 장악하고 있었다.[21]

둘째, 적산심의위원회는 100만 원 이하의 소규모인 경우에 한해 자유처분할 수 있었으며, 그 이상의 큰 적산은 군정이 통제하였다. 또한 밀수에 대한 통제가 심하였다. 특히, 남한의 무역은 수입에 있어 꼭 필요한 원료만을 허용하였으며, 수출도 남한 경제에 피해가 안 가는 품목에 한정하였다. 그리고 모든 수출품목을 조사·승인받도록 그 통제는 철저하였다.[22] 정부 간 대외무역은 군정청이 이를 대행하였다.

셋째, 생활필수품은 일부 배급을 하는 한편 자유판매를 허용하였다.

넷째, 인천에 조선 해안경비대 기지를 설치하였다.[23]

21) 러치 장군 기자회견(1946. 8. 6).
22) 상무부장 E. 존스 무역정책 발표(1946. 7. 19).
23) 조선일보 (1946. 4. 18).

3) 미국의 중도정책노선과 정치적 갈등

해방 후 초기에 미 · 소가 주장하였던 신탁통치안은 좌 · 우파를 양성 남북의 분열상을 격화시키는 결과를 가져왔다. 하지는 이에 조선의 자주적인 통일국가의 건설을 희구하였으며, 신탁통치의 한계를 인식하고 종국에는 중도적인 정치노선에 관심을 두었다. 미국 정부도 처음에는 이러한 하지의 의견에 반대하였으나 후기에 들어서는(1947년 초) 중도노선을 지지하기에 이르렀다. 겉으로는 신탁통치를 내세웠으나 속으로는 중도노선을 채택하였으며, 그런 와중에서 우파정권에 의한, 즉 공산주의를 반대하는 입장에서 이승만의 한독당 건국준비를 속으로 선호하였던 것이다.

이런 정치적 노선은 남한의 좌파 박헌영의 남로당, 좌우합작파인 김구 · 김규식, 좌파도 우파도 아닌 여운형, 우파인 이승만의 한독당 등 정치세력을 업어야 하는 갈등과 혼돈의 파국으로 몰아갔다. 이런 정치적 와중에서 하지, 러치와 기타 유수 미군정의 고문관들 사이에 정치적인 의견은 분분한 것이었으며, 한동안 하지와 러치 사이에도 반목과 시비가 오갔다고 한다.[24)]

러치 군정장관은 한국에 미국식 정치문화가 정착되기를 희망하였는데, 제도적으로 한국민의 의지와 선호에 기초한 자율적이고 민주적인 정부를 건설하고자 하였다. 이런 의견은 하지 사령관이 내세우는 좌우합작세력과의 타협 등 친공적인 처사는 부당하다고 비난하였다. 이승만도 이런 비난이 하지에게 오갔으나 최종적으로는 하지도 우파의 건국을 찬성하였던 것이다.

러치의 자유민주적 정신은 입법기관 설치에 관한 다음 건의에서도 잘 나타나고 있다.

"재조선 미군정을 할 수 있는 대로 민주주의적으로 가자는 것은 중장 각하(하지 장군)와 미국 대통령 각하의 희망하시는 바라고 나는 주지하고 있습니다. 일종의 입법기관이 없이는 나로서는 민간의 희망이 무엇인지를 결정하기가 불

24) 최영욱(1995).

가능한 것입니다.

만일 이것이 각하의 시정방침에 일치된다면 나는 조선에 입법기관 설치안을 제출합니다. 그러면 이 기관은 조선 민중을 대표하여 발언하며, 따라서 나로 하여금 조선 민중의 희망이 무엇인지를 알게 하며 도움이 될 것입니다."[25)]

군정의 한국 통치는 사실상 남한의 안전과 서구식 자유민주주의 이식에 일념한 군사적 통치의 유형에 속하였다. 그것은 치안과 범법자 단속과 사회 · 경제분야에서의 강한 전제적인 통제로 나타났다고 볼 수 있다.

2 군정의 재정행태와 그 귀결

(1) 군정의 재정행태

여기에서 재정행태(fiscal behavior)란 말은 한국의 나라살림과 관련된 재정부 내 책임관료의 정책행동을 일괄 지칭하여 쓰여지고 있다. 책임관료란 특정 인물을 지칭하나, 여기에서 군정청 재무부 내 국장급 이상의 고위직 관료를 말하며, 행동 당사자가 누구라고 확인이 안 되어 구체적인 책임관료를 명시하지 않은 상황에서 다만 제 재정지표를 통하여 재정행태를 추리하는 수밖에 없었다.

첫째, 미군정의 남한에 대한 정책노선은 단기적이고 임시적인 특성을 띠었다. 이를 과도기적 행 · 재정으로 볼 수도 있다. 따라서 나라살림의 건전재정이라는 개념은 군정하의 재정책임자에게는 당초에 없었음을 인식해야 할 것이다. 군정하의 대명제는 남한의 안전이었다.

둘째, 따라서 남한의 안전을 위해서는 그 무엇과도 바꾸지 않겠다는 절대가

25) 「군정장관 러치의 상신서」(1946. 6. 19), 이창세(1965), p. 141에서 재인용함.

치의 견지로 인해 경제발전의 기틀을 마련하는 데에는 부족하였다. 절도, 강도, 사기, 밀수 내지는 좌파와 우파 간의 투쟁으로 인한 폭력 등 치안에 집중하지 않을 수 없었다. 남한의 경찰은 미군정청 예하에 소속되어 있었다.

셋째, 미군정의 남한에 대한 장기적인 안목은 자유와 민주제도의 도입에 있었다. 특히, 러치 장군에 의해 남한에 민중을 대표하는 입법기관을 설치하도록 하였다. 그의 1946년 7월의 가자회견 내용은 다음과 같다.[26)]

"…… 조선민주정부의 수립을 기하여 정치적 · 경제적 · 사회적 개혁의 기초로 사용될 법령 초안을 작성하여 군정장관에게 제출할 직무가 있는 입법기관을 광범위한 선거방법에 의하여 건설함이 군정청의 목적이다." "입법기관의 성격은 미국의 의회와 같다. 다만 다른 것은 최고결재권이 하지 최고사령관에 있을 뿐이다."[27)]

넷째, 입법의원 내에는 분과위원회가 있었는데, 그 중 21명으로 구성된 재정경제위원회가 있었다. 여기에서 예산, 결산, 세무, 전매, 통화, 금융, 등의 정책을 관장하고 있으나 정책의 최종결정권은 미군정당국에 있었다.[28)]

다섯째, 따라서 군정의 통제권의 성격은 행 · 재정면에서도 전제적이고 군부의 명령 독재적이라고 해도 좋을 것이다. 민주주의라는 이념을 단 입법의원은 한낱 이름뿐이지 남한의 자율적인 정치를 의미하는 것은 아니었다. 왜냐하면 최종권한은 미군정에 있었기 때문이었다.

여섯째, 미군정은 행 · 재정의 제도를 일제하의 그것을 그대로 존치하여 사용하였으며, 다른 것이 있다면 서구식 민주제도로서 민에 기초한 대안을 시도

26) 그는 1947년 9월에 사망하였다. 미군정의 역대 군정장관은 아놀드Z(Arnold), 러치(Lerch), 헬믹(Helmick) 및 딘(Dean)이었다.
27) 이창세(1965), p. 142f. 당시 남조선과도입법원 설립공작에 실질적으로 크게 기여한 자는 브라운(Brown) 장군이었다(최영욱, 1995).
28) 번스(Arthur C. Bunce)는 하지의 경제고문으로 1946년 1월에 한국에 부임하였다. 그는 반공산주의자로 자유주의적인 물적 · 인적 기반을 마련하는 데 집중하였다(최영욱, 1995).

하였다.

군정의 재정행태의 특성은 한 마디로 '치안유지 지상(至上)의 행태'였으며, 한편 '재정운용원리 결여' 및 '지출편의주의'에 있었다고 규정할 수 있다.

(2) 재정행태의 귀결

위와 같은 미군정의 전제가치 내지 재정행태는 재정구조면에서 어떠한 결과를 가져왔는지 살펴보자. 재정은 정치의 '알몸'이라고도 하였다. 겉으로는 민중의 자유와 번영을 위한 슬로건을 높이겠지만, 실제로는 정치가의 제 잇속 차림의 사익심(私益心) 집중에 치중하고 있다고 공공선택학파는 주장한다.[29]

1) 예산 · 지출구조

첫째, 군정하 재정의 모습은 우선 적자재정의 지속으로 건전재정은 아니었다. 미군정하에 세입 · 세출 결산액은 1945년에는 9억 9,600만 원이었으나 1946년에는 78억 4,800만 원이었으며, 1947년에는 74억 9,800만 원이었다. 재정적자액을 세출로 나눈 재정적자 비율은 1946년에 58.7%이었으며, 1947년에는 40.0%에 이르렀다.

이러한 재정적자의 시현은 수입내지출원칙인 건전재정을 전혀 포기한 재

〈표 2. 1〉 미군정하의 재정적자 [단위: 백만 원, %]

연도	재정적자	재정적자 비율
1946	7,848	58.7
1947	7,498	40.0

자료: 재무부(1979).

29) 미국 조지메이슨(Jeorge Mason)대학의 뷰캐넌(James Buchanan) 추종세력은 그런 주장의 본산이 되고 있다.

〈표 2. 2〉 미군정하의 세출구조 [단위: 백만 원, %]

구분	예산기준							
	1945년		1946년		1947년		1948년	
	금액	구성비	금액	구성비	금액	구성비	금액	구성비
행정비	558,406	35.4	4068,178	34.5	9,917,837	47.3	19,614,596	55.8
치안비	232,472	14.7	2,381,526	20.2	4,020,145	20.6	8,984,131	25.6
문교비	41.589	2.6	386,883	3.3	1,660,242	8.5	1,761,299	5.0
후생비	402,102	25.5	415,125	3.5	867,000	4.5	861,486	2.5
산업행정비	120,921	7.7	1,956,844	16.5	2,871,747	14.8	3,047,065	8.7
지방행정비	120,449	7.6	1,887,297	16.0	–	–	–	–
중앙행정비	6,720	0.4	91,023	0.8	232,115	1.2	372,562	1.1
기타	76,016	4.8	613,318	5.2	595,905	3.1	347,135	0.9
총세출	1,579,625	100.0	11,900,212	100.0	19,445,173	100.1	35,119,129	100.0
구분	결산기준							
	1945년		1946년		1947년		1948년	
	금액	구성비	금액	구성비	금액	구성비	금액	구성비
행정비	369,392	19.7	2,974,183	22.2	4,681,013	24.3	4,039,943	26.5
치안비	242,311	12.9	1,539,708	11.5	5,301,515	26.2	3,735,779	24.4
문교비	46,086	2.5	1,020,918	7.6	1,659,700	8.6	780,442	5.1
후생비	113,410	6.1	679,134	5.1	877,888	4.6	557,154	3.7
산업행정비	127,963	6.9	4,557,644	34.1	3,217,010	16.7	1,520,206	10.0
지방행정비	430,164	23.0	1,339,219	10.0	1,462,996	7.6	–	–
중앙행정비	6,373	0.3	144,490	1.1	1,047,981	5.5	159,555	1.1
기타	11,068	0.6	59,875	0.5	532,912	2.8	251,854	1.7
총세출	1,868,357	100.0	13,365,171	100.0	19,235,018	100.0	15,263,248	100.0

정운용의 무원칙으로 일관하였다. 따라서 미군정의 재정행태는 무원칙적이고 방만한 지출 위주로 집중되었다고 단정하지 않을 수 없다.

그 이유는 위에서 본 바와 같이 남한 통치의 우선순위는 사회의 안전이었으며, 안전과 관련된 모든 정치, 경제, 사회에 이르기까지 안전저해적 요소의 제거 비용은 증가할 수밖에 없었다. 이러한 안전관련 지출의 형태는 〈표 2. 2〉를 통해 이해할 수 있다.

둘째, 미군정의 재정운용은 제도면에서 일제하의 재정제도 위에 서구식 제도를 혼합한 일종의 무원칙적인 혼합형 제도 속에 방치된 상태였다. 따라서 현실 재정운용은 서구식도 아니고 재래 일제식도 아니면서 조화를 잃은 혼조와 왜곡만을 산출하였다. 이로 인한 인적 · 물적 자원의 손실, 즉 가시적 · 비가시적 비용은 컸었다고 볼 수 있다.[30)]

특히, 회계부문에 있어서는 일제시대의 법령과 방식이 기본을 이루고 서구식 개정은 국부적이었다. 관습과 실제사례를 존중하는 서구식 법규에 익숙지 못한 남한 관리들에게는 어색하여 적응이 어려웠다.

셋째, 재정운용의 최종결정권은 군정당국이 장악하고 있어 사실상 재정집행의 효과는 기대할 수 없었다. 군정의 전제적인 재량적 재정운용은 예산의 본령인 민주적 통제는 찾아보기 힘들었으며, 그야말로 미군정의 재정행태는 '자선적 독재'(benevolent despotic)의 범주에 속한다고 볼 수 있다. 혹자는 이를 '예산집행권의 독점'이라고 표현하기도 하였다.[31)]

넷째, 미군정하에 발생된 재정적자 예산은 조선은행의 화폐발행으로 조달되었다.[32)] 일제하에 발생된 재정적자는 국채발행을 통해 조달되었었다. 재원조달 방법에 있어 미군정은 일제에 비해 무책임한 방만성을 시현해 주었다.

다섯째, 이러한 큰 규모의 재정적자는 남한 국민경제에 부정적인 효과를 초래하였다. 즉, 조선은행의 화폐발행은 급기야 물가상승과 인플레이션을 가져왔다. 이는 지출의 방만과 재정적자의 확대에 기인하였으며, 재정지출의 증대, 재정적자의 지속화, 인플레이션 등 세 변수는 악순환의 과정을 반복하였다. 특히, 1945년을 기준으로 하였을 경우 1946년 12월에는 275(백만 원), 1947년 12월에는 537, 1948년 9월에는 506으로 나타나고 있었다. 그러니까 물가는 3년 사이에 3배

30) 이창세(1965), p. 153. 예로서 재정회계에 있어 일본식 회계제도와 미국식 회계제도가 혼용되고 있어 그 적응이 어려웠다.
31) 이창세(1965), p. 154.
32) 최광(1992), p. 243.

나 뛰었으며, 이를 물가지수로 표현하면 1948년 9월에 1,060으로 앙등하였다.[33]

여섯째, 지출면에서의 특성은 관업비 지출이 가장 많아 총세출의 35.4%였다. 다음이 후생비로 25.5%였으며, 그 다음이 14.5%의 치안비였다. 당시 정치적 · 사회적 불안에 대응하는 방법은 군정으로서 남한의 치안에 치중하지 않을 수 없었다. 한편, 국민생활과 직결되는 산업행정비는 7.7%에 불과하여 극빈자들의 지원은 후생비로 대체하였음을 알 수 있다.

미군정의 예산정책의 특성은 종합적으로 평가하여 남한의 민주적인 우파정부 수립, 치안의 확보 및 국민의 기아와 질병을 예방하는 데 우선적인 정책가치를 두었으며, 따라서 남한 경제개발을 위한 실질적인 대안은 당초부터 있을 수 없었다.[34]

2) 세입구조 및 세제

첫째, 재정수입면에서는 관업수입이 총세입의 72~85%를 차지하고 있으며, 조세수입은 1947년을 제외하고는 7~24%를 보여 주고 있다.[35]

수입의 대종이 조세이어야 하는데 관업수입이 대종을 이루고 있어 전근대적인 재정양태를 보여 주고 있다. 이는 국가경영비를 국민이 납부한 세금으로 충당하지 못하고 있어 비민주적인 재정운용이 아닐 수 없다. 즉, 민의수렴에 의한 정치를 배제한 통치자의 자체수입으로 나라가 운용된다면, 이는 전근대적인 집권자의 독재정치를 의미한다고 규정할 수 있다.[36] 당시 관업수입은 술 · 담배를 포함한 전매사업, 체신사업 및 운수사업으로부터의 수입이었다.

둘째, 당시 조세수입체계는 전근대적인 전통적 유형을 나타내고 있다. 즉, 직접세 비중이 약하고 간접세 비중이 높게 시현되고 있다. 직 · 간접세 비중은 1946년에 2.8%:4.2%, 1948년에 9.2%:14.8%였다.

33) 이창세(1965), p. 193.
34) 이창세(1965), p. 191.
35) 〈표 2. 3〉 참조. 김석준(1996), p. 320f.
36) 슘페터적인 '조세국가'(Steuerstaat)의 개념에 일치하지 않음을 인식해야 한다(J. Schumpeter, 1918).

〈표 2. 3〉 미군정하의 세입구조

[단위: 천 원, %]

	예산기준							
	1945년		1946년		1947년		1948년	
	금액	구성비	금액	구성비	금액	구성비	금액	구성비
조세수입	–	–	555,903	7.0	3,600,132	23.3	5,058,800	19.8
직접세	–	–	223,478	2.8	1,552,780	10.0	2,104,147	8.2
간접세	–	–	336,425	4.2	2,035,570	13.2	2,954,353	11.6
유통세	–	–	–	–	11,782	0.1	300	0.0
인지수입	–	–	6,525	0.07	150,000	1.0	260,000	1.0
관업 및 재산수입	–	–	6,870,034	85.7	11,065,000	71.7	19,712,955	77.1
잡수입	–	–	414,662	5.2	619,855	4.0	526,731	2.1
기타	–	–	150,000	1.9	–	–	–	–
총세입	–	–	8,013,394	100.0	15,434,854	100.0	25,558,846	100.0
	결산기준							
	1945년		1946년		1947년		1948년	
	금액	구성비	금액	구성비	금액	구성비	금액	구성비
조세수입	375,232	43.0	1,248,160	22.6	2,991,662	99.7	2,749,955	24.0
직접세	155,045	17.8	782,078	14.2	1,744,550	58.1	1,054,422	9.2
간접세	179,907	20.6	437,833	7.9	1,247,108	41.6	1,695,213	14.8
유통세	40,280	4.6	28,249	0.5	4	0.0	320	0.0
인지수입	–	–	–	–	–		188,742	1.6
관업 및 재산수입	497,157	56.9	4,257,980	77.2	–	–	8,301,368	72.3
잡수입	–	–	1,087	0.02	7,601	0.3	239,501	2.1
기타	–	–	–	–	–	–	–	–
총세입	872,391	100.0	5,517,228	100.0	3,000,268	100.0	11,480,112	100.0

힌릭스(H. Hinrichs)는 그의 하버드대학 학위논문에서, 세계 각국의 세제사 연구를 통해 발견된 사실은 경제적으로 낙후된 전통사회일수록 간접세 비중이 높게 나타나며, 외부접촉으로 인한 초기 근대화 시기에는 관세 비중이 높아져 간접세수의 비중은 더욱 높아 간다는 세수 비중과 경제발전에 있어서 세수 비

중의 변동이론을 제시해 주목을 끌었다.[37)]

이러한 세입구조는 조세사에서 제시되고 있는 산업화 이전의 전근대적인 전통사회일수록 직접세의 비중은 약하며, 대신 간접세의 비중 그것도 관세라는 해외수입이 상대적으로 비중이 큰 것으로 논증되고 있다.

셋째, 재정수입 중 큰 비중을 이루고 있는 수입은 조세가 아니고 관업수입이었다. 이 수입 비중은 총세입의 72~85%를 시현하였으며 조세수입은 20%에 불과하였다. 원래 정상적인 정부회계제도는 정부의 독자적인 사업은 특별회계로 처리하는 것이 관례로 되어 있다. 그러나 일제하의 재정회계제도는 이를 구분하지 않고 관업과 조세를 통합한 회계로 처리하였다. 미군정은 일제의 이러한 불합리한 제도를 그대로 답습하였던 것이다. 이렇게 통합적인 회계는 정부의 대민간정책 효과에 상당한 왜곡을 초래해 비합리적이었다. 즉, 정부의 사업수입이 민간이 기여한 것으로 간주될 수 있을 뿐 아니라, 지출면에서 대민간지출은 봉쇄되고 정부 자체적인 이득을 위해 지출될 뿐이기 때문이다. 관업수입은 담배 · 술 · 인삼 등을 포함하는 전매사업과 체신사업, 운수사업으로 구성되었다.[38)]

넷째, 개별 세목에 대해 세율을 인상 또는 일부 세목을 폐지하기도 하였다. 즉, 출항세, 취인세 및 취인소득별세는 일제 패망과 함께 폐지되었다. 또한 사탕소비세, 광고세 및 건축세를 폐지하였다. 그러나 여타의 세목, 즉 물품세, 입장세, 유흥음식세 등은 세율을 2배 내지 3배로 인상 시행하였다. 그리고 상속세, 소득세 및 주세도 대폭적인 세율인상을 단행하여 세수증가에 기여하였다. 그 결과 1944년 일제하의 조세수입액은 5억 1,162만 2,000원이었으나, 미군정하의

37) H. Hinrichs(1966), p. 101. 그는 전통사회, 이행(移行)사회 및 근대사회로 구분하고, 전통사회의 주종이 되는 조세는 전통적 직접세이며, 이행사회에서는 간접세가 주종이 되며 근대사회로 정착되면 근대적 직접세가 주종이 되는 조세구조로 발전한다고 주장했다. 그리하여 직 · 간접세 비율은 전 발전단계에서 U자형으로 나타나고 있음을 제시하고 있다. 본인은 힌릭스의 이와 같은 U형 곡선을 한국의 경우에 비교 검정한바 약간의 차이를 제외하고 한국의 직 · 간접세 비율의 장기적 변화추세는 U형 곡선의 가설과 일치하였다(Pil-Woo Rhee, 1974, pp. 153~164).

38) 전매사업은 항시 흑자를 시현하였는데, 체신과 운수사업은 늘 적자를 나타내 정부회계로부터 보조금을 지급하였다(최광, 1992, p. 249).

그것은 1948년도에 27억 4,900만 원으로 무려 5배 이상으로 폭증하고 있음을 알 수 있다. 이러한 부담은 군정통치 후 매년 세부담을 2배 이상으로 증가시켜 나라살림을 하였음을 말해 주고 있다.[39)]

(3) 미군정하의 재정행태 귀결의 의미

우리는 다음에서 미군정의 나라살림 행태로 가져온 귀결은 어떠한 의미를 나타내고 있는지를 살펴보고자 한다. 그 의미는 정치경제학적 차원을 넘어서 정서문화적 차원에서 한국의 역사문화적 차원에서 접근해 보고자 한다. 그래서 그 의미는 어느 한 차원에 국한하지 않은 전체론적(holistic) 차원이기에 특정 분야를 배제한 광활한 대지와의 대화로 엮어 보았다.

그런데 예산과 관련된 예산행태론은 재무행정론에서 논의하고 있어 고무적이다. 재무행정학자들은 예산행태에 세 유형이 있다고 한다. Wildavsky(1975)에 따르면, (1) 점증주의, (2) 양입제출주의, (3) 추경예산주의로 분류하고 있다. 한편, Anton(1970)에 따르면 (1) 증액지향적, (2) 삭감지향적, (3) 균형지향적(수문장)으로 제시하고 있다.[40)]

첫째, 미군정하의 재정행태는 적자재정의 누적과 물가고라는 인플레이션을 초래하였다. 그 행태의 원인에 있어 당시 이 나라에 건전재정의 미덕을 배제한 군(軍)편의주의에 근거한 무책임한 재정운용을 강행하였다고 볼 수 있다. 혹자는 이를 해방 후 혼란기에 국가도 없는 무정부하에서 어쩔 수 없는 과도기적 재정운용으로 보는 견해도 있다.[41)] 부분적인 세제개혁도 있었지만 세수증대적인 세율인상이 주가 되고 있어 민생에 어려움을 주었다. 미군정의 세재개혁은 남한의 경제개발이라는 보다 장기적이고 기본적인 시각은 결여되었으며, 오히

39) 최광(1992), p. 260.
40) 신무섭(2004), p. 419; 윤영진(2006), p. 248.
41) 이석윤(1991), p. 37.

려 일제하의 세제를 그대로 답습하고 그에 부분적인 개정만을 일삼았다. 한민족의 근본적인 민생 위주의 정책은 배제되었으며, 오직 군편의주의 가치에 근거하였음을 논증한다.

둘째, 재정 전반의 제도가 일제하의 그것을 그대로 답습함으로써 해방 후 오늘에 이르기까지 일본의 제도에 얽매여 제도개혁이 있을 때마다 일본의 그것을 본받는 경우가 허다하지 않았나 하는 느낌을 떨칠 수 없다. 제도는 자국민의 정서에 적합한 것이 최적인데, 외국으로부터의 제도수입은 외생적인 특성이 있어 이를 내생화할 때 상당한 비용과 자국의 역사 · 문화적 정서에 맞지 않아 개혁제도의 정착이 어려운 것이다.

셋째, 미군정은 재정운영에 있어 무책임한 정책노선으로 일관하였고, 일제하의 제도답습 및 전제적 독재적 통제 등 비민주적인 행 · 재정으로 일관하였다. 역사는 항시 약자가 강자에 의해 지배되기 마련이다. 한국이 일제 식민지 생활의 아픔이 불식되었는가 생각하는 찰나 다시 미국이라는 강자에 의해 지배받게 된 것은 필연적인 역사의 숙명으로 받아들일 수밖에 없다고 생각된다. 그러므로 약자는 강자에 의해 지배됨을 재삼 인식하고, 살아남는 잔존(殘存)의 힘을 쌓는 것이 우리의 길임을 인식해야 할 것이다.

넷째, 미군정은 행 · 재정면에서의 무책임성, 전제적 통제, 군정의 편의주의, 한국민의 자생적 경제개발(self-genetic, voluntary economic development) 의지의 무시, 서구의 민주와 군정의 전제독재와의 혼용, 미국식 제도와 일제하의 제도적 혼용 등 한국민의 자율적인 진보에 부정적인 영향이 엄청 컸다고 볼 수 있다. 미국식 제도가 민주적이라 하고 도입 · 시행하면서 행 · 재정의 집행의 최종권한은 군정이 장악하고 있어 밑으로부터의 자율적인 선호결정을 무시하고 자원배분의 왜곡과 비효율만을 재생산하였음은 사회과학도로서 인식하지 않을 수 없다. 민선으로 구성된 입법의회를 설립하였지만, 입법의 최종결정권은 하지가 소유함으로써 한국민의 자율적 선호가 무시되었음은 민주주의의 역행을 보여주었다. 이는 가치의 이율배반성을 노출하고 있는 가치의 혼돈을 재생산함에 불과하였다. 오늘날에도 한국 사회는 전통도 아니고 근대도 아닌 가치의 이중성을 표출하여 가치의 혼돈, 아니 한국 문화정서에 적합한 고유의 가치 부재, 또는 지식인의 가치의 이율배반성, 한국 지성사회의 일관된 확고한 가치의 부재 현상을 초래하였는지도 모른다. 즉, 오늘의 가치혼돈은 이미 해방 직후 군정통제문화의 소산으로 보아 마땅하다. 다시 말해, 군정의 유산은 가치의 혼돈이었다. 그러나 한편 군정통치의 긍정적인 측면은 과도기 한국 사회에 미국식 민주주의를 도입 · 정착하려는 하나의 선행적 기반구축을 위한 준비라고 할 수도 있을 것이다.

다섯째, 울며 겨자먹기식의 과도기적 군정의 맛은 한국민에게 있어 단 것 같으면서 시지도 않은 그렇다고 담백한 맛도 아니었으니 오히려 시큼털털하여 삼키기에는 역겨운 데가 있었다. 혹자는 그래도 군정통치는 한국에 미국식 민주화 정신을 도입 · 전파시킴에 그 민주주의의 귀감이 되는 전략으로 실질적인 이득이 되었다고 평가하는 경우도 있다.[42] 따라서 자유민주주의에 근거한 법치국가의 기틀을 마련하는 데 기여하였다고 군정을 높이 평가하고 있다.

그러나 21세기의 새 시대에는 후기근대화적인 사상(postmodernism)과 철학의 바람이 일고 있다. 그것은 인간주의적이고 초월적 절대성(transcendent absolutism)이나 획일화된 원리 · 원칙을 부인하며 보다 다양한 사상과 문화를 지향하는 다원주의(pluralism)를 권장하고 있는 것이다. 효율지향적 능력을 기준으로 한 경쟁이라기보다 돈과 권력의 유착으로 얼룩진 민주주의가 지배하였음을 인정한다면 이를 어찌 볼 것인가? 당시 대중의 여론(public opinion)이 형성되지 않은 여건하에서 민주주의와 자유는 권력과 금력으로 왜곡 인식되어 부정과 비리만을 재생산한 데 기여하였던 것이다. 민주주의를 통한 근대화는 한국에 있어 4.19혁명과 5.16군사쿠데타를 야기시켜 한국 역사의 회오리바람을 일으켜 그 한을 풀어보고자 하였다. 이렇게 볼 때, 미군정의 당시 미국식 민주주의와 근대화 제도의 도입 · 시행은 한국 국민의 역사 · 문화적 정서에 적합지 않아 그 후에 일어난

42) 최광(1992), p. 234.

소용돌이 혁명을 2번에 걸쳐 체험해야만 하였다. 한국인의 역사 · 문화적 정서는 인의예지신(仁義禮智信)이란 5덕에 있다고 저자는 본다. 한국에 적합한 민주주의는 이러한 5덕의 정서에 맞는 질서이어야 한다. 그것은 서구식 민주주의와는 차이가 있음을 인식해야 할 것이며, 이에 걸맞는 한국적 민주주의를 지향한 연구에 신세대 후학들이 매진해야 한다고 생각된다.

여기에서 근대화란 현재보다 더 개선된 생활을 추구한다는 의미로 사용하고자 한다. 그것이 서구 사회가 잘 사니까 동출서입(東出西入)으로 가자는, 즉 서구 사회를 무조건 모방하자는 근대화하고는 다르다. 우리 정서에 적합한 잘 살기의 노력은 합리성 위주의 서구식 개인주의와 반드시 일치해야 한다는 논리는 수용하기 어려우며, 한국인의 잘살기운동은 서구식의 그것과는 달라야 한다는 것을 인식해야 할 것이다. 역사와 문화가 다르기 때문에! 지금까지 한국은 서구식 근대화주의(modernism) 함정에 갇혀 한국인 정서에 일치하는 자율성을 상실한 사이비 근대화를 추구해 온 것은 아닌지 반성해야 한다고 생각된다.[43] 우리 특유의 한국적 특수성이 무시된 서구 가치의 독단적인 적용으로 그 적응이 어려웠기 때문이었다.

이렇게 볼 때, 미군정의 미국식 민주주의의 도입 · 시행은 서구식 근대화의 점화였으며, 이는 부정비리의 양산 위에서 물질적 풍요를 실현하였으며, 한낱 절름발이 근대화의 모습을 보여 주고 있다 하겠다.[44]

43) 이광세(2005), pp. 80~102. 그는 근대성의 독단적인 이성과 합리성을 유일한 보편성으로 보는 근대화를 획일화된 사상으로 보면서, 새 시대에는 다양성, 개방성, 개별적 특이성(particularity)을 주장한다.
44) Sheila Dow(2001), pp. 61~76.

3 국가재건시대의 재정행태(이승만 집권기, 1948~1961; 국가재건, 한국전쟁 및 4.19혁명)

해방 후 미국에서 귀국하여 신탁통치를 반대하던 이승만은 1948년 8월 15일 남한에 우파적인 공화국 정부를 수립하고 만방에 선포하였다. 이로써 대한민국이라는 공화국이 처음으로 세워진 셈이다.[45]

대통령책임제하에서 재정책임은 법적으로 대통령에게 있다. 특히, 국회에 제출되는 정부 예산안에 대해 대통령의 시정연설과 제안설명이 있는데, 이를 통해 정부의 재정책임자가 어떤 모습의 나라살림을 하겠다는 것인지 알 수 있다. 따라서 현실에 검증될 수 있는 선험적 가치, 즉 나라살림의 주요 목표에 대해 알아보고자 한다. 이러한 추적은 국무총리 이범석이 당시 국회에서 이승만 대통령의 시정연설을 대독한 내용을 토대로 하였다. 1948년, 1949년 및 1950년까지는 이범석이 국무총리였으나 1951년 한국전쟁이 발발한 후 국무총리는 장면으로 바뀌었으며, 기획처장 김유택의 예산안 대독이 있었다. 1951년부터 1954년 전반기까지는 시정연설 및 예산안 설명을 백두진(당시 국무총리)이 대독하였다. 1954년 후반기에는 변영태가 국무총리였으며, 1955년 전반기에는 재무부 장관 이중재가 대독하였다. 1955년 12월에는 김현철 재무부 장관, 1956년 6월에는 인태식 재무부 장관, 1957년 9월에는 김현철 재무부 장관, 1959년 10월에는 송인상 재무부 장관이 대독하였으며, 1960년 6월에는 대통령 권한대행으로 허정이 맡았고(4.19혁명), 1960년 6월에는 윤호병 재무부 장관이 대독하였으며, 1960년 10월에는 장면이 국무총리로 당시 김영선 재무부 장관이 대독하였다. 이를 표로 정리하면 〈표 2. 4〉와 같다.

45) 혹자는 이를 부인한다. 왜냐하면 대한민국은 임시정부의 형태로 이미 중국 상해에서 망명정부로 존재하였기에 처음이라고 할 수 없다는 것이다. 그러나 남한 국민의 자유선호에 따른 헌법의 제정과 선거에 기초하여 설립되었다는 점, 민주공화국의 정통성을 갖추었다는 점, 대한민국이 법적으로 정치적으로 정당성을 갖추었다는 점에서 민의에 기초한 국가는 이것이 최초의 대한민국 수립이었음을 인식해야 할 것이다.

〈표 2. 4〉 건국집정기 예산안 대독자(1948. 10~1961. 3)

대독자	기간
이범석	1948. 10~1950. 3
장면	1951. 2
백두진	1951. 6, 1951. 8, 1951. 11
박희현	1952. 3
허정	1952. 1
백두진	1952. 1, 1952. 10, 1953. 1, 1953. 3
원용석	1954. 4
백두진	1954. 2(시정연설)
원용석	1954. 2(예산안)
백두진	1954. 3. 25(예산과제 연설)
원용석	1954. 3. 25(예산수정안 설명)
변영태	1954. 9(추경 시정연설)
이중재	1955. 4, 1955. 6
김현철	1955. 12, 1956. 1
인태식	1956. 6, 1956. 11
조정환	1957. 9, 1958. 7, 1958. 10
김현철	1958. 7, 1958. 10
송인상	1959. 10
허정	1960. 6
윤호병	1960. 6
장면	1960. 10, 1961. 2
김영선	1950. 10, 1960. 9, 1961. 2, 1961. 3

(1) 건국시 재정경제 여건

재정책임자의 선험적 가치 내지 정책목표를 개관하기 전에 그 당시의 재정 여건이 어떤 상황에 처해 있었는지를 먼저 고찰한 연후에 재정정책목표인 선험적 가치를 평가해야 할 것이다.

건국 당시의 재정사정은 군정이 남겨 놓은 상황을 그대로 건국정부가 넘겨받은 셈이다. 다른 것이 있다면 1947년 6월 3일 미군정은 행정권을 한인에게 이양하였으며, 군정부의 명칭을 남조선과도정부로 바꾸었다. 미군정의 명칭만의 변경이었다.

그러나 1948년 9월 11일에 한국 정부와 미 군사정부 간에 재정 및 재산에 관한 협정을 체결하였다. 그 내용은 미 군정청의 모든 재산, 일체의 현금, 은행예금, 모든 구호물자, 재건물자, 남조선과도정부의 각 부처, 대행기관의 설비, 물자 및 자산을 포함한다. 아울러 미군정은 일본인의 귀속재산 및 이의 순수입금, 조선국방경비대, 경찰, 해안경비대 및 군용재산도 이양하도록 약속하였다. 한반도에서 미국의 전투부대는 1949년 6월 30일까지 철수하기로 하였다. 그러나 이 군철수 약속은 한국전의 발발, 냉전 지속화 등의 이유로 50여 년이 지난 오늘에 이르기까지 지켜지지 않고 있다.

정치적으로 남북의 대치 · 갈등은 심화되었다.[46] 주지하는바 제주도의 폭동사건 및 여수 · 순천 반란사건, 지리산 빨치산의 저항 등은 남북 간의 대치상황을 더욱 악화시켰다. 따라서 대한민국 정부의 발족과 동시에 요구되었던 것은 국방력과 국내치안의 강화였다. 이때 물가고에 시달리는 민생과 식량공급의 부족, 전력공급의 차질, 적자재정의 누적, 세부담의 증가 등 당시의 재정경제 여건은 어려운 상황에 있었다고 본다.

이승만 대통령의 집정기는 1948년 8월 15일부터 1960년 5월이다. 이 기간에 두 번에 걸친 큰 정치적 사변이 야기되었는데, 그것은 한국전쟁과 4.19혁명이었다. 따라서 이승만 집정기 재정행태의 고찰은 세 시기, 즉 건국직후기(1948. 8~1950. 6), 한국전쟁기(1950. 6~1953. 7) 및 휴전 후 4.19혁명 퇴임기(1950. 7~1960. 5)로 구분하여 살펴보고자 한다.

46) 이석윤(1991), p. 38.

(2) 이승만 대통령의 정치이념 가치

1) 건국직후기(1948. 8~1950. 6)

1948년 9월 30일 국회에서 국무총리 이범석이 대통령 시정연설문을 대독하였는데, 이를 기초로 한 이승만의 정치이념 내지 정책가치를 유추해 보자.

첫째, 그는 신생 대한민국은 30년의 설립역사가 있으며, 단군시조의 역사를 이어 받은 단일민족의 자주독립국가로서 민주주의를 탄생케 하였다. 그의 시정연설 전문에서 공산좌파를 반대한다는 문구는 어디에서도 찾아볼 수 없었다. 그러나 단일민족이라는 어휘는 네 번에 걸쳐 사용하고 있다. 대신 동족 간의 상쟁은 척결해야 할 것을 요구하였다.

둘째, 그는 선열들의 덕성과 창조적 자질을 높이 숭상하고 있으며, 특히 3.1운동의 독립적인 민족의 정의정신을 높이 평가하고 있다.[47)]

셋째, 국책의 기본은 자주적이고 한민족 전체의 번영과 균형적인 발전이며 인권의 평등을 중시하여 계급 간의 차별화를 억제하여 민생복리를 추구하는 민주주의 국가의 건설을 지향한다고 하였다.

넷째, 정부의 당면정책으로 국기(國紀)의 완전 회복과 국제승인, 민생개선과 국내 당면 중요 정책 및 행정의 쇄신과 사회기풍의 숙정을 들고 있다. 또한 이 당시 대통령이 강조한 것은 한국 정부의 운용은 중앙집권적인 체제로 집중할 것임을 언급하였다.[48)]

그러나 집고 넘어가야 할 일은 그는 철저하게 우파적인 자유민주적 이념을 지녔으며, 어떠한 좌파적인 공산주의도 용인하지 않은 우파정치가였다.

이상은 건국 직후의 정치적 이념과 정책가치였다. 1960년 5월에 가서는 4.19혁명으로 대통령직을 사임하고 하야한다. 당시 그는 "국민의 뜻이라면 하야하

47) 「1948년도(단기 4281년) 예산안에 대한 시정연설 및 제안설명」, 대한민국 30년 9월 30일, 제1회 본회의, 대통령 이승만(KDI, 1991, 제1권, p. 2).

48) 오늘의 중앙집권 행정은 이미 이승만정권이 창시 발효하였음을 알 수 있다. 1948년 시정연설에서(KDI, 1991, 제1권, p. 7). "강력한 중앙집권적 행정체제의 순치(馴致)에 전력할 것입니다"라고 표현하고 있다.

〈표 2. 5〉 이승만 대통령 시정연설기간

대독자	기간분류	발표일시
이범석	제1기	1948. 9. 30, 1949. 3. 31, 1950. 3. 30
백두진	제2기	1951. 2. 26
장면		
허정		1952. 1. 15
백두진		1953. 1. 14
백두진	제3기	1954. 2. 17
이중재		1955. 6. 23
인태식		1956. 11. 9
조정환		1957. 9. 16, 1958. 10. 11
송인상		1959. 10. 15

겠다"라고 하면서 하야를 단행하였다.[49] 하야시까지 12년간 매년 국회에 예산제출시 행한 시정연설문이 있다. 이는 모두 국무총리, 재무부 장관, 외무부 장관 등이 국회에서 대독하였다. 하야 다음 해(1961)의 예산안을 제출하였기에 모두 13번에 걸친 그때그때의 시정연설이 발표되었다. 해마다의 시정연설은 소개할 수 없으나 여기에서는 세 시기로 나누어 요약하는 것으로 그치겠다.

1949년도 예산의 시정연설은 인상적이었다. 첫째, 과거 군주시대의 왕도정치 이념은 애민애족의 국가공동이익을 추구하였다. 그러나 조선 말엽의 가렴주구적 징세는 민폐를 주었고, 그 후 일제의 탄압으로 식민지경제하에서 민중은 핍박당하였으며, 게다가 해방 후 군정은 도움을 주었다 하나 실질적인 발전에는 미흡하였다고 지적한다.

둘째, 자원은 민국대중의 공동복리를 위해 배분되어야 한다. 한편, 재정면에서 아주 중요한 원리를 지적하였으니 그것은 건전재정이었다. 즉, 예산은 양입제출(量入制出)해서 편성하고, 가계나 국가예산이나 그 운용면에서는 근검절

49) 한국 정치사상적으로 이 하야는 민주적인 하야로 기록되어야 할 것이다. 한국 정치사상 이런 민주의식은 찾아 볼 수 없다고 생각된다.

약이라는 같은 원칙이 적용되어야 할 것을 요구하였다.[50] 이에 있어 사치와 낭비를 공사 간에 불식하고 근검의 정신을 고취하였다.

1950년도 예산안 제안설명에서 대통령은 다음처럼 지적하였다.

첫째, 자립국가는 자립경제를 전제로 한다. 원조물자는 재정조달이 어려운 경상비에 충당하도록 한다. 그러나 조속히 경상비는 우리의 재정수입으로 지출하도록 해야 한다. 원조물자는 경제기반 조성에 사용하도록 해야 한다.

둘째, 이재민, 반란, 폭동 등 국내치안에 소요되는 경비는 복권발행, 국채발행으로 변제하도록 할 것이다. 그러나 3개월 후 북한의 남침으로 남한 일부가 초토화되고 동족상쟁의 큰 난리가 날 줄은 꿈에도 상상하지 못하였다.

셋째, 일본의 어선을 막기 위해 '맥아더라인'을 만들어 한국 어업의 확장을 도모하였다.

귀속재산 및 토지개혁의 신속한 처리가 요망되고 있다.

2) 한국전쟁기(1950~1953)

1950년 6월 25일 새벽에 북한은 남침을 도발하였다. 이로 인해 남한의 수도는 부산으로 옮겼다. 그리하여 1951년도 예산은 2월 26일에 당시 국무총리로 임명된 장면이 직접 서술한 시정연설을 하였다.[51]

한국전에 참여한 UN군 12개국의 지원에 대해 감사하며 국군장병은 물론 전쟁으로 인한 희생된 군인의 유가족에게 애도의 뜻을 전하면서 하루 속히 반공승리로 남한의 안전평화를 실현해야 한다. 관존민비의 관료독재사상을 배격하며 민주주의 육성에 쇄신분골할 각오로 정부의 행정기구를 과감히 개혁하여 전쟁의 승리를 위해 최선을 다할 것을 다짐한다고 하였다.

시정연설에서 장면 총리는 재정운용에 대해 언급하고 있다. 즉, 조세정책을

50) 이러한 재정원칙은 스미스(A. Smith) 이래 오늘날의 공공선택학파(public choice school)에 이르기까지 주장되고 있는 건전재정의 정신이다.

51) KDI(1991), 제1권, pp. 83~93.

전시적으로 강화하고 관업수입을 증강하며, 국채발행을 증가시키며, 도입물자 대금을 신속히 회수하며, 귀속재산의 불하를 촉진하며, 세입세출을 통하여 정부회계 지출방법의 합리화와 지출 후의 감시강화를 기하고자 한다.

1952년에는 허정이 국무총리 서리직을 맡아 직접 시정연설을 하였다. 그는 시정연설에서 정전만으로는 만족하지 않고 중공군의 불법침공은 부당하므로 신속한 철수를 요구하며 북한 괴뢰집단의 섬멸과 공산주의를 퇴치하여 북한 사회를 자유화하여 통일할 것을 주장하였다.[52] 국방 · 치안, 외교, 산업발전에 대해 언급하였다. 특히, 재정관련 정책수단에 대해 언급한 바 있다.

인플레이션을 제거하기 위해 방만한 세출의 억제와 경상비는 조세수입으로 조달할 것을 요구하였으며, 조세징수행정의 강화도 지적하였다.[53]

1953년에는 국무총리 서리 백두진이 시정연설을 하였다. 특기할 것은 전란수습비특별회계를 각 특별회계에 포함시켰으며, 중요한 세입 비중을 지닌 미국의 원조는 대충자금특별회계로 처리되고 있다.

3) 정전 후 4.19혁명기(제3기, 1954~1960)

1954년 2월에 백두진 총리의 시정연설 대독에서는 한미합동경제위원회에서 미국을 위시한 원조물자와 한국 자본의 효율적인 결합으로 전후 재해복구와 발전을 위한 경제기반 조성에 기여할 것을 협의하였다. 이 밖에 산업부흥과 국민생활 안정, 문교, 사회보건정책의 중시도 언급되었다.

1955년에는 이승만 대통령의 이름으로 시정연설문이 제출되었으나 이를 대독한 자는 없고 예산제안 설명만이 있었다. 제출된 시정연설문에는 몇 가지 중요한 측면을 명백히 하고 있다. 휴전 후 북한 공산괴뢰는 군력 특히 공군을 증강시키고 있으며, 이에 대비하여 남한도 군력증강에 힘써야 하며, 자유국가의 공존을 위해 세계는 반공이념으로 무장해야 함을 강조한 바 있다. 또한 경제문제

52) KDI(1991), 제1권, p. 116.
53) KDI(1991), 제1권, p. 120.

로 고정환율을 정부만이 사용하고 있으며 민간에서의 환율은 일정치 않아 대외 경제교류에도 상당한 부작용이 있으므로 이를 개선해야 함을 지적하고 있다.[54)]

한 가지 특기할 사항은 1955년부터 대통령의 시정연설문은 순한글로만 되어 있다. 그 문장의 문체(스타일)는 옛날 토속적인 어투였다. "…… 관계로 인연해서 …… 지폐를 안 밖고 지내와 보니 여러해 해 나오던 것을 …… 공무원 전체가 매명에 얼마씩을 받았는지 …… 아무리 어렵고 아플지라도 참고 지금까지 끌어 내려 온 것인데 ……" 등의 표현은 안방에서나 들을 수 있는 토속적인 회화체였다. 그리고 한문이 없는 한글로만 쓰여졌다. 누가 대필한 것은 아닌지 보지 않아 알 수 없지만 노(老)대통령이 직접 썼을 것으로 생각된다(만일 이 대통령이 직접 썼다면 이는 재정사상 전무후무한 사례가 아닐까?).

여기에서 언급되고 있는 내용은 재정적자의 화폐증발은 경제의 추락화, 국채의 활용, 공무원수의 감축으로 감원단행, 원조자금의 국내산업 발전 촉진, 고정환율 500 대 1, 관영요금 인상억제, 근검절약 등을 강조한 바 있다.

1957년 9월 16일에는 역시 같은 문체의 한글로 쓰여진 시정연설문을 외무장관 조정환이 대독하였다. 여기에서 언급하고 있는 내용은 나라살림은 국민의 공공욕구를 충족시켜야 하는 것으로 이해하고 있다. 그러나 재원부족으로 매년 적자재정을 면치 못하고 있다. 지폐발행을 통한 적자재정의 국민경제적 폐해는 큰 것이며, 이를 극복하고자 내핍과 원조물자의 활용을 언급하였다. 여기에서는 물가안정, 고정환율의 지속적 활용, 비료생산의 자급자족 등이었다. 우방의 원조로 수출이 증가하고 있으며, 교육의 확산, 공무원봉급 인상, 북한의 기아와 질병 퇴치와 공산괴뢰의 타파로 통일실현 등이었다.

1959년 10월 15일에는 시정연설문을 국회에 제출하였지만 대독은 없었다. 경제력과 산업의 발전은 한국의 흥왕발전을 의미한다고 하였다.[55)] 그러나 그 6개월 후 정부에 들이닥칠 4.19혁명에 대해 당시 대통령으로서 아는 바가 전무하

54) KDI(1991), 제1권, p. 225.
55) "…… 그 발전되어 나가는 것을 보면 우리나라가 이렇게 부강한 자리에 올라가게 되는 것을 기쁘고 감사하게 여기지 않을 수 없는 것입니다"(KDI, 1991, 제1권, p. 146).

였음은 민심의 정보관리가 너무 허술하였던 것은 아닌지?

이승만 대통령은 집정시 큰 실수를 두 번에 걸쳐 겪었다. 하나는 북한의 남침에 대해 전혀 사전정보를 갖추지 못하였으며, 둘째는 1960년 4.19혁명에 대한 사전적인 정보를 결여하였다는 것이다.

(3) 국무총리 및 재무부 장관들의 재정정책 가치

여기에서는 이승만 집정기에 예산안 제안설명을 한 국무총리 및 재무부 장관의 재정운용에 대한 정책가치 내지 재정가치를 정리해 보았다. 당시 제1기(1948~1950)에는 이범석 국무총리가 설명하였으며, 제2기(1951~1953)에는 국무총리 장면, 기획처장 김유택, 재무부 차관 박희현, 재무부 장관, 기획처장 및 국무총리 서리를 두루 역임하였던 백두진이 예산의 제안설명을 하였다. 제3기에는 국무총리 백두진, 기획처장 원용석, 국무총리 변영태, 재무부 장관 이중재, 재무부 장관 김현철, 재무부 장관 인태식, 재무부 장관 송인상 등이 예산안 제안설명을 하였다.

이들의 제안설명 중 정책적으로 특징적인 사안에 대해 서술할 것이며, 중복적인 내용은 피하되 특징적인 사안으로 처리하고자 한다.

1) 제1기 재정책임자의 재정가치(1948~1950)

당시 대한민국 초대 국무총리는 이범석이었다.[56)]

1948년 첫 해의 예산안 설명에서는 건국 후 첫 번째 예산이므로 소급하여 편성되었음을 양해해 달라는 것이었다. 첫 번째 예산은 1948년 4월 1일~1949년 3월 31일까지의 예산편성이었다. 이를 국회에 제출한 것은 1949년 1월 25일이었다. 대한민국이 1945년 8월 15일에 출범하였는데, 예산은 약 5개월이 지난 후에

56) 이승만은 당시 이윤영을 국무총리로 추대하였으나 국회는 이를 거부하였다. 그 후 임명된 자가 이범석이었다.

국회에 제시되자, 건국 초기의 바쁜 일정으로 인해 소급되는 예산을 제출하게 되었음을 양해해 달라는 조사를 달았다.

첫 번째 예산제출에서 특기할 것은 국방비와 치안비(총액 72억 원)는 조세수입(51억 원)과 전매익금(18억 원) 및 인지수입(2억 8,000만 원)으로 국내적인 자체수입으로 조달될 수 있음을 과시하고 있다.[57] 한편, 미국의 원조자금은 재해구조, 산업발전에 쓰여질 것을 보고하고 있다. 그러면서 건전재정의 중요성을 지적하면서도 양출제입(量出制入)원칙을 따르다 보니 수입이 지출을 변제하지 못해 재정적자가 불가피하였음을 언급하고 있다. 첫 해 예산에 107억 원이라는 예산총액의 36.7%의 적자를 계상하고 있다(미군정시 27%였음). 향후 수입증대에 노력하여 균형재정을 지향한다고 하였다.

아무튼 1949년 10월 10일까지 무려 5번에 걸친 추가경정예산을 편성 발표하기도 하였다. 추경의 이유는 대부분 국방 · 치안유지비의 증대, 교육, 지방행정비, 농업진흥비, 산업진흥비, 교통체신비 등의 비용상승으로 인한 것이었다고 보고하였다.

2) 제2기 재정책임자의 재정가치(장면 · 김유택 · 박희현 · 백두진, 1951~1953)

당시 한국전쟁의 발발로 국방비 증가는 당연하였으며, 이로 인한 추경예산은 불가피하였음을 기획처장 김유택이 보고하고 있다. 추가적 비용은 모두 차입으로 되어 적자재정을 더욱 확대하였다. 정부가 남침으로 부산으로 피난을 가게 되었으며, 다시 국군이 압록강까지 점거하였다가 중공군의 참전으로 우리는 남하를 강요당하고 있었다. 이에 소요되는 전시재정은 막대한 재정적자를 감수할 수밖에 없다는 비관적인 전시재정가치를 당시 국무총리인 장면이 피력하고 있다.[58] 군사비, 구호비, 복구비가 그 원인이 되었다. 이를 그는 제7회 추가

57) KDI(1991), 제1권, p. 11.
58) KDI(1991), 제1권, p. 67.

경정예산안 제출이 불가피하였음을 보고하고 있다. 한 해에 무려 7번이나 추가로 나라살림을 바꾸지 않고서는 한국전쟁을 감당할 수 없었음을 말해 주고 있다 하겠다.

당시(1950년도 예산) 조세수입의 비중은 일반회계 총수입의 9.1%였으며, 차입금이 47.5%, 원조자금이 24.1%, 농지대가상환금이 10.7%였다.

장면 국무총리는 1951년도 예산안 국회제출 연설에서 다음과 같이 재정가치를 피력한 바 있다. 그는 수지균형에 맞는 재정운용에 집중하자는 건전재정을 주장하였다. 재정적 조치로서 (1) 조세정책을 전시적으로 강화하고 관영사업을 증강하며, (2) 국채발행을 증가하고, (3) 도입물자 대금을 신속히 회수하며, (4) 귀속재산의 불하를 촉진하며, (5) 세입 · 세출을 통하여 정부회계의 지출방법의 합리화와 지출 후의 감사 강화를 기하고자 하였다.

그러나 1951년도 예산은 시정연설을 국무총리 장면이 발표하였을 뿐 그에 따른 예산제시 설명은 결여되었다. 당시 특기할 것은 미국 원조물자 및 기금이 들어왔는데, 이에 대한 미국의 요구는 대충자금이라는 표현으로 원조액의 일부(20%)를 반드시 미국으로부터 잉여농산물을 수입하도록 의무화하고 있는 것이었다. 당시 예산당국은 대충자금에 대한 개념적인 설명도 없었다. 대충자금이라는 용어가 예산상에 최초로 쓰여진 것은 1951년도 예산의 특별회계로 '한미경제협정에 의한 대충자금운용'(Operation of Counterpart Fund)이라고 표현되고 있을 뿐이었다.[59] 당시 재무부 장관은 백두진이었다(1951. 8).

1952년도에는 가예산을 국회에 제출해 박희현 재무차관이 설명하였다. 가예산은 1952년도 4월분에 한정한 것이었다. 가예산 총액은 813억 원인데, 조세수입은 56억 원이었으며, 일시차입금은 217억 원이었다. 본예산에는 1,200억 원의 일시차입금 조달로 가예산을 처리하였다. 1952년도 예산안 설명은 당시 재무부 장관 겸 기획처장이었던 백두진이 하였다(1952. 1. 16). 그의 중점적인 재정가치는 일반사업 및 복구사업 외에 남한의 경제부흥 및 산업발전 사업비에 집중

59) KDI(1991), 제1권, p. 103.

하는 것이었다. 특히, 전시에 민간소득분포는 다양하게 변화해 이에 상응하는 소득세 부담의 조정필요성을 강조하였다. 한편, 재정면에서의 저축변수를 활용하여, 즉 귀속재산수입, 귀속농지, 국채를 효율적으로 생산적으로 활용하여 국부를 증진시킬 수 있다는 실용적인 정책가치를 제시하였다.

특히, 1952년도 제2회 추가경정예산안 제출에 있어 비인플레이션적인 재원조달로서 토지수득세, 관세의 자연증가 및 특별회계의 조정을 통한 잉여금 등을 적극 활용할 것을 건의하고 있다.

또한 1953년도에는 한국전쟁 수습 특별회계에 속하였던 군경원호비를 일괄하여 전란수습특별회계를 신설하였으며, 예산에 조세수입을 2배로 늘렸다. 그리고 남한의 총경제수요의 규모와 그 공급능력을 추정하고 외국으로부터의 공급량 규모를 추정하여 이에 따른 원조물자의 효율적인 관리를 강조하였다.[60]

3) 제3기 재정책임자의 재정가치(이중재 · 김현철 · 인태식 · 송인상 · 윤호병 · 김영선, 1954~1959)

정전 후의 집정은 직접적인 전투만을 안하였을 뿐 실제로는 냉전단계에 진입한 준전시상태로 '일면 전쟁 일면 재건'이라는 국시가 제시되기도 하였다. 재정적으로 복구 및 경제재건이라는 추가적인 부담이 가중되는 시기가 온 것이다.

당시 재무부 장관 이중재는 예산편성의 특징으로 이전적 경비(예: 보조금)의 긴축운용, 공무원 처우개선 및 경제재건을 위해 경제부흥특별회계를 별도로 신설 · 운용하도록 하고 있다. 당시 예산정책에 특기할 사항은 1954년 예산에 1인당 조세부담액을 최초로 계상해 발표하였다는 사실이다. 당시 5인가족세대에 평균부담액은 9,025원이었으며, 관세를 제외한 내국세 부담은 1인 평균 1,100원에 불과하였다.[61]

1954년도 추경예산안에서 이중재 장관은 대충자금으로 불요불급의 경제부

60) KDI(1991), 제1권, p. 164.
61) KDI(1991), 제1권, p. 189.

흥사업비에 충당할 것을 피력하였다.

1955년도에 이중재 장관은 경제재건, 행정능률 향상, 국방력 강화 등을 중점으로 하는 재정정책을 활용할 것을 강조하고 있다.

1955년도 예산의 추경에서 김현철 재무부 장관(1956. 1. 20)은 미국의 ICA 원조 2,500만 달러를 추가로 예산에 산입하였다. 이로써 1955년도 추가예산은 최초로 적자가 없는 균형재정을 실현하고 있음을 발표하고, 또한 대충자금에 관한 지출액수를 최초로 언급하였으며, 향후 인플레이션의 근절과 산업부흥을 중점으로 하는 재정정책을 펴나가야 할 것을 강조하였다.[62]

1955년도 2차 추경예산에서 재무부 장관 인태식은 균형예산을 과시하면서 대충자금의 국방비 전입을 지양하고 산업부흥비로 충당할 것임을 설명하였다.[63] 그런데 여기에서 특기할 사항은 1955년도 예산은 회계연도를 연초에서 연말로 바꾸어 부득이 1955년도 예산은 1956년 말까지가 예산연도를 연장하였기에 실제로는 1956년도 예산이 없는 것이었다. 그러니까 1955년도 예산은 1955. 7. 1~1956. 12. 31까지로 책정 시행되었다.

1957년도 대통령 시정연설문은 국회에 제출되었을 뿐 대독도 없었다. 한국전쟁 후 정신 없이 역경을 대처하다 보니 대통령의 시정연설은 대독도 하지 않았음을 짐작한다. 그러나 휴전 후 1957년도 시정연설문은 앞에서 지적한 바와 같이 대통령이 직접 쓴 친필이 아니었던가 추측한다.

1957년도 예산제출 설명은 인태식 장관이 수행하였다. 그는 재정수입은 조세가 대종임을 시사하고, 직접세의 세율을 3% 인하하고 면세점은 인상하며 사치품에 고과세해야 함을 주장하였다. 그리고 자진신고를 신장시켜 조세수입을 확고히 한다고 설명하였다.

1958년도 예산에서 재무부 장관 김현철은 과세합리화를 위해 자산재평가를 시행할 것이며, 1957년도 조세부담률이 GNP 대비 7.8%임을 발표하였다.

62) KDI(1991), 제1권, p. 241.
63) 미국 원조자금의 일부로 미국의 잉여농산물을 수입하여 국내에서 다시 그것을 판매한 수입이 곧 대충자금수입이라고 하였다.

1958년도 추경예산 설명은 역시 김현철 장관에 의해 수행되었다. 그는 공무원 처우개선 교육환부금 등의 증가로 추경이 불가피하며, 특히 대충자금수입의 감소, ICA자금에 의한 판매수입의 감소로 이를 국내재원으로 대체하였음을 발표하였다. 그리하여 1958년도 추경에서 발생된 차입금은 총조세수입의 5.7%에 해당되었다.

1959년도 예산안 제출에 있어 김현철 장관은 재정안정계획에 따라 재정금융정책은 비인플레이션을 지향하여 운용됨을 강조하였다. 중소기업 육성과 국제수지 개선을 위한 세제지원이 필요하며, 자동차세의 창설, 보호관세율 강화, 주식공개에 따른 법인세율 인하 등을 지적하고 있다.

1960년 예산안 설명은 당시 재무부 장관 송인상이 하였다. 그 주요 내용은 재정금융안정정책으로 예산의 수지균형으로 건전재정을 추구하고, 행정비에 근검절약으로 국공재정투융자를 증가시키며, 유휴자금을 동원해 저축을 증가시키고, 적정량의 국공채를 발행하여 재정금융의 유기적인 상호보완기능을 보완한다. 1960년도 예산은 집행도중 발생한 4.19혁명으로 이승만정권은 퇴진을 강요받는다.

(4) 이승만 집권시 재정행태와 그 귀결

위에서 살펴본 집권자의 이념적 가치와 재정책임자의 재정가치를 하나의 재정집행의 선험적 가치로 추적해 보았다. 그런 선험적 가치에 뒤따르는 재정집행의 결과가 어떤 형태로 표출되어 있는지를 추적 · 탐구해 보고자 하는 것이다.

1) 재정행태

이 당시의 재정가치는 대통령이나 국무총리는 모두 한결같이 건전재정이었다. 수입과 지출이 균형을 이루는 균형예산을 하나의 재정철학으로 제시하고 있다. 그러나 실제 예산상에 나타난 사실은 이러한 건전재정의 지론과는 정반대로 적자재정을 시현하였던 것이다.

즉, 1948년도 건국 첫 해부터 나라살림은 높은 수치의 차입금으로 적자재정을 보여 주고 있다. 총세입에서 차입금의 비중은 1950년의 경우 무려 47.5%에 이르렀는데, 이는 군정시 24.5%에 비해 2배로 증가하고 있어 재정책임의 국가의무를 무시하는 행태였다. 특히, 재정차입은 조달면에서 비인플레이션적 재원조달 수단이어야 하나, 그와는 반대로 인플레이션적인 돈을 찍어 내는 통화증발에 있었다. 1949년도 예산의 결산시 발생된 차입금 비중은 49.5%로, 재정사상 최악의 재정상태를 노출하고 있었다. 이는 아직 전시재정 이전인데도 이러한 재정적자가 발생한 것은 아무리 건국 초기라 하더라도 너무 심하였던 것을 알 수 있다. 그러니까 나라살림의 절반인 50%를 빚을 내어 운용하고 있을 정도로 재정수입 재원의 어려움이 컸었음을 알 수 있다. 그것이 바로 전시재정의 일단이었다.[64)]

이러한 적자행태는 이승만 집권기 전 기간을 통해 계속되어 재정가치의 언행일치를 버린 도덕적 책임이 더 크다고 판단된다. 그러나 건국 초기의 예상치 못한 비용증대요인을 감안하여 총리 및 재무부 장관은 양해의 토를 달았다. 예로서 건국하자마자 일어난 여수 · 순천 반란사건, 지리산 빨치산의 소탕작전비 등은 국내치안비를 더욱 증대시켰던 것이다.

1948년도 예산에 2차에 걸친 추경예산이 있었는바, 이는 모두 국토방위, 치안비의 증대와 반민족행위특별회계로 처리되고 있다. 문제는 이러한 추경예산의 추가비용은 모두 재정차입으로 조달되어 적자재정을 누적시켰다.

제2기의 재정행태는 더욱 불안정적이었다. 당시 발발된 한국전쟁으로 전시재정을 편성하지 않으면 안 되었던 것이다. 이 당시 조세수입은 총세입에서 9~10%에 지나지 않았으며, 주종적인 수입은 관업사업수입으로 25.6%(1948 본예산)를 시현하고 있으며, 그 다음이 20~30%에 이르는 경제원조자금과 농지대가

64) 이석윤(1991), p. 69.

상환금(14.4%)이었다.

이러한 열악한 재정현상은 슘페터(Schumpeter)가 말하는 민주시민으로 구성된 민주국가인 '조세국가'(Steuerstaat)의 개념에 못 미치는 재정적으로 낙후된 대외의존적인 후진사회의 모습을 노출하고 있다.

이승만 집권기 1기의 재정의 행태적 특징을 요약해 보자.

(1) 세입구조에 있어 차입금이 주종(1949: 47%)이었고, 조세는 10%대에 머물렀으며, 관업수입의 비중이 높았다.
(2) 적자재정이 지속되었는데, 이는 미군정시보다 심하였다.
(3) 국내치안 국방비가 세출의 거의 절반을 점유하였다. 반면 산업경제비는 위축일로에 있었다.
(4) 1948년에 한 번, 1949년에는 3회, 1950년에는 한국전쟁으로 인하여 7회에 걸친 추경으로 3년간 도합 11회에 걸친 추가경정예산이 있었다.
(5) 1948년 말에는 과거 군정과 일제하에 적용하였던 세제는 불합리하다고 판단되어 새로운 세제로 개혁하였다. 건국 후 응능부담(應能負擔)의 원칙으로 개별 세목을 정하였다. 소득세도 1종과 2종으로 분류하였으며, 영업세, 법인세, 유흥음식세, 주세, 상속세 등이 새로 개정되어 신설되었다. 한편, 지방세도 시, 도, 읍 · 면을 분류하여 부가세, 독립세, 목적세 등을 제정 도입하였다.[65]

이 밖에 특기할 사실은 당시 건국 후 헌법에는 예산편성, 조세, 경비, 회계, 결산 등의 법적 요건을 명시하였다. 예산의 심의 의결은 국회에서 하며, 결산은 심계원의 검사를 거쳐 국회가 맡아 한다. 당시 국무총리는 대통령의 명에 따라 예산안을 국회에 제출하며, 군정하의 과도정부에서는 재무장관이 예산편성에 책임을 졌으나 건국 후에는 국무총리 산하의 기획처에서 도맡아 하였다. 재무

65) 이석윤(1991), pp. 871~878.

부 장관은 세입의 출납 회계처리, 국채관리, 전매사업관리 등 치부업무에 전념하였다.

다음에서는 제2기 집정기에 재정행태의 특성을 보기로 하자.

첫째, 대한민국의 나라살림의 입지(立志)는, 즉 재정의지의 발현은 1948년 7월 17일 제헌국회에서 헌법제정에 의해 헌법에 규정됨으로써 그 시발점이 되고 있다. 재정의지의 첫 출발은 당시 헌법 제90~95조의 재정에 관한 사항으로 나라살림의 행정적 규칙들로 구성된 법조문이었다. 그 내용은 세목과 세율의 법적 규정, 정부에 의해 편성된 예산안은 국회에 제출 · 심의 · 결의되어야 한다. 국회 의결을 통한 국채발행, 심계원의 검사 후 국가의 수입 · 지출을 국회에서 결산 등 재정운용 전반에 관한 법적 규정을 정립하였다. 이는 법적인 재정의지였다고 볼 수 있는데, 곧 재정의 자주권이었다. 이러한 법적 재정의지는 이 나라의 재정주권으로 표현할 수도 있다. 한국의 재정주권은 군정에 있었고, 일제하에서는 일본이 그 주권을 행사하였으나 건국과 동시에 한국은 나라살림의 주권을 되찾은 셈이다.

둘째, 나라살림의 정책적인 재정의지는 한국전쟁이 터지기 5개월 전인 1950년 1월에 한 · 미 간에 이루어진 경제안정 15원칙이었다. 한국전쟁이 터지기 5개월 전인 1950년 1월 26일 한미경제위원회는 인플레이션과 적자재정을 불식하기 위해 경제안정 15원칙을 제정 발표하였다. 그 중 재정, 금융에 관한 원칙을 보면 다음과 같다. (1) 재정 및 금융의 건전화, 재정자금의 산업자금과의 긴밀한 상호조정을 통해 통화증발을 견제한다. (2) 행정경비의 절약, 낭비의 억제, 행정보조금의 억제, 책임지출의 중지 등의 방법에 의해 세출을 철저히 긴축함과 이울러 회계의 운영을 규제한다. (3) 조세부담의 조정합리화와 징세사정의 능률화를 목표로 징세체계를 근본적으로 개혁한다. (4) 귀속재산 및 관리물자의 신속한 불하에 의해 정부수입 및 세원의 증진을 도모한다. (5) 정부사업특별회계 및 정부관리기업의 수지균형을 기하도록 경영의 합리화, 요금의 적정한 인상에 의하여 독립채산제를 확립한다. (6) 말단행정의 정리 및 합리화에 의한 경비절약과 지방과세의 정상적 충실로써 지방행정의 자치적 건전화를 도모한다. (7) 국민저축 운동을 조직적으로 추진하며 국채의 신속한 소화를 촉진한다. (8) 민간에 잠재된 부동자금의 생산적인 자본화를 촉진하여 기업의 자기금융력의 실질적인 강화를 도모한다.

제2기, 즉 한국전쟁기의 재정행태를 요약해 보면 다음과 같다.

첫째, 한국전쟁으로 인해 1950년도 예산은 7번에 걸쳐 추경예산으로 편성하여 처리되었다. 이는 대한민국 예산사(豫算史)에 가장 많은 추경을 나타냈던 해로 기록된다. 전쟁으로 말미암아 국방비의 증대, 전란수습비, 국내치안비, 등 국방치안비의 세출 비중은 총세출의 61%를 차지하였다. 세입면에서는 당초예산에 차입금이 46.1%였는데, 7회 추경에는 62.6%로 늘어나 예산의 절반 이상을 차입에 의존하고 있어 큰 적자예산을 현시하고 있다. 조세수입은 당초에 19.2%로 책정하였으나 전후 12.1%로 축소되었다.

둘째, 한국재정사상 아마도 한국전쟁기간에 최대의 재정적자를 시현하였다. 차입금 62.6% 및 국채발행 10%를 합하면 무려 적자규모는 총세입의 72.6%로 2/3가 나라 빚이 되고 있기 때문이다. 1951년도 예산은 차입금을 아예 일체 폐쇄

〈표 2. 6〉 일반재정부문 결산 및 재정흑자(1953~1961년) [단위: 백만 원]

연도	세입(A)	세출(B)	적자흑자(A-B)	국채	산업부흥국채
1953	46,628	60,683	(−)14,055	2,030	5,000
1954	125,996	142,392	(−)16,395	3,336	12,939
1955	323,776	281,439	(+)42,336	13,675	19,610
1957	415,089	350,034	(+)65,055	15,230	29,642
1958	454,806	410,970	(+)43,836	18,000	8,491
1959	448,995	400,224	(+)48,771	5,000	2,906
1960	476,557	419,955	(+)56,602	10,000	1,914
1961	605,040	571,530	(+)33,410	7,000	29,836

주: 모든 숫자는 결산임. 세입은 국채수입 산업부흥국채수입 및 애국복권 발행수입을 포함함.
자료: 경제기획원(1962).

〈표 2. 7〉 전시재정의 세입결산 추이(1950~1953) [단위: 백만 원, %]

구분	1953년		1954년		1955년		1957년	
	금액	구성비	금액	구성비	금액	구성비	금액	구성비
조세	20,566	44.1	51,431	40.8	109,381	33.8	115,898	27.9
전매입금	4,000	8.6	5,854	4.6	10,000	3.1	16,200	3.9
관제수입	751	1.6	2,229	1.8	800	0.2	–	–
기타수입	6,322	13.5	5,503	4.4	19,773	6.1	13,608	3.3
국채,산업부흥국채	7,030	15.1	16,275	12.9	33,285	10.3	44,872	10.8
대충자금	7,959	17.1	44,704	35.5	150,537	46.5	224,511	54.1
합계	46,628	100.0	125,996	1,000	323,776	100.0	415,089	100.0

구분	1958년		1959년		1960년		1961년	
	금액	구성비	금액	구성비	금액	구성비	금액	구성비
조세	143,487	31.5	215,976	48.1	249,713	52.4	231,986	38.2
전매입금	21,205	4.7	22,705	5.1	23,000	4.8	26,455	4.3
관제수입	–	–	–	–	–	–	–	–
기타수입	17,817	3.9	14,123	3.1	24,303	5.1	71,677	11.8
국채,산업부흥국채	26,491	5.8	7,096	1.6	11,914	2.5	36,836	6.13
대충자금	245,801	54.0	189,100	42.1	167,627	35.2	240,587	9.6
합계	454,804	100.0	448,795	100.0	476,557	100.0	607,541	100.0

자료: 경제기획원(1963) 결산기준.

하였고, 결산상 조세수입 비중은 54%나 되었으며, 특별회계가 14개로 늘어났다. 이 해에 긴축예산규정이 제정되어 집행됨으로써 재정통화 증발의 억제, 물가상승률의 둔화 등 경제안정을 도모하였다. 그러나 국방치안비는 61%를 시현하고, 국채비는 10%대를 유지하여 비교적 전시재정으로서는 긴축됨을 보여 주었다. 특히, 1951년도 예산의 결산은 의외로 긴축예산을 집행 재정흑자를 기록한 해였다.[66]

66) 이석윤(1991), p. 99.

1952년 예산도 긴축을 지속해 원조부진, 유엔군대여금의 증가, 국방치안 및 피난구제민 비용의 증가 등의 어려움에도 불구하고 균형예산을 편성하여 집행하였으나 결산에서 재정은 적자가 불가피하였다. 국방치안비도 60%대를 계속 유지하였다.

1953년도에는 유엔군대여금의 상환이 달러화로 들어와 세입에 도움이 되었으나, 정전이 협의된 후 전쟁수습비 증대, 경제부흥의 수요증대로 재정수요가 엄청 늘어나면서 민간에 부담을 주자 한계가 드러나 재정적자는 불가피하였다. 이 해에 세입의 대종은 미국 원조로 비중이 58%에 이르렀다. 그러나 정전 후 12월 14일에 한미합동경제위원회는 원조액의 효율적 관리, 행정비의 절약, 조세징수의 강화, 신환율 180 : 1로 하고 원조물자 판매의 시장가격 적용 등 재정안정책을 중심으로 하는 '경제부흥 및 재정안정계획에 관한 협정'을 체결하였다. 이것을 보면 전시재정 운용의 긴축 모습을 볼 수 있다.[67] 〈표 2. 7〉은 1950년부터 1953년에 이르는 전시재정의 양상을 나타낸 결산통계이다.

당시 전시세제는 휴전 후 복구와 공평과세에 주안점을 두고 분류소득세와 종합소득세로 나누어 과세하였는데, 전자는 비례세로 후자는 누진율로 과세하였다.[68]

전시재정의 긴축과 건전재정의 추구는 미국의 협조도 있었으나, 국내에서는 백두진 재무부 장관이 실무책임자로서 최선을 다한 결과로 볼 수 있다. 백 장관의 재정긴축, 세금공세, 물가고 억제 등 그 공로는 건전재정을 지향하는 긍정적인 재정의지로 평가하여 마땅하다.

이승만 집권기의 제3기 재정행태를 요약해 보자.

이 기간은 휴전 후부터 4.19혁명을 일컫는다. 1953년부터 1961년까지의 기간은 준전시형태의 행정이었다. 따라서 국방 · 치안면에서의 지출은 1953년도 예산에서는 그 비중이 53.7%였는데 1961년도에는 29.0%로 감소하였으며, 대신

67) 이석윤(1991), p. 116.
68) 차병권(1975), p. 217.

〈표 2. 8〉 전시재정의 세출결산 추이(1950~1953)

[단위: 천 원, %]

연도	회계별	정부 요구액	국회 통과액	증감비율
1953	일반회계	33,665,859	33,665,859	–
	특별회계	170,865,707	170,826,053	−0.1
1954	일반회계	63,731,960	64,526,327	1.2
	특별회계	499,071,005	487,182,687	−2.4
1955	일반회계	143,780,945	144,780,406	0.7
	특별회계	1,084,038,924	1,701,664,998	−1.1
1957	일반회계	145,325,290	145,489,456	0.1
	특별회계	990,476,166	969,613,962	−2.1
1958	일반회계	284,531,818	287,129,041	0.9
	특별회계	781,835,799	780,849,535	0.1
1959	일반회계	308,741,974	308,941,974	0.1
	특별회계	610,690,085	631,049,684	3.3
1960	일반회계	360,562,418	360,562,418	–
	특별회계	643,733,435	643,733,435	–
1961	일반회계	527,990,175	528,673,926	0.1
	특별회계	685,254,884	699,897,274	2.1

자료: 국회도서관입법조사관(1973).

〈표 2. 9〉 일반재정부문의 세출구조의 추이(1953~1961)

[단위: 천 원, %]

연도	국방비		일반경비		투용자		합계	
	금액	구성비	금액	구성비	금액	구성비	금액	구성비
1953	32,610	53.7	28,080	46.3	–	–	60,680	100
1954	59,920	42.1	61,720	43.3	20,750	14.6	142,390	100
1955	106,380	37.8	116,100	41.3	58,960	20.9	281,440	100
1957	112,460	32.1	130,600	37.3	106,970	30.6	350,030	100
1958	127,320	31.0	150,690	36.7	132,960	32.3	410,970	100
1959	139,200	34.8	170,240	42.5	90,780	22.7	400,220	100
1960	147,070	35.0	169,050	40.2	103,830	24.8	419,950	100
1961	165,990	29.0	235,890	41.0	169,650	30.0	571,530	100

자료: 재무부(1961), 경제기획원(1964).

〈표 2. 10〉 국방비 재원의 추이(1953~1961) [단위: 백만 원, %]

연도	국내재원		원조재원		합계	
	금액	구성비	금액	구성비	금액	구성비
1953	30,940	94.9	1,670	5.1	32,610	100
1954	39,220	65.5	20,690	34.5	59,910	100
1955	55,180	51.9	51,200	48.1	106,380	100
1957	64,130	57.0	48,330	43.0	112,460	100
1958	79,020	62.1	48,300	37.9	127,320	100
1959	86,200	61.9	53,000	38.1	139,200	100
1960	93,600	63.6	53,460	36.4	147,070	100
1961	4,960	3.4	161,030	96.6	165,990	1000

자료: 재무부(1961), 경제기획원(1963).

재정투융자의 경제부흥비는 1954년에 14.6%에서 1961년도에는 30.0%로 증가하였다. 그러나 국방비의 96.6%는(1961) 미국 원조에 의존하였다.

세입면에서는 재정긴축의 결과 1953년도와 1954년도에는 적자재정을 시현하였으나 1955년도부터 1961년까지, 즉 6년에 걸쳐 재정흑자를 기록한 건전재정을 실현하였다. 그러나 그것은 대외의존형 재정자립이었다. 조세수입은 1953년도의 44.1%에서 1961년도에는 38.2%로 감소하였으나 징세노력에도 불구하고 이러한 비중의 저락세는 대충자금수이 및 국채수입이 늘어난 결과 야기된 상대적인 저락이었으며, 그 절대액에 있어 10배 이상의 세수를 결과하였다.[69)]

휴전 후 이 기간에 이룩한 재정의 모습은 긍정적이었다. 즉, 한미경제위원회의 경제안정 15원칙(1950), 경제재건과 재정안정계획(1953)을 기초로 한 백두진 재정집행체계하에서 휴전 후 재정의 모습은 상당 수준의 건전재정으로 평가할 수 있으며, 건전재정의 기반을 구축한 건전재정 의지의 출발로 평가할 수 있다.

69) KDI(1991), 제1권, p. 157.

2) 재정행태적 귀결의 정치경제학적 의미

다음에서는 이승만 집권기의 재정행태가 한국 사회에 어떤 결과를 가져왔는가를 살펴보고, 그 귀결의 정치경제학적인 의미를 서술하고자 한다.

첫째, 이 기간(1948~1960)의 나라살림 회계기간은 여섯 번이나 바뀌었다. 원래 회계기간은 1월에 시작하여 12월 31일로 연말에 끝나는 것으로 하였는데, 1955년 미국식을 따라 7월에 시작하여 그 다음 해 6월 30일까지로 하여 1956년도 예산의 햇수는 자연 탈루되는 수밖에 없었다.[70]

이는 재정의지의 나약성을 나타냄에 불과하였다. 건국 후 재정관련법을 헌법에 제시하고 있으면서도 회계연도에 있어 한국 고유의 재정주체권이 이 당시에는 결여되어 있음을 확인하게 된다. 이는 당시 부통령선거에 소요된 비자금의 노출을 방어하기 위한 수단으로 이용되었다는 설이 있기도 하다.[71]

둘째, 한국 최초의 재정의지는 상해임시정부로까지 소급해야 된다고 생각한다. 당시 독립군 유지에 소요되는 독립투쟁 재정은 국내에서 만주를 거쳐 조달되었으며, 또 미국 교포들의 국채발행을 통한 독립자금도 공급된 것으로 전해지고 있다. 그러나 망국시대의 독립재정이 지니는 의미는 국가회생의 재정이었으며, 국가독립 후의 건국재정과는 그 의미가 다르다고 할 수 있다. 해방 후의 재정에는 국가독립재정의 의지였다고 할 수 있다. 당시의 헌법은 대한민국의 헌법이었고, 한국 국민을 위한 헌법으로 제정되었다. 이 단계에서의 재정의지는 나라와 국민을 위해 나라살림의 기본적인 도리인 건전재정을 표방하지 않으면 안 되었다. 그래서 이승만 대통령 이하 국무총리 이범석과 여타의 재정운용 집행자인 재무부 장관 등은 한결같이 건전재정, 즉 재정수지를 균형화시키는 건전재정을 내세웠던 것이다. 이러한 재정의지는 군정시대에는 볼 수 없었던 의지였다. 그것의 특징은 재정주권이 회생되었음을 의미하는 것이었다. 그러한

70) 1954년 회계연도는 동년 4월에 시작하여 1955년 6월에 끝났으며 1955년도 예산의 회계연도는 1955년 7월에 시작하여 1956년 12월에 끝나는 것으로 하여 한국식의 1월에서 연말이 좋다고 하여 이렇게 결정하였다(김명윤, 1991, 제6권, p. 135).

71) 이석윤(1991), p. 134. 당시 야당에서는 선거자금의 불법사용을 은폐하기 위해 회계연도를 변경하였다고 비난하였으나 여당인 자유당은 이를 미국식으로 하기 위한 것이라고 변명하였다.

재정의지는 나라를 다스리겠다는 정치경제학적인 의지였다고 볼 수 있다.

셋째, 그러나 이러한 재정의 건전재정 의지는 현실적으로 부분적으로 허구적이었다. 왜냐하면 건전재정 의지가 잠재된 재정주권의 행사는 현실에서 좌절되었기 때문이다. 재정주권과 재정의지는 동심일체로 전진하려고 하였으나 목적으로서의 재정의지는 현실적인 수단의 부족으로 좌절되어 허구적인 재정의지로 전락될 수밖에 없었다. 1949년도에는 국방치안비의 급증과 물가고로 인한 재정적자는 차입금으로 충당하였으면서도 재정수입의 거의 절반 수준은 차입에 의존하는 재정적자의 시현이었다. 그러나 한국전쟁 전에도 건전재정 의지는 건재하였다. 즉, 1950년 1월에는 미국과 한국의 한미경제합동위원회에서는 경제안정 15원칙을 제정하여 선포하였으며, 이에 따라 이승만정권은 1951년도부터 돈을 찍어 내는 차입을 일체 금하고 이를 국채발행으로 바꾸었다.

넷째, 1950년에는 재정긴축에 노력하였는데, 6월에 한국전쟁이 발발해 군사비와 전란수습비의 증대로 적자가 급증하였다. 그러나 1951년에는 전시재정의 긴축과 미국의 원조로 오히려 건국 후 재정사상 초유의 흑자를 기록하였던 해였다. 재정사적으로 전시에 건전재정으로 회귀하였음은 전화위복이 아닐 수 없었다.

다섯째, 1952년도에는 군사비의 증대와 유엔군대여금의 상환지연 등으로 재정운용이 더욱 어려워져 결국 적자로 회귀할 수밖에 없었다. 1951년과 1952년에는 차입금이 차단되었으나 1952년과 1953년에는 다시 차입금이 재정수입의 역할을 담당하였다. 이 기간에 조세수입의 비중은 10~20% 수준이었으며, GNP 대비 조세부담률은 7~8%였다.

여섯째, 1953년 정전 후 백두진의 재정의지는 한국의 민생문제 해결은 경제개발의 촉진에 있다고 보고 미국측과 협의해 군사원조와 산업부흥의 지원을 촉진하는 협정을 1953년 12월에 체결하였다. 이것이 바로 '경제부흥 및 재정안정계획에 관한 합동경제위원회(Combined Economic Board)협정'이었다. 여기에서 한국이 얻은 것은 미국 원조를 대충자금이라는 재정수입으로 대체하여 재정기능의 강화와 도입외자의 구매권을 지니며, 정부보유 달러의 활용 등 재정안정기능이 확대되었다고 본다.[72] 한편, 산업부흥을 위한 외자의 도입, 경제원조의 확대, 환율의 안정화 등으로 경제의 인프라 구축의 촉진책을 마련하였던 것이다. 1960년대 초에 한국경제부흥계획(신현확)의 시초적인 발단은 이미 백두진 재정계획에서 시발되고 있음을 볼 수 있다.[73]

따라서 이승만 집권기의 재정은 건전재정 의지의 최초의 재정엔진을 발동해 1951년에 그 성과를 보였으나, 그 후 한국전쟁으로 건전재정 의지는 허구화되었다. 그러나 그 재정의지는 휴전 후 백두진 재정의 적극적이고 긍정적인 자극제적 역할을 기대하였다.[74] 건전재정 의지는 그 틀을 넘어 재정의 개발 및 성장의지를 현시하였다는 데서 그 의미를 발견해야 한다.

한편, 이 기간(건국 및 한국전쟁 시기)의 재정은 힘 있는 나라의 대외의존형, 즉 재정수입면에서 미국의존형 재정으로 규정할 수 있다. 또한 차입금을 불식하였다고 흑자재정으로 미화하였음은 지적 오류로 지적하지 않을 수 없으며, 차입금을 국채와 산업국채로 대치하였음은 역시 나라가 민간에게 빚을 지고 있는 국가채무로서 재정적자로 치부해야 한다고 생각된다.

이 기간에 한국 국민의 여론이 있었다면 정부는 마땅히 이를 공공욕구로 수용하여 재정을 통해 충족시켜 주어야 할 의무가 있다고 본다. 그러나 당시의 국민대중은 굶주림에 시달려 호구지책만을 찾았으며, 서민대중의 여론은 표출되지 않은 이지적인 자아형성의 결집이 결여된 여론이 형성되지 않고 있었다. 당시 서민대중은 국가에 의존하는 피지배자적 의식만이 있었으며, 생존의 자발적인 의지라기보다 국가가 복리를 제공해 주는 민간생산력이 잠재된 폐쇄적인 사회였었다고 보는 것이 옳다. 피지배자적인 폐쇄사회에서 서민대중이 바라는 바가 있다면 그것은 국가가 무엇인가를 해 주겠지 하는 국가의존형 기대치만이

72) 김명윤(1975), p. 253; 송인상(1975), p. 108.
73) 배한경(1975), p. 13. 1958년 부흥부 산업개발위원회에서 경제개발 3개년계획(1962~1964)이 한국 정부의 독자적인 최초의 개발계획이었다.
74) 지렛대라고도 함(leverage).

막연하게 사회를 지배하고 있었다.

이러한 정치사회적 여건하에서 국민대중을 위한 정부의 과업은 SOC를 중심으로 하는 재정투융자의 확대에 중점을 두어야 하였다. 거기에 국민의 교육이 선행되어야 할 것이었다. 당시 그러나 건전재정이라는 원론적 가치만을 강조하였을 뿐 민생이라는 경세치용(經世致用)의 실용적 사상은 정치권력의 집중에 밀려 빈곤의 악순환만이 있었다. 또한 이승만 대통령은 당시 권력의 완전장악에 노력한 결과, 이기붕이라는 정치적 심복으로 만족하고 정치 하부구조의 보다 기강 있는 효과적 관리에 소홀하였음은 이 대통령의 큰 정치적 오명으로 기록되어 마땅하다. 이런 상황에서 건전재정사상은 하나의 허구적인 재정사상으로 전락할 수밖에 없는 것이었다.

결국 재정은 민생과 관련된 경제가 중심이 되고 있는데, 경제는 역시 정치가 안정되었을 경우에 힘을 받게 되어 있다는 것을 보여 주었다. 경제개발은 정책적으로 먼저 정치의 안정이 선행되어야 함은 한국의 경우에도 확증되었다고 볼 수 있다.

4 4.19혁명시대(장면, 1960~1961)의 재정행태

이승만은 4.19혁명이 일어나자 "국민이 원한다면 대통령직에서 물러나겠다"라고 하면서 하야하였다. 그 후, 민주당정권이 들어서 장면이 1961년 6월부터 1961년 5월 14일까지 내각책임제하의 국무총리직을 맡고 있었다. 만 1년간의 장면 내각의 재정행태를 살펴보기로 하자.

(1) 재정집행 책임자의 재정가치

1960년 9월 30일에 국회에서 장면 내각총리는 시정연설을 하였다. 그는 지난 12년간의 비민주적인 구질서의 적폐를 일소하고 내각책임제하에서 행정의 기강 강화와 경찰의 정치적 중립성 견지하에서 경제제일주의를 제창하고, 부정축재 정리, 외교정책의 적극화, 농업경제의 진작, 석탄산업의 진흥 등을 정책의 주요 목표로 제시하였다.

재무부 장관 김영선도 같은 날 1961년도 예산의 제안설명을 하였다.

첫째, 그는 구정권이 남겨 놓은 국가채무는 무려 2,700억이나 되며, 이에 더해 전매사업의 적자누증, 정부출자기관의 부실화, 외화자금의 무질서한 활용 등을 지적하였다.

둘째, 이런 이러한 재정운용상의 난맥 속에서 주장된 정책가치는 재정수지 균형을 위한 건전재정, 재정투융자를 증강하여 한국경제 부흥, 건국국채의 발행, 국민부담의 적정화를 위한 세제개혁, 대충자금의 국방비 및 산업자금으로의 배정, 교통 · 통신 · 전매의 독립채산제, 중소기업, 전원개발 등 민간경제의 개발촉진을 위해 재정자금의 효율화를 목적으로 하는 것이었다.[75)]

사실상 한국 경제개발의 정책적 의지는 이미 이승만 집권시대에 그 시현을 확인할 수 있다. 즉, 부흥부 산하에 산업개발위원회가 1948년 4월 1일에 설치되어 있었다. 당시 신현확 부흥부 장관하에 동 위원회에서는 1961년에서 1963년에 이르는 '경제개발 3개년계획'을 작성하여 발표하였는데, 이 계획의 실무작업 책임자는 황병준(전 중앙대 부총장)이었다.

당시 장면정권하의 재무부 장관 김영선은 1961년 3월에 추경예산 제안에서 부흥부가 설정한 경제개발 3개년계획과 관련된 재정정책에 대해 일체 언급이 없음은, 이 계획이 부흥부의 독립적인 별개의 계획으로 처리된 인상을 주고 있다. 다만 재정면에서 재정투융자를 강화하여 민간경제사업을 유인하려는 의지

75) KDI(1991), 제1권, pp. 381~387.

는 강한 것으로 현시되었으며, 경제질서는 시장을 중심으로 가격에 자원이 배분되는 민간의 자유시장질서를 권장하였던 것이다.[76] 이러한 시장질서의 개념적 발상은 이승만정권시대에는 듣지 못하였던 새로운 자본주의 질서의 수용을 의미하는 것이었다.

1961년 10월 1일에 제2공화국이 정식으로 탄생하였다. 경축식에서 장면의 일성은 '경제제일주의'로, 빈곤으로부터의 해방이 우선적인 정책과제임을 강조하였다. 그것은 국토개발사업으로 귀착되어 1961년 3월 14일에 재무장관 김영선은 1961년도 예산의 추경에 400억 환을 배정하였음을 보고하고 있다.[77]

그러나 국토건설사업은 시작한지 단 2개월 만에 좌절되고 만다. 잘 먹고 잘 살아야겠다는 사상은 경제제일주의로 표방되었지만 당시 경제개발계획이 부흥부의 발상으로 끝날 수밖에 없었던 것은, 주지하는 바와 같이 군사쿠데타에 의해서였다. 즉, 1961년 5월 16일 새벽 3시경 박정희 장군이 인도하는 쿠데타가 일어나 장면정권은 종말의 길을 따르지 않을 수 없었다.

(2) 장면 집권기의 재정행태 및 그 귀결

1년 미만의 집권기를 보였던 장 내각총리는 재정면에서 1960년도에 집행된 재정실적을 고려하지 않을 수 없다.

첫째, 이 기간에 있어 1960년 조세의 세입 비중은 52.4%로 1957년의 27.9%보다 향상되었다. 그러나 전매수입은 부진하였고, 미국 원조액도 점감하였으며, 국채는 점증하는 추세를 보였다. 장면정권하에서도 건전재정은 말뿐인 허구로 드러났다.

둘째, 1960년에 외자도입촉진법을 제정하여 외국인의 투자를 유인하고자

76) KDI(1991), 제1권, p. 395.
77) 국토개발사업은 국민의 총력으로서 국토보전과 개발을 유도하여 유휴노동력을 최대로 이용하는 전 국민적인 운동이다. 후에 군사정부가 새마을운동의 제시는 바로 장면정권의 국토개발운동을 모방한 것임을 주장하는 전문가도 있다. 당시 부흥부 기획국장을 지낸 이기홍과 조선일보 기자였던 이형은 이를 강력히 주장하고 있다(이형, 2005, pp. 13, 147).

하였으나 동년은 물론 1961년도에도 외국인투자는 한 건도 없었다. 4.19혁명과 5.16쿠데타는 사회불안으로 외국인투자를 방해하였다.[78)]

셋째, 장면 집권기의 재정운용에 있어서 국가채무를 포함한 흑자재정이 시현되었지만, 그것은 미국의 군사 및 경제원조로 재정수입을 충당함으로써 기록되었음을 고려할 때 실질적으로 대외의존형 재정을 면치 못하는 것이었다.

보다 민주적이고 자유시장질서를 구축하려는 경제제일주의를 주장하였지만 5.16군사쿠데타로 인해 강제해체되었으며, 정책의 실천기간도 1년이 못 되는 단기간이었으므로 재정의지 실천의 미완성을 보여 주었을 뿐이었다.

넷째, 장면정권의 재정운용은 가격기구를 통한 시장기능으로 자원을 효율적으로 관리하며 재정투융자를 촉진하여 경제부흥을 도모하고자 하였다. 현실의 상황은 5.16쿠데타로 그것이 불가능하였으며, 자유와 민주화를 화두로 정권은 오히려 나약한 인상을 주었다. 경제부흥비와 대충자금 지원도 미진하고 국채와 차입금 비중도 늘어나 실질적인 나라살림의 효과를 보여 줄 수 없었다. 당시 언론은 장면정권에 대해 나약하고 무능한 정부로 보는 경향이 있었다.

실제로는 장면정권이 불과 7개월의 집정을 하였지만 이 기간에 이룩한 것도 적지 않다. 1961년 1월에는 시장질서의 정착을 위해 전경련의 전신인 한국경제협의회를 창설하도록 하였으며, 유엔으로부터 경제원조협약을 맺고, 중국과의 통상협의도 체결하였으며, 장면 총리가 책임을 지는 부흥부 산하에 국토건설본부를 설치하였다. 당시 사상계의 원로인 장준하는 동 본부의 기획부장을 역임하였다.[79)]

78) 김명윤(1991), 제6권, p. 132.
79) 이형(2005), p. 141.

제3장

개발독재시대의 재정행태 (박정희, 1961~1979)

1. 국가최고회의재정기(1961. 6. 13~1961. 10. 8)
2. 개발입지기(제1차 5개년계획기간, 1962~1966)의 재정관련 가치: 개발입지적 재정의지
3. 대외의존형 재정운용기(제2차 경제개발계획, 1967~1971): 재정자립 추구
4. 재정자립의지 추구기 (제3차 경제개발계획, 1972~1976)
5. 적자재정 해소의지와 대외압력기 (제4차 경제개발 5개년계획, 1977~1980)
6. 군사정권의 재정행태와 그 귀결: 자립형 재정, 부가세 도입, 흑자재정
7. 재정행태 귀결의 정치경제학적 의미

1 국가최고회의재정기(1961. 6. 13~1961. 10. 8)

당시 삼각지에서 거주하였던 저자는 1961년 5월 16일 새벽 5시경 눈을 떴다. 몇 발의 총소리를 들으며 출근시간을 서둘렀는데, 잠시 후 질서가 회복될 때까지 시민은 동요하지 말고 대기하라는 군당국의 비상통보가 라디오에서 흘러나왔다. 모종의 정치적 사건이 발생하였구나 생각하며 당시 국방부 연합참모본부 경제연구실(상임연구위원)로 출근하였다. 그런데 그 곳에서 박정희 소장이라는 소외되었던 군인이 쿠데타를 일으켰다는 소식을 들을 수 있었다. 그것이 1961년 5월 16일 오전 10시경이었다.[1)]

(1) 혁명주체의 선험적 가치

군사혁명위원회는 1961년 5월 16일 9시에 대한민국 전역에 비상계엄을 선포하고 국가의 행정 · 입법 · 사법의 3권을 장악하였다. 그것이 동 위원회령 제1호였으며, 제2호는 금융동결, 제3호는 공항 · 항만의 폐쇄이었다. 포고문 제4호는 의장직을 맡은 장도영이 발표하였다. 그것은 장면정부의 완전 철수, 국회 해산, 정당 · 사회단체의 활동금지, 국무위원의 체포, 국가공공기능에 대한 군사혁명위원회의 집행 등이었다.

동시에 군사혁명위원회는 전 국민에게 성명서를 제시하였다. (1) 반공을 국시로 하며, (2) UN 헌장을 준수하며 미국과의 자유우방관계를 돈독히 하고, (3) 한국 사회의 부패와 구악을 일소, (4) 국가의 경제재건과 빈곤을 퇴치, (5) 공산주의와 대결하며 국토통일에 이바지, (6) 이런 과업이 성취되면 군부는 양심적

1) 며칠 후 저자는 경제기획원 사무관으로 가라는 연참 3부장의 추천이 있었으나 당시 네덜란드 유학수속을 하고 있어 추천을 거부하였다.

인 정치가에게 정권을 이양하고 본래의 군임무로 돌아갈 것이라는 내용을 담고 있었다. 이것이 혁명6공약의 포고문이었다.

그런데 (6)번은 원래 없었는데(김종필 작성),[2] 박정희 장군이 추가로 삽입하였다고 한다. 그 후 같은 해 7월 3일에는 반혁명이라는 이유로 장도영을 추방하고 국가최고회의 의장을 박정희가 맡게 된다. 그는 혁명 후 군복무로 회귀할 것이라면서 그 기간은 최소 2년이 소요될 것이라고 하였다. 그러나 그는 1963년 8월 30일 육군대장으로 전역하고, 31일 민주공화당의 대통령후보 지명을 수락하였다. 그리하여 1963년 11월 26일의 선거에서 당선되어 12월 17일 제5대 대통령에 취임한다. 헌법에는 대통령중심제 정부, 대통령은 직선제이며, 그 임기는 4년에 한 번 연임할 수 있다고 규정하였다. 이는 5.16쿠데타가 발생한 지 2년 7개월 후의 일이었다.

그런데 군사정부의 제1차 5개년계획은 민간정부 수립 이전인 1962년에 시작되었다(1962~1966). 이러한 군사정권의 개발계획은 전정권의 후속적인 계획이라고 할 수 있다. 즉, 이러한 계획은 이미 1955년 이승만 집권기에 부흥부가 주관한 '부흥 5개년계획'을 입안하여 발표한 바 있다.[3]

그의 공약은 주지하는바 국시를 반공으로 하고, 빈곤을 탈피하며, 부정부패를 척결하겠다는 것이었다. 이를 위해 한국은 서구식 민주주의를 그대로 도입 · 모방할 수는 없으며, 대신 한국의 역사 · 문화의 차이로 인해 '위로부터의 민주주의'가 적합하다고 하였다. 이를 때로는 '행정적 민주주의' 또는 '한국적 민주주의'라고도 하였다.[4] 한민족의 진로는 힘 있는 지도자에 의한 '영도적(領導的) 민주주의'이어야 한다고 주장하였다.

그리하여 군사정부 초기의 재정관련 정책은 12월 19일에 예산회계법 법률 제849호에 담고 있다. 이는 정부가 한국은행을 통한 국채발행 한도액 등 정부가

2) 林建彦(1991), p. 5.
3) 1955. 7. 16에 발표된 이 계획은 자립목표연도 1960년, 투자총액 25억 달러, 환화 4,500억 환, 국민소득 100달러의 내용을 담고 있다(전국경제인연합회, 1986, p. 1042).
4) 林建彦(1991), p. 65.

필요시에 재정자금을 사용할 수 있도록 한 재정법관련 개정안이었다.

박정희 대통령의 경제관련 공약은 (1) 산업의 근대화, (2) 국제수지의 균형, (3) 완전고용 달성 등이었으며, 이를 달성하기 위한 구체적인 발전기반은 새마을사업, 고속도로의 건설, 포항제철의 설립 등이었다.

당시 군사정부에 대한 미국의 입장은, 처음에는 회의적이었으나 반공을 국시로 한 군사정부의 노선이 미국이 추구하는 그것과 일치하고 있어 군사 및 경제원조를 할 것을 확약하였던 것이다.[5)]

(2) 재정책임자의 정책가치

혁명 후 첫 번째 재무부 장관은 백선진이었다. 1961년도 예산의 제1회 추경을 1961년 6월 13일에 최고회의에서 보고하였다. 그 내용은 최고회의 운영비, 재건국민운동본부 운영비, 계엄경비, 혁명 사후수습비 등을 추가비용으로 경비지출을 증가시켰다는 것으로 요약된다. 그 후 송요찬이 내각수반이 되어 1961년도 예산의 3회(1960. 7. 31)와 4회(1961. 10. 8)의 추경을 최고회의에 보고하였다.

그러나 그보다 더 중요한 목표는 미국에 의존하였던 재정수입, 그리고 국방비의 대외의존을 탈피하고 정치 · 경제적으로 자립적인 국민국가의 건설이었다. 이의 달성조건은 서구식의 밑으로부터의 국민국가 건설이 아니라 위로부터의, 즉 한국의 경우 기강 있는 우수한 군부관료에 의해 집권적인 정부가 필요하다는 것이다. 그리하여 1970년대 초에 유신헌법으로 전환하여 위로부터의 혁명이 수행되는 것이었다.[6)]

재정운용의 행정책임자는 경제기획원 장관이지만, 군정하에서는 내각수반이었다. 송요찬 장군이 1961년도 예산의 추경을 제안설명하였는데, 부정비리에 가담하여 혁명주체세력에서 제거된다.

5) 당시 정일권 장군이 미국 대사였으며, 미국 대통령과의 대담에서 미국 대통령은 한국에 대한 지원을 적극화하겠다는 확약을 하였다(정신문화연구원, 1999, p. 201).
6) 林建彦(1991), p. 90.

박정희 군사정권의 재정책임자들에 대한 선험적 정책가치를 개별적으로 서술하는 것은 자료관계상 불가능하다. 따라서 다음에서는 이들 책임자를 집단적으로 서술할 것이며, 그 정책가치는 사실상 혁명주체세력의 그것과 동일하였다. 구체적으로는 경제개발 5개년계획의 목표가치를 중심으로 살펴보고자 한다. 따라서 여기에서는 하나의 경제개발 5개년계획의 목표를 중심으로 같은 기간에 참여한 재정책임자들을 일괄하여 개관하고자 한다. 다만 개별적으로 정책의 목표달성에 있어 효율적인 집행력이 중시되지 않을 수 없으며 행정적인 능력이나 특성에 대해 언급하고자 한다.

2 개발입지기(제1차 5개년계획기간, 1962~1966)의 재정관련 가치: 개발입지적 재정의지

제1차 5개년계획의 내용 중 재정이 담당한 역할과 기능을 찾아 살펴보는 것은 의미가 있다고 생각된다. 혁명 직후 군정이 착수한 것은 경제개발 5개년계획이었다. 원래 이 계획은 이미 이승만 집권기인 1958년 4월 1일에 부흥부에 설립한 산업개발위원회에서 균형성장론에 기초한 경제개발 3개년계획이 제시되었으며, 그 후 장면정부에서 경제제일주의를 표방하면서 경제개발 5개년계획(1961~1965)을 작성 제시하였다.

이를 참고로 하여 군사정부는 1962년 1월 5일에 평가교수단의 도움으로 제1차 경제개발 5개년계획을 작성 발표하였다. 당시 이 계획의 주된 목표는 빈곤퇴치와 개발잠재력을 동원할 수 있는 사회 · 경제적인 기반을 구축하는 데 있었다.[7)]

이 계획의 기반구축 조건은 자유시장경제 원칙에 기초한 민간기업의 창의적 노력을 고취하며, 정부는 이를 재정 · 금융 · 외환면에서 적극 지원하도록 하

7) 배한경(1986), p. 27.

는 특히 민간기업이 참여할 수 없는 기간산업은 정부가 담당하는 '위로부터 지도받는 자본주의체제'를 표방하고 있다.

이로써 대한민국 역사상 온 국민이 경제개발을 통해 빈곤을 퇴치하고 잘 살아보겠다는 소박한 국민정서를 구체적으로 최초로 대변해 주었던 것이다. 여기에서는 이러한 기반구축사업에 있어 재정과 관련된 정책수단을 보아야 하며, 이를 저자는 '개발입지적 재정의지'로 표현하고자 한다.

기반구축을 위한 제1차 계획에 있어 개발입지적 재정의지는 (1) 개발에 소요되는 재원을 마련하기 위해 매년 세제를 개혁, (2) 개발정책효과의 극대화를 위한 성과주의 예산제도, 기업회계예산제도, (3) 재정투융자의 증대, (4) 자금활용 증대를 위한 예산회계법의 개정 등이었다.

이 기간에 예산편성의 책임을 맡은 민간 출신 내각수반 또는 경제기획원 장관은 김현철, 김유택, 원용석, 장기영 등이었다.

그런데 매 회계연도마다 공통적인 재정지침은 건전재정과 재정투융자였다. 그것은 재원조달면에서 국방비를 비롯해 미국의 원조 없이는 나라살림이 순조로이 수행될 수 없어 재정자립은 군사정부의 초미의 과제이기도 하였다.

3 대외의존형 재정운용기(제2차 경제개발계획, 1967~1971): 재정자립 추구

제2차 5개년계획은 경제개발의 기반조성 후 본격적인 경제개발을 추진하는 계획으로 볼 수 있다. 여기에서 본 계획의 기본 목표는 (1) 산업구조의 근대화, (2) 국제수지의 균형화, (3) 투자재원의 국내조달, (4) 고용확대 등을 통하여 자립경제를 확립한다는 장기목표를 지향하고 있다.[8] 이 기간에 장면정권이 계획하였던 국토건설사업은 군사정부도 이어받아 계속하였음을 덧붙인다.

8) 엄기섭(1986), p. 60.

이러한 목표수행을 위한 재정관련 정책가치는 (1) 균형예산으로 재정안정을 도모, (2) 국내저축의 증대, (3) 농어촌의 근대화, (4) 수출산업의 확대와 국제수지의 개선, (5) 사회간접자본투자 확대(고속도로 건설), (6) 종합제철의 건설 등이었다.[9)]

이 기간의 예산편성 책임자는 당시 기획원 장관이었던 장기영, 박충훈, 김학렬 등이었다. 이들 경제관료는 위로부터의 행정적인 시달이나 명령에는 절대복종의 순종적인 태도를 지닌 행정관료로서, 때로는 대통령의 지시에 과잉충성하는 예도 허다하였다. 이들은 일제하에 교육을 받은 엘리트였으며, 나름대로의 좌절과 역경을 체험한 인재로서 실패를 극복하고 재기하려는 열정은 매우 높았다고 본다. 고도의 성취는 고도의 좌절과 실패를 모체로 재기하여 성공을 보여 주는 발전잠재력이 강건하였음을 인정해야 할 것이다.[10)]

이들 재정책임자의 태도는 사회심리적인 관점에서 개인적인 출세욕이 강하였다. 그 기대를 자극하였던 것은 쿠데타 지도자인 박정희 장군의 부름을 받아 국사에 참여하게 되면서부터이다. 따라서 자기의 출세라는 기대치는 위로부터의 명령을 충실히 순종한다는 전근대적인 충성심의 함수관계로 볼 수 있다.[11)]

4 재정자립의지 추구기(제3차 경제개발계획, 1972~1976)

제3차 경제개발 5개년계획에서는 쿠데타 이후 10년이 지나면서 보다 성숙되고 고차원적인 개발욕구가 작용하였음을 간취할 수 있다. 따라서 이 기간에 있어 개발목표는 한국 경제구조의 고도화, 즉 선진화를 추구하고 있다.

9) KDI(1991), 제2권, pp. 2, 52, 109, 141.
10) Friedrich Nietzsche(1989), p. 86.
11) 특히, 장기영 경제기획원 장관의 경우 '충성적'인 행정처리와 관련한 많은 에피소드가 있음을 부기한다.

그것은 중화학공업의 추진으로 경공업을 뒷받침하는 산업구조의 고도화였으며, 이는 철의 수입을 억제하여 외화절약을 할 수도 있으며, 철강의 수출도 가능하다는 일석이조의 중화학공업 개발사업이었다. 제3차 경제개발 5개년계획의 주요 목표는 (1) 세입내세출원칙(歲入內歲出原則)을 지켜 건전재정 추구, (2) 근로자 · 저소득층의 면세점 인상, (3) 농어촌 개발, (4) 수출다변화 증대, (5) 중화학공업의 기반조성, (6) 자위적 국방 및 기초구조의 확대 등으로 요약할 수 있다.[12)]

이러한 목표가 어떤 배경하에서 나타났는가는 무엇보다도 제1, 2차 계획을 통해 실현된 결과, 즉 연평균 9.9%의 높은 성장률과 매년 48%의 수출증가, 투자율의 증가, 이를 뒷받침한 저축률 제고, 그리고 전력 · 수송시설 등 서울과 부산을 이어 준 고속도로의 사회간접자본 확충 등이 이루어지면서 이러한 제3차 계획의 목표를 도출하였다고 본다.

이러한 실적 외에 새로운 문제가 나타났다. 그것은 도농 간의 격차, 투자재원의 해외의존, 산업 간 구조적인 불균형 등이었다. 그리하여 농어촌개발, 수출확대, 중화학건설을 기본 목표로 성장, 균형, 안정이라는 정신으로 이들 목표를 추구하였던 것이다.[13)]

우선 제1, 2차 5개년계획을 통해 얻은 것은 자신감이었다. 즉, '하면 된다'는 실천의지가 생겼으며, 이를 배경으로 농어촌의 잘살기운동으로 '새마을사업'을 일으켜 초가집을 기와집으로 대체하는 작업이 전국적으로 일어났다. 이는 농어촌 국민의 자발적인 소집단 형성과 정부지원으로 노력하는 자에게 복이 온다는 자력갱신의 정신을 고취시켰는데, 그 후 이는 세계적인 교육수출품이 되기도 하였다.

특히, 이러한 고도의 성장추구는 재정면에서 본다면 1970년도에 이룩한 재정자립은 목표치의 고도화를 추구하였다고 본다. 즉, 한국의 재정은 건국 이후

12) 여기에서 세입내세출원칙은 건전재정의 핵심이 되는 원리이다. 이러한 건전재정의 정신은 이승만정권시의 재정법에도 명시되었으며, 그 후 군사정부의 예산회계법하에서도 이를 중시하고 원칙으로 지켰다.

13) 신봉식(1986), p. 83.

한 번도 자립하지 못한 채 5.16쿠데타 당시 재정재원 조달의 약 30%를 원조에 의존하였는데, 1970년에 와서는 재원의 5% 정도만 원조에 의존하였음은 재정자립의 길에 들어섰음을 알 수 있다. 그리고 국방비의 경우 1961년에는 95.1%를 미국 원조에 의존하였던 데 비해 1970년에 와서는 16%로 저감되어 국방도 자위(自衛)할 수 있음을 보여 주고 있어 나라살림에도 자립재정이 이루어지고 있음을 확인시켜 주었다.[14)]

이 기간의 재정계획 책임자는 재계 출신 태완선과 학계 출신 남덕우였다. 특히, 후자는 경제학자로서 재정의 기능을 수출확대와 산업구조 고도화에 활용하여 고도성장에 이바지하였다. 그래서 그는 5년이라는 장기간에 걸쳐 경제기획원 장관으로 재직할 수 있었다.

5 적자재정 해소의지와 대외압력기 (제4차 경제개발 5개년계획, 1977~1980)

지난 제3차 경제개발계획을 통해 한국 경제는 고도성장을 이룩하였으며, 그간 저축률의 제고로 투자재원 조성뿐만 아니라 국방을 비롯한 공공재 공급비용도 자체적인 재원으로 조달할 수 있게 되어 자립경제를 이룩할 수 있었다. 따라서 차기 계획의 목표는 혁신을 통한 능률제고와 계층 간 · 도농 간 · 산업 간 형평을 이룩하고자 하였다. 그러나 이에 반해 대외압력도 높아만 갔다.

이러한 목표의 재정관련 정책변수는 (1) 국가안보의 강화, (2) 재정긴축을 통한 적자재정 해소, (3) 기술혁신을 통한 경쟁력 강화, (4) 국민생활의 안정 등이었다.[15)]

제3차 경제개발계획에서 연평균성장률 11.2%는 자신감을 더해 주어 제4차

14) 林建彦(1991), p. 75.
15) KDI(1991), 제2권, pp. 350f, 387~389, 417~419, 453f.

경제개발계획에서는 동 성장률을 9.2%로 계획하였다. 1977년에는 수출 100억 달러를 실현해 국내산업의 경쟁력에 큰 관심을 갖게 되었으며, 1978년도에는 1인당 소득이 1,000달러를 초과하여 이제는 고도성장의 큰 열매를 '한강의 기적'으로 묘사하기도 하였다.

이러한 목표는 당시 경제구조가 옛날과 달리 시장기능이 중요시됨에 따라 경쟁력 강화를 위해서는 시장간섭적인 정부지원보다도 규제를 풀어 시장을 활성화시켜야 하였다. 따라서 재정은 기업지원보다 재정수지면에서 긴축을 하여 재정효율을 제고해야 하며, 기업은 스스로 R&D에 투자하는 기술혁신에 집중할 때 경쟁력이 제고될 수 있었다.[16)]

한편, 경제규모가 커져 계층 간 · 산업 간 격차가 심화되면서 형평을 통한 조화와 균형을 이룩하지 않으면 안 되었다. 즉, 재정기능은 지금까지 경제정책적 기능에 집중하였으나, 제4차 경제개발계획에서는 이를 사회정책적 기능으로 전환하지 않으면 안 되었다.

그러나 주지하는 바와 같이 1979년 10.26사태가 일어나며 박정희정권은 그 종말을 고하며 새로운 전두환정권이 들어서게 된다.

6 군사정권의 재정행태와 그 귀결: 자립형 재정, 부가세 도입, 흑자재정

일반적으로 재정행태를 관찰함에 있어 재정정책행동이 정권의 선험적 가치와 비교하였을 때 무엇이 일치하고 무엇이 불일치하였는가를 확인해야 한다. 또한 재정행태가 재정운용상 여러 지표에 어떤 결과를 초래하였는지를 검토해야 할 것이다.

따라서 그러한 지표들을 (1) 회계연도, (2) 추경예산 횟수, (3) 재정관련 법,

16) 김건중(1986), p. 110.

(4) 재정수지(적자재정), (5) 조세, 재정부담률 및 세입 비중, (6) 세제, (7) 경비지출 성향, (8) 기타 특기사항 등을 중심으로 살펴보고자 한다. 다시 말해, 이들 기준에 대한 군사정부의 재정행동을 추적해 보고자 한다.

(1) 회계연도

회계연도는 이승만 집권기인 1956년 6월 27일에 개정된, 즉 1월 1일부터 12월 31일로 정한 후 장면 집권기에도 이를 답습하였으며, 1961년 군사쿠데타 이후에도 이 회계연도를 전 기간에 걸쳐 사용하고 있다.[17] 이러한 이승만정권 때 규정된 예산회계연도는 현재까지 한 번도 바뀌지 않고 그대로 존속되고 있다. 그것은 이승만정권의 제도적 유산이었다고 표현하여도 좋을 것이다.

(2) 재정관련 법개정

재정과 관련된 법은 예산회계, 특별회계 및 기금 등이 있다. 여기에서는 군사정권기에 개정된 재정법들을 고찰해 보자.

군사정권은 먼저 예산회계제도를 개정하였다. 즉, 1961년 12월 18일에 법률 849호로서 예산회계법을 제정하여 공포한 바 있다.

군사정부의 예산회계법은 먼저 추가경정예산안으로 재정법의 추가예산을 대체하였다(제31조). 이승만정권의 재정법은 법률상 …… 경비지출의 부족이 생길 시 추가예산을 작성 국회에 제시할 수 있는 것에 반해, 군사정부는 예산안에 변경을 가할 필요시에는 추가경정예산을 작성하여 제출할 수 있는 것이었다. 따라서 후자의 경우 전자보다 예산활용의 재량권(discretionary fiscal power)이 더 크다는 것을 알 수 있다. 또한 국고채무부담행위의 금액은 재정법에서는 국회 동

17) 군사정부는 1967년 3월 30일에 예산회계법 5차개정이 있었으며, 여기에서 회계연도는 매년 4월 1일부터 익년 3월 31일에 끝나는 것으로 개정하였다가 다시 같은 해 10월 28일의 6차개정에서 1월 1일에 시작하여 12월 31일에 끝나는 것으로 결정하였다(KDI, 1991, 제3권, p. 29).

의를 얻어야 하였으나, 예산회계법에서는 국회에 제출의무가 없는 것으로 규정되고 있어 이 역시 정부의 예산재량권이 확대되고 있음을 뜻한다. 한편, 세입세출결산상 잉여금의 발생시 국채원리금, 차입금의 상환을 대통령의 승인을 얻어 처리하게 되어 있어 역시 잉여금 사용의 임의적 배분이 허용되고 있다(1974. 12. 26, 법률 제2732호).

한편, 정부의 사업운영상 필요시에는 특별기금을 설치할 수 있도록 하였다(1961. 12. 19, 예산회계법 제89조).[18)]

(3) 추경예산 횟수

나라살림은 그 집행에 있어 실제 현실의 특수성이나 변화로 인한 시행착오 때문에 당초예산이 변경되기도 하는데, 이를 추경예산이라 하며 그 횟수가 많을수록 재정운용은 다변적이고 불안정하여 비효율을 가져올 수도 있다.

대체로 추경이 있다고 하면 경비지출이 추가로 늘어나는 예에 해당하며, 그래서 이는 확대재정으로 나아감을 의미한다 하겠다. 그리하여 1961년부터 1979년에 이르는 18년간의 군사정권기에 추경예산은 모두 32번 있었다. 이러한 추경은 국민부담, 즉 조세부담을 증가시키는 결과를 초래하였다. 예산을 통과시켜 놓고 불과 4, 5개월 후에 추가경정예산안이 제출됨으로써 나라살림의 계획을 왜곡시키고 자원배분에도 비효율이 발생하였다. 이는 예산편성을 할 때 중 · 장기적인 계획이 결여되어 있어 이러한 추경이 남발되었다고 본다.

(4) 재정수지(적자재정)

가계살림에서는 쓰고도 남는, 즉 저축이 된다면 흥하는 집안살림을 하였다고 평하는 것이 상식이다. 이러한 상식은 나라살림에도 그대로 적용된다. 그것

18) KDI(1991), 제3권, pp. 42, 49.

을 재정수지 흑자라고 한다.

1961년부터 1979년에 이르는 18년 동안 군사정부의 재정운영수지가 어떻게 나타났는가 살펴보자. 재정수지의 개념은 일반회계와 특별회계를 합한 중앙정부의 재원을 보전한 국채발행액을 뜻한다. 이 당시 관리대상수지는 도입되지 않고 있었다. 그런데 군사정권 전 기간에 걸쳐 마지막 해인 1979년을 제외한 모든 회계연도에 적자재정을 결과하였다. 그러니까 세출이 세입을 초과한 것이다.[19]

그런데 이러한 세입은 보전재원인 차입, 국채 및 외국원조를 포함하고도 적자를 시현하였다. 특히, 1961년 군사쿠데타의 해에는 엄청 많은 지출이 불가피하였다. 군사혁명위원회, 1961년도 2회 추경(1961. 6. 13)은 바로 최고회의 운영비로 20억 환, 계엄경비로 10억 환, 재건국민운동 운영비로 20억 환, 혁명 사후수습비로 7억 환 등 도합 282억 환이 증액되어 추경을 요청하였다. 아무튼 1961년의 세입은 280억 환인데 270억 환 정도가 적자로 되어 있다. 이는 세입만큼의 크기를 적자로 처리하였다는 것은 세입의 배를 썼음을 뜻한다.[20] 즉, 재정적자는 세입의 100%를 초과하였던 것이다.

그러나 그 후 재정적자는 점감하는 추세를 보였다. 즉, 제3차 5개년계획의 최종연도인 1976년의 적자수준은 세입의 약 28%로 하락하고 있다. 한국전쟁 이후 미국으로부터의 원조는 점증하다가 1970년대 후반기에는 엄청 감소되었다. 그래서 1961년도에는 재정세출의 약 50%를 외국원조수입으로 조달하였으나 제3차 5개년계획 최종연도인 1971년에는 외국원조의 세출 비중이 불과 3.2%에 지나지 않았다.[21]

그리하여 당시 국방비의 재원조달은 1961년의 경우 96.6%에 달해 최고조의 대외의존도를 시현하였지만,[22] 1971년도 제3차 5개년계획 최종연도에는 국방비

19) 한국개발연구원 재정복지팀(1996), p. 39 참조.
20) 이 숫자는 다음에서 인용 본인의 추산에 따른 것임(KDI, 1991, 제1권, p. 400; 제4권, 재정통계, p. 675).
21) KDI(1991), 제4권, p. 676.

(1,400억)에서 0.85%에 해당하는 120억 환이었다.[23] 이로써 한국의 재정이 자립에 이르렀음을 상찬하는 일본인 평론가도 있다.[24]

그러나 재정적자 비율은 적자보전규모를 총세출로 나눈 값을 지칭할 때, 1972년도에 22.7%이었으나 1973년도에 13.7%로 저하되고 있으며, 1979년도에는 흑자재정을 시현하여 7.1%로 거의 자립재정의 모습을 보여 주었다.[25] 여기에서 적자보전규모는 한국은행으로부터의 차입, 국채, 해외차입, 기타 등을 포함하는 것이었다.

적자보전재원 중 가장 위험한 재원은 차입인데, 이는 한은에서 돈을 찍어 내 푸는 것으로 인플레이션적 재정운용이 되어 늘 비난되고 있었다. 차입금이 많았던 해는, 즉 총세입에서 차지하는 구성비를 보면 1962년도에 2.6%이었고, 1964년도부터 1971년도까지는 재정안정계획의 추진으로 차입이 전무하였으나, 1972년 중화학공업의 추진으로 인해 세출압박에 못 이겨 차입 비중이 가장 높은 10.3%를 기록하였다.

(5) 조세, 재정부담률 및 세입 비중

나라살림은 그것이 국민을 위한 것이라면 당연히 그 비용을 국민이 부담해야 할 것이다. 그래서 예로부터 재정수입의 대종은 조세로 여기고 있다. 재정적 측면에서 민주주의란 그것의 절반은 세금으로 재정을 부담하고, 나머지 50%는 정부가 그 세금을 백성을 위해 지출하여 균형을 이루었을 때 완벽한 재정민주주의가 성립할 수 있다.[26]

1961년에 대GNP 조세부담률은 국세의 경우 7.9%이었으며, 지방세를 포함

22) KDI(1991), 제1권, p. 151.
23) KDI(1991), 제4권, p. 132.
24) 林建彦은 그러나 한국의 재정자립을 1970년도로 집필하고 있으나, 이는 오류이고 대충자금이 종료되는 1973년도였음을 밝힌다(林建彦, 1991, p. 75).
25) 이필우(1991), p. 308.
26) 이필우(2006a), p. 99f.

해도 8.7%에 불과하였다. 그러나 제1, 2차 개발계획 최종연도인 1966년과 1971년에 국세부담은 각기 8.4%와 11.9%에 불과하였다. 이렇게 낮은 조세부담률은 당시 납세자들의 조세지불능력이 저하되고 있음을 말해 주며, 이는 국민의 소득수준이 최저생계비도 충당하지 못하는 빈곤의 악순환에 처한 것으로 이해할 수 있다.

그러나 제3차 5개년계획의 목표연도인 1976년에는 조세부담률이 13.9%로 상승하고 있으며, 지방세를 포함해서 14.5%가 되고 있다.[27] 군사정권의 말년에는 국세부담률은 14.3%, 지방세부담률은 1.9%로 총조세부담률이 16% 수준에 지나지 않았다.

재정자립을 한 1971년도에는 11.9%였으며, 지방세부담률을 합해도 13%에 지나지 않았다. 대외의존을 배제한 재정자립으로 이는 국채와 차입으로 적자를 보전한 경우를 재정자립으로 보았다. 따라서 국민부담을 덜 주면서 나라살림을 꾸려 나갔다고 볼 수 있다.

고도성장기에 재정규모의 취세는 1972년도에 대GNP 비율은 26.5%였으며, 1976년에는 24.2%, 군사정권 말기인 1979년에는 26.8%였다. 그러니까 대GNP 재정규모는 전 기간에 걸쳐 일정한 수준을 유지하였음을 확인할 수 있다.[28]

1961년도에 조세수입에서 소득세가 점유하는 비중은 10.6%이고, 법인세는 7.4%에 지나지 않았다. 이에 비해 간접세수 비율은 동년에 47.9%였고, 직접세수 비율은 26%에 지나지 않았다. 그러니까 총세수에서 2/3 이상을 간접세로 걷어 충당하는 것이었다.

간접세의 부담은 서민대중의 부담이 되는 것으로 인식할 때, 그것도 그 비중이 직접세수보다 큰 격차를 나타날 때 간접세의 서민부담은 더 큰 것으로 평가할 수밖에 없다. 이것이 1967년도의 직 · 간접세의 비율은 39.5% 대 38.4%를 시현해 직접세와 간접세의 비율이 거의 동등해져 서민부담의 문제가 약화되고 있

27) 수치자료는 KDI(1991), 제4권, p. 371에서 인용.
28) 이필우(1991), p. 303.

다. 그러나 1976년도에 들어오면 이러한 조세부담의 형평성은 다시 붕괴된다. 즉, 직·간접세수 비중은 28.6:40.2로 서민대중의 세부담이 상대적으로 높다고 인식되기 때문이다.[29)]

1977년도에는 이 나라 세제의 국제화가 일어나고 있다. 즉, 부가가치세를 도입하여 시행하였다. 첫 해의 부가세(VAT)수 비중은 10%였다가 1979년에는 11%로 상승하고 있어 간접세수의 비중을 가중시켰는데, 1976년에는 간접세 비중이 40%였지만 부가세가 도입 시행된 1977년에는 42.8%로 증가하고 있었다.

아무튼 재정자립도를 높이기 위한 것이라면 조세수입의 증대는 물론 자본축적의 초기단계에서는 서민대중의 부담이 되는 간접세가 징수하기도 편리한, 그래서 정부세수 확보에 있어 간접세에 의존하는 수밖에 없지 않나 하는 은유적 추리(metaphorical inference)를 해 본다.[30)]

특이한 것은 1975년도부터는 방위세가 신설되어 그 재원조달의 세목이 별도로 규정되어 있었다. 이는 박정희정권의 소신인 국방만은 외국원조 없이 한국 국민의 힘으로 지켜야 한다는 자위적(自慰的)인 방위태세로서 독립국가의 면모를 보여 주는 것이었다. 1975년도에 방위세 비중은 5%였으며, 이는 내국세분, 관세분, 지방세분으로 나누어 분담하도록 하였다. 이러한 방위세는 그 후 계속 유지되었다.[31)]

(6) 세제개혁

군사정권 18년간에 이룩한 세제개정은 많았지만 그 중에서도 몇 가지 특징적이었던 개정만을 서술해 보자.

첫째, 1961년도에 개발세제라고 하여 저축, 투자를 촉진하는 조치가 있었

29) KDI(1991), 제4권, pp. 380~388.
30) 직접세와 간접세의 조세이론 논쟁은 아직도 그 종결을 못 보고 있다. Haig-Simons(HS)와 Irving Fisher(IF)의 조세지불능력에 관한 논쟁이 그것이다. 결국 간접세가 제일 징수면에서 편이한 세목으로 보고 있다(J. R. Aronson, 1985, pp. 335~337).
31) KDI(1991), 제4권, p. 393.

다. 여기에 인정과세의 척결책도 제시되었으며, 완벽한 분류소득세제를 도입하였다.

둘째, 1967년도에 오면 개발세제는 더욱 강화되어 세액공제제도를 법인세에 도입하여 투자를 촉진하였으며, 공평과세를 도모한다고 종합소득세제를 도입하였다. 개발과 함께 민간의 토지거래도 증가해 이 당시 최초로 토지투기소득에 고과세로 대처하였다.

셋째, 특히 전 기간에 걸쳐 개발 초기부터 저소득층 근로자에 대한 세제배려는 매년 소득공제액 증대, 면세점 인상 등의 조치를 취해 근로소득계층의 약 50~60%를 무세(無稅)국민으로 전락시키기도 하였다.[32)]

넷째, 1977년도에는 유럽에서 도입 시행하고 있는 부가가치세(Vat.)를 오랜 논란 끝에 도입하였다. 부가가치에 대한 외세(外稅)방식의 징수는 매출세액과 매입세액의 차이를 환급하는 세목으로, 위장 허위신고로 환급액을 타 먹는 자료상이 나돌기도 하였다. 아무튼 과거의 영업세, 물품세, 유흥음식세, 전기가스세 등의 세목을 모두 부가가치세로 대체하는 세목으로, 부가가치가 생성 · 이전되는 단계에 10% 과세되는 것으로서 납세상인들로부터 초기에는 상당한 저항을 받았다. 전단계세액공제라고 해서 이렇게 저렇게 세금을 빼먹고, 일반과세자의 비중은 25%인데 근거과세가 안 되는 특례과세자가 75%나 되어 그 부작용은 큰 것이었다. 그래서 초기에 부산 영세상인들이 집단적인 부가세 저항이 1979년도의 10.26사건으로 연계되었다는 일본 재정학계의 설도 있다.[33)]

다섯째, 박정희 대통령의 자위정신은 결국 1975년도의 방위세 도입으로 나타났다. 이로써 외국원조 없이 자주국방을 하게 되어 미국 정부에 대해 보다 정당한 권리주장을 할 수 있게 되었다고 평가한다. 방위세 도입 이전인 1970년에 이미 국방비의 외국의존도는 16% 정도였다. 이는 대외적으로 한국의 발언권은 16%에 지나지 않음을 말한다.

32) 이에 대해서는 다음 절에서 재정환상(fiscal illusion)으로 다룰 것임.
33) 이필우(1993), p. 126; 林建彦(1991), p. 220.

(7) 기타

특기할 사항은 1970년대 말 경부고속도로의 건설로 1일생활권을 가능하게 하였으며, 유신체제로 고난을 받은 자도 있었지만 철을 생산하는 포항제철의 건설은 고도성장의 밑거름이 되었다. 이러한 철강산업은 같은 군출신으로 일본통인 박태준 장군에게 일임시켜 단기간에 굴지의 제강업체로 등장하게 된다. 한편, 새마을사업의 전국적인 보급은 자율적인 빈곤퇴치의 본산을 이루어 한강의 기적을 창조하기도 하였다. 이러한 3대 사업의 추진은 모두 나라살림에 의해 이루어질 수 있는 것이었다.

이를 위해 재정투융자를 활성화하였으며, 국토건설사업에서 유래되었다고 하는 새마을사업은 초가집을 기와집으로 대체 건설하였다. 그러나 대체된 시멘트 기와는 석면이 내포되어 있어 후일 환경문제를 일으키고 있다. 아무튼 이를 위한 농촌개발사업에 보조 내지 투자확대지출은 재정의 부담이었다.

(8) 경비지출성향

1961~1972년까지 약 12년간 군사정부 총경비지출의 거의 절반은 일반행정비로 지출하였는데, 인건비로 많이 지출하였다. 즉, 노동집약적인 행정으로 일관하였다. 그것은 1967년도에 46.8%이었으며, 1972년도에는 40.8%이었다.

이러한 고행정비의 비중은 1973년도에 12.8%로 약화되고 있으며, 1977년도에는 11%로 점감하고 있다. 이렇게 행정비의 비중이 줄고 있는 것은 전에 없던 사회개발비가 추가되었기 때문이다. 투융자비율은 초기에 30%대 수준을 보였으나 1970년대 초에는 경제개발비로 대체되어 22%대 내지 26% 수준에 머물렀다.

가장 경비지출 비율이 높았던 것은 역시 방위비로 총지출의 약 1/3을 차지하였다. 그 후 이러한 방위비의 구성비는 이를 계속 답습하여 1980년대와 1990년대에 이른다. 이렇게 비생산적인 경비지출로 인하여 보다 생산적인 투자지출이 그만큼 제약을 받지 않을 수 없었다. 그러나 방위가 튼튼해야 대내적인 안전과 안정감을 국민에게 줄 수 있다고 볼 때, 국방은 안정적인 생산활동을 보장한다는 의미에서 간접적인 생산지출로 보아야 할 것이다.[34]

원래 방위세는 목적세로 1985년까지 한시적인 세목으로 1975년 도입되었으나 그 후 연장되어 1990년대로 이어진다.

7 재정행태 귀결의 정치경제학적 의미

다음에서 우리는 박정권 시기에 수행된 나라살림이 이 나라에 특히 한국의 납세자들에게 무엇을 가져다주었으며, 그 결과가 이 나라 역사에 정치문화에 어떤 의미를 표출하고 있었는지를 정치경제학적으로 조망해 보고자 한다.[35] 이러한 의미를 긍정적인 측면과 부정적인 측면으로 분류하여 서술할 수도 있으나, 여기에서는 그런 관습적 원리에 따르지 않고 그때그때의 단상적인 사념(perspective)에 치중해 서술하고자 한다.

첫째, 박정희 장군의 군사정부는 잘 살기 위해 경제개발에 집중고도성장을 실현하였으나 그 수단은 1972년도에 유신헌법이라는 억압적인 제도 속에서 그 자원을 고도성장에 활용하였다는 근거로 군사정권 자체를 '개발독재'라고 칭하고자 한다.[36]

둘째, 군사정부의 고도성장으로 1970년대 후반기로 들어오면 한국은 수천년에 걸쳐 지속된 빈곤을 퇴치하고 남는 쌀로 술을 빚어 먹으라는 정부의 지시도 있었다. 이 나라의 빈곤퇴치를 하였다는 업적은 높이 평가되어 이 나라 경제

34) 이필우(1993), p. 175.
35) 여기에서 조망이란 표현은 지식의 다양성을 추구하는 반초월적인 전체성의 시각을 의미한다(L. Spinks, 2003, p. 140).
36) 이러한 표현은 경제학분야에서는 최초로 이필우(1996)에서 사용되고 있다.

발전을 해외에서도 '한강의 기적'으로 평가하였다.[37] 이런 의미에서 혹자는 박정희 장군을 이 시대의 가장 위대한 영웅적 대통령으로 온 국민이 오히려 감사해야 할 것임을 주장하는 경우도 있다.[38]

셋째, 개발독재의 긍정적인 측면은 많지만 그 중에서도 기억되어야 할 것은 4000년에 걸쳐 전래된 빈곤퇴치였다.[39] 또 재정적으로 국방의 자립과 재정자립이었다. 이로써 대외적으로 대한민국의 자립성과 독립성을 내세워 당당한 국위를 과시할 수 있었다.

넷째, 수출 100억 달러와 개인소득수준 1,000달러 수준은 이 나라에도 없었던 중산층이 서서히 사회에 현시되기도 하였다. 중산층의 유무는 그 정치적 차이가 크다. 중산층이 없는 경우 대중에 의한 여론형성이 배제된다. 그러나 중산층의 존재는 바로 사회의 여론(public opinion)을 형성하여 압력집단의 역할을 할 수 있다.[40]

다섯째, 유신헌법은 개인의 정치활동의 자율성과 자유주의 사상을 반공이라는 명분으로 억압하였으며, 소득증대와 더불어 중산층의 형성은 국민의 자아의식과 민주사고방식의 사회문화사상은 박정희정권의 유신헌법과 충돌하지 않을 수 없었다. 주지하는 바와 같이, 1972년 10월에 계엄선포와 함께 유신헌법의 제정 · 선포는 이러한 자유민주세력 형성을 유발시켰다고 본다. 그것의 특징은 정치의 독점 내지 독재체제를 굳건히 하여 고도성장이라는 한국적 근대화 작업을 이 땅에 정착시키겠다는 독선적 정신에 사로잡혀 있었다. 그 결과 많은 민주투사들을 용공분자로 매도하여 탄압하였다.[41] 특히, 재정운용면에서는 이승만 정권 이래의 재정법을 폐지하고 정부의 임의적인 지출증대를 가능하게 하는 국

37) *New York Times*, 16. August 1983.
38) 조갑제(2006), 조갑제 기자의 라이프 워크.
39) 넉시(R. Nurkse)는 제2차 세계대전 직후 후진국의 실상을 '빈곤의 악순환'(vicious circle of poverty)이라고 표현하였다(R. Nurkse, 1948).
40) Pil-Woo Rhee(1996).
41) 유신헌법에서는 대통령선거가 간접선거로서 선거인단 모임에서 1978년 박정희는 대통령으로 선출된다. 그 후 최규하 당시 국무총리는 선거제도를 직접선거로 전환함이 옳다고 하는 담론을 흘리기도 하였다.

채발행의 한도액을 대폭 증대시켰다. 국고부담행위, 기금제도, 추경예산 등 정부의 예산재량권을 증대 확보하였음은 개발을 위한 자금활용에는 유리한 것이지만, 국회의 동의 없이 세금을 활용하였음은 어떤 의미에서 납세자의 재정권을 침해하는 것이었다.[42)]

여섯째, 당시 한국의 개발체제는 관리면에서 1인체제였다. 장기영, 김학렬, 박충훈 등의 인물은 자기성취에 성공한 진취적인 자수성가형의 인물들이었다. 당시 중화학공업을 위시한 성장의 추진은 이러한 단발마적 충성형의 인물을 쓰다가 1970년대 후반기에는 학자 출신인 남덕우로 바꾸었다. 즉, 박 대통령도 그간의 경제개발정책 관리의 경험에서 얻은 지식으로 어엿한 경제전문가가 되어 고도성장의 지식기반은 경제전문가에게 맡기는 것이 합리적이라 판단하여 이른바 서강학파(西江學派)의 기용이 이루어졌다.

그러나 1970년대 후반기로 들어와서는 많은 변화가 이루어졌다. 최고통치자인 대통령의 1인독재 관리방식은 경제규모가 확대됨에 따라 관리할 수 없는 부분이 발생함으로써 1인관리체체의 한계를 노출하게 된다. 이에 더해 고도성장도 정부통제하의 시장관리는 오히려 비효율적이며 불확실성이 확대되어 성장보다는 안정과 균형이 요구되었다.[43)] 이리하여 1978년에 성장 위주 정책의 핵이었던 남덕우 장관을 신현확으로 바꾸었다. 신현확은 1950년대 말 이승만정부의 부흥부 장관을 지냈으며, 당시 경제안정정책을 추진해 물가안정에 기여한 바 있다.

당시 대재벌기업에서는 고도성장정책의 지속화를 선호하였으나, 학계, KDI, 경제전문가, 언론 등에서는 고도성장정책을 지양하고 안정과 복지에 정책의 무게를 두어야 한다고 주장하였다. 따라서 정책노선에서 박정희 대통령은 고도성장이냐 안정이냐의 혼선에서 그 정책노선의 일관성을 상실하였으며 신현확 장관과의 갈등을 유발하기도 하였다.[44)]

42) 본장 제3절 재정제도의 개정을 참조하라.
43) 정정길(1994), p. 103.
44) 정정길(1994), p. 107.

일곱째, 성장지향적인 재정행태는 고도성장과 1,000억 달러 수출고지를 실현하여 '한강의 기적'을 이루어 냈지만, 이 고도성장의 비용은 정치적 민주주의의 희생을 바탕으로 이루어졌음을 인식해야 할 것이다. 모든 성취는 비용을 요구하는데, 그 비용이 한국의 경우 정치적인 자유의 희생이었으며, 이 자유는 배고픔을 충족한 후에 소유하는 것이 순서일 것이기 때문이었다.[45)]

여덟째, 특히 군사정권의 재정행태의 격동은 역시 1977년도의 부가가치세제의 도입이었는데, 국내 재정학계에서의 이에 대한 논평은 완만하였지만 일본의 학계 · 정계에서는 이를 군사정권 붕괴의 직접적인 요인으로 논평하고 있다. 그러나 부가가치세는 제도상 여러 가지 장점을 지닌 세제의 근대화라는 관점에서 도입되었다. 8개의 개별소비세를 대체하여 세제의 단순화와 과거의 인정과세 관습의 척결, 투자 · 수출의 촉진, 정부 세수의 증대 등 장점도 있었지만, 부가세 도입으로 인한 물가상승, 부가세의 역진성, 영세상인의 세부담 증가, 납세자의 세부담감 증대, 부가세 환급상의 부정비리, 자료상의 등장 등 그 부작용도 컸다.[46)] 사실상 부가세 도입 전 납세자의 납세문화는 어떤 의미에서 목가적이었으며, 즉 내도 그만 안 내도 그만인 나름대로 적당히 납부하는 것에 그쳤다. 특히, 분류과세제하에서 인정과세는 세리와 결탁하여 경과세(輕課稅)될 수 있는 목가적인 납세풍토가 지배되어 왔다.

아홉째, 철강 · 자동차 · 전자산업 등의 집중육성은 이 나라에 수출주도형 경제체계를 확립하였으며, 이는 수출증대에 기여하였지만 한국 경제의 대외의존도를 심화시켰다.[47)]

열째, 한편 이러한 군사정권의 재정운용 틀은 세금을 나라에 바치는 국민납세자들의 공공욕구를 직접 반영하지 않는 군사정부의 일방적이고 독선적인

45) 이러한 정치적 희생은 수다한 민주투사를 용공분자로 매도처리하였으며, 박정희정권 말기에는 부산 시장 상인들의 부가세 반대시위 등은 정권붕괴의 중요한 요인으로 작용하였는데, 이를 부마사태라 한다.
46) 이필우(1994a), p. 469.
47) 최근 한국은행 자료에 따르면 수출의존도는 46%에 이르고 있다(2007). 그러나 GNP상의 대외의존도는 약 60%를 상회하는 것으로 담론적 논평이 오가고 있다.

개발정책이며 독선적인 재정운용이었다. 이는 서구 학계에서 논의되는 재정민주주의 이념에 배치되는 재정원리였다.

열한 번째, 이러한 독선적인 재정운용은 특이한 재정행태의 결과를 초래해 세금을 덜 걷으면서 국민에게 큰 이득을 정부가 베푸는 재정행태를 인식시켜 재정당국의 선정을 고양하여 영웅적이고 자선적인 치자(治者)의 우위성을 과시하였다고 본다. 재정심리학에서는 이를 재정환상(fiscal illusion)이라 칭하고 있다.[48)]

그리하여 해마다 근로저소득층에 대한 소득공제율 인상과 면세점 인상을 시행함으로써 세부담을 완화하여 세부담감을 덜어 줌으로써 세수부족이 발생하였다. 대신 부가세 같은 일반소비세의 도입으로 세수부족을 충족할 수 있었는데, 그 결과 근로저소득층의 세부담은 실질적으로 늘어만 갔다. 이러한 재정행태의 귀결은 역설적이었다. 개발독재는 영웅시되었으며, 그럴수록 권위적일 수밖에 없었다.[49)] 그러나 이러한 독선적인 개발독재는 대재벌기업을 성장시켰는데, 이는 정부의 재정 · 금융의 지원수단을 제공해 실현하였다. 그러나 그 혜택을 본 대재벌기업은 정부관료 및 정치가에게 감사의 뜻으로 암암리에 금품을 전달함으로써 정경유착으로 귀결되어, 이는 그 후 한국의 특수한 개발문화의 치부로 지적되고 있다.

저자는 끝으로 군사정권의 지도자 박정희 장군이 정치경제학적으로 어떤 유형에 속하였는지 경제행태학적 관점에서 탐구하여 일정한 유형화를 추구해 보았다.

박정희 장군은 이 나라의 경제발전에 일념(一念)하여 유신헌법이라는 정치적 자유를 포기한 위로부터의 독자적이고 일방적인 개발독선자(benevolent dictator for development)였다. 일제하에서 교육을 받은 그가 일본의 명치유신을 모방하여, 당시 서양을 따라잡으려 노력하였던 일본처럼 일본 역사를 추종하였

48) A. Puviani(1903).
49) 한국의 재정환상에 관한 최초의 연구는 Pil-Woo Rhee(2008)을 참조하라.

다. 그는 서구의 정통적인 이기주의적인 합리주의자도 아니었으며, 정통경제학의 경제인(homo oeconomicus)도 아니었다. 그의 재정사상은 국익주의였으며, 어떤 의미에서 그러한 국익 중심의 사상은 서구의 중상주의와도 유사할 수 있다.

어쨌든 박정희 장군은 개인의 행복을 추구하였다기보다 국위(國威)를 향상시키며 국민의 빈곤을 타파하고자 하였던 전체론적 개발독재였으며, 정책적 결정에 동원되는 핵심 요소는 직관(intuition)이었다. 특히, 부하 장관의 선임에 있어 직관을 통해 그 인간의 자질과 능력을 평가하였다고 한다. 따라서 그는 감각에 기초한 이성과 합리성을 활용하였으며, 개인주의적 합리성과는 괴리된 '반(反)초월적인 직관적 전체론적 영광추구적인 개발독재자'였다고 유형화할 수 있다. 이를 영어로 표현하여 'anti-transcendental, intuitive, holistic, glory-seeking, development dictator'라고 할 수 있지 않을까 생각된다.

그러나 한 가지 빼놓아서는 안 될 측면이 남아 있다. 그것은 서론의 방법론에서 언급하였던 재정책임자가 그 재정행태 귀결에서 관찰하였을 때 그의 정책행동이 공익(public interest)에 근거하였는지 또는 사익(private interest)에 근거하였는지를 분별하는 작업이 남아 있다. 공익은 이타심에 근거하고 있으며 사익은 이기심에서 비롯되고 있다. 이에 있어 박정희 장군은 처음부터 개인보다 국가적인 발전을 추구하는 공익적인 정치가였다고 해야 할 것이다.

공익적인 국가발전의 수단은 위로부터의 일방적인 개발독재였으며, 따라서 그 방법은 비민주적 독재하에서 고도성장을 이룩함으로써 그의 치적은 결과만으로 높이 평가되어 독재정치가로서 영광(glory)과 권위(authority)를 독점하였다고 볼 수 있다. 이는 수단보다 결과주의(consequence-independence)를 중시하는 견해이다.[50]

시작은 공익심에 지배되었으나, 그 공익심은 국가발전에 큰 공을 세워 자기 개인의 역사적 인물로 등장하려 하였던 공익심을 통한 개인적인 공명심이라는 사익심에 사로잡힌 행태로 규정해야 할 것 같다. 특히, 질서회복 후 군으로 회귀

50) Amartya Sen(2002), p. 278f; A. Sen(1987), p. 71.

하겠다는 약속을 어기고 대통령에 출마하였음은 그는 사익심에 근거해 있음을 보여 주었다. 이에 미국의 공공선택학자 뷰캐넌(J. Buchanan)의 견해는 적중한다고 생각된다.[51] 혹자(예: 조갑제)는 과정(procedure)을 중시하지 않고 결과주의에 집착한 견해를 고집하기도 한다. 이는 인식론적 차원에서 한낱 편견으로 평가해야 할 것이다.

이러한 박정희의 개발정책이 공익심에서 출발한 것만은 인정할 수 있으나, 그 후 1963년에 대통령으로 출마하여 당선된 후 그의 공익심은 이기심 추구로 전환되고 있다. 즉, 혁명 직후 모든 국가질서의 회복 후 민정으로 이양하고 자신은 군복무라는 본분으로 회귀할 것을 약속하였는데, 이 약속은 대통령 출마로 무산되어 공익심은 권력욕으로 휩싸인 사익심으로 둔갑됨을 볼 수 있었다. 이에 반해, 아르헨티나의 국부로 추앙되고 있는 마틴(Jose de San Martin) 장군은 1920년대 희생적인 독립전쟁에 지도적 역할을 하다가, 국가독립을 이룩한 후에는 친구를 대통령으로 추천하고 자신은 조용히 물러나 소시민으로 삶으로써 공익심을 지켰다.

한편, 혹자는 그를 초인(超人)으로 상찬하기도 하나, 원래 초인은 개념적으로 니체 철학의 Uebermenschlich에서 나온 말로 인생고해의 쓴 체험을 다 겪고 모든 것을 수용할 줄 아는 대인(大人)이 되어 장자(莊子)의 무위가치(無爲價値)를 지향하는 위인이라고 볼 수 있는데, 박정희 대통령처럼 대권을 장악한 독재자는 아니었다. 박정희 대통령은 초인이라기보다 강자(strong man)로 인(仁)을 지닌 초인(superman)은 아니었다. 독재를 해서라도 빈곤을 물리친 서구적인 계몽적 원리인 Impartiality 명제를 부인하는 니체의 partiality 또는 상대성(relativity)을 수긍하는 상대적인 진실에 속하는 위인으로 볼 수는 있다.[52] 박정희 장군은 권력을 장악한 강자(strong man, who owns power)였지 덕을 지닌 초인의 완벽성에는 미흡하였다고 보아야 되지 않을까?

51) J. M. Buchanan and R. D. Tollison(1972), p. 12f.
52) J. J. Winchester(1994), p. x.

제4장

자선적 독재시대의 재정행태 (전두환, 1980~1987)

1 들어가는 말

주지하는 바와 같이 10.26사건은 이 나라에 엄청 큰 정치적 변란을 가져왔다. 박정희 장군의 유신정권 영구화의 꿈은 김재규의 결단으로 종식되었으나 이를 바로잡는 정치적 패러다임이 나와야 하였다. 그러나 이런 군사독재는 또 하나의 군사독재로 이어졌으니 이 주인공은 전두환 장군이었다.

그의 정권탈취는 최소한 3단계에 걸쳐 이루어졌다. 첫 번째 단계는 1980년 5.18 광주민주화운동의 수습이었다. 두 번째 단계는 같은 해 8월 27일 통일주체국민회의에 의한 간접선거로 대통령에 당선되었는데, 이는 군사정권의 정당성을 재확인한다는 의미를 과시하기도 하였다. 세 번째 단계는 광주민주화운동 수습 후 민주투사의 연금(김영삼) 및 투옥(김대중)을 통한 정치안정을 이룩한다는 명분 아래 제5공화국을 건립하였다. 제4공화국은 통일주체국민회의에 의한 대통령선거로 1980년 9월 1일부터 1981년 3월 5일까지로 7개월 지속되었으며, 제5공화국은 선거방식을 바꾸어 대통령선거인단에 의한 간접선거로 장충체육관에서 대통령 취임식을 거행하였다. 이때 후보자는 전두환 외에 김종철, 유치송, 김의택 등이었는데, 전두환의 득표율은 90.2%였다.

정권이 결여된 한국은 나라라는 자기소속의 국가적 모체로서 개인을 감싸주는 국가적 범주 또는 어려울 때 백성을 묶어 주는 국민적인 큰 울타리가 없는 고아의 느낌을 받았던 것이다. 사실 이 정치적 공백을 누군가 나와 정권을 회생시켜 주기를 바랐다.

이런 사정하에서 나타난 군인이 전두환이었으며, 그는 박정권의 정통성을 견지하면서 정권창립에 임하였다. 그것이 제5공화국의 건립이었는데, 전두환 장군은 대통령출마라는 사익심(私益心)에서 출발하고 있으며 박정권의 정통성은 하나의 정치적 명분으로 내세웠을 뿐이었다. 광주민주화 항쟁, 대통령의 간접선거 등이 당시 국민의 여망이 아니었음을 시인할 때 전두환정권은 그 출발에 있어 공익심(公益心)이 배제되었으며, 그보다는 권력욕에 잠재된 이기적인 사익심에서 출발하였다고 해야 할 것이다. 국민의 당시 여망은 직접선거를 통한 국민의 자유로운 정치참여였다고 볼 수 있다.

이러한 정치배경에서 전 대통령은 그 임기를 7년으로 정하고 국민이 이 임기를 보장하는 지지를 애타게 원망하였다고 한다. 대신 경제정책에 관한 한 자신은 경제전문가가 아니므로 일단은 이를 민간전문가에게 일임하여 운용하였음은(예: 김재익 청와대 보좌관) 주지의 사실이기도 하다.

단, 그는 제5공화국의 정책노선은 고도성장의 기반하에 사회복지와 경제안정에 치중하여 보다 경제 · 사회의 성숙화를 추구해야 함을 주장하였다.[1] 다음에서 저자는 전 정권하에 수행된 재정행태를 파악하고 그 목적과 수단 간의 합리성 및 재정행태의 귀결의 의미 등을 추적 파악해 보고자 한다. 특히, 그 재정행태적 귀결이 국민 납세자의 공공욕구와 어떤 관계와 의미를 지니는가를 검토하고자 한다.

그의 정치가로서의 정체성을 유형화한다면, 그는 국민에게 복지라는 큰 편익을 주겠다는 약속으로 단 7년간의 임기를 보장해 줄 것을 원망한 정치적 독재성을 광주민주화운동을 통해 보여 주었으며, 따라서 국민에게 자선적 복지를 일방적으로 베풀겠다는 명분으로 독재를 내세웠던 자선적 독재로 유형화할 수 있다.

그러나 당시 제5공화국의 전두환 대통령은 경제정책에 관한 학습을 청와대 경제담당 비서관 김재익으로부터 수차례에 걸쳐 교시를 받았는데, 후에는 그가 직접 부하들 또는 일부 국민들에게까지 한국 경제에 대한 강의를 하고, 때로는 현실경제정책에도 참여하여 집요하게 자기주장을 펼친 것으로 알려져 있다.[2] 그의 경제정책에 관한 관심은 이론의 현실적용은 실용성이 있어야 하며, 동시

1) 제11대 대통령 취임사, 「평화적 정권교체의 전통을 반드시 확립」, 1980년 9월 1일(대통령비서실, 1981, p. 45).
2) 이장규(2008), p. 109.

에 목적추구적인 수단을 항시 중시하였다. 따라서 그의 한국 경제 운용을 위한 그의 선험적 가치는 어떠하였는지 다음에서 보기로 하자.

2 전두환 대통령의 통치가치

1980년대 전두환 대통령의 통치기간에 있어 경제정책 내지 재정정책에 대한 그의 선험적 상념이 어떤 것이었나를 먼저 논의해 보고자 한다. 선험적 상념이라는 어려운 말 대신 쉬운 말로 하자면, 특히 재정정책과 관련한 그의 정치경제적인 아니 사회문화적인 그 자신이 지니고 있었던 일상적인 습성 내지 개인적 가치는 어떤 것이었나를 추적해 보고자 한다.

첫째, 10.26사건으로 박정희 대통령이 시해된 후 전두환 장군은 당시 보안사령관과 중앙정보부부장을 겸직하였던 군장성이었다. 그 후 허화평과 허삼수 및 이학봉 대령 등이 전두환 장군을 정권승계자로 추앙하는 또 하나의 정변이 일어나 12.12사태를 맞게 한다. 이로 미루어 볼 때 그는 권력욕의 화신이었다고 평가할 수 있다. 1979년 10.26사태와 12.12사태는 1980년 5.18광주민주화운동으로 확대되어 정국은 극도로 불안하였다. 이런 와중에서 전두환 장군은 국가보위비상대책위원회(국보위)를 구성하고, 대장으로 예편하여 통일주체국민회의를 통한 선거에서 단독 입후보하여 대통령으로 당선되어 제11대 대통령이 된다(재임기간: 1980. 8. 27~1981. 2. 24). 그 후 신헌법을 제정하고 대통령선거인단을 구성하여 12대 대통령으로 취임한다. 신헌법의 명분은 한국 정치사상 없었던 대통령단임제를 7년으로 하여 정치민주화의 선봉이라고 자찬하기도 하였다.

그리하여 가장 큰 그의 대망은 7년이라는 세월을 무사히 대통령직을 수행하는 것이었다. 그의 권력보존 의지는 지존지고(至尊至高)의 일념적인 가치였다고 볼 수 있다.

둘째, 정치란 백성을 다스리는 여러 분야에 걸친 정책과제를 제시하여 편익을 베풀어야 한다. 이에 있어 전두환 대통령은 3공시대 박정희 대통령의 1인독재적 권위주의 지배자의 역할을 그대로 모방하였다. 그러나 그 중 다른 것이 있다면, 경제문제는 전두환 대통령 자신이 그에 관한 전문가가 아니므로 경제전문가인 민간 엘리트에게 일임시키는 것을 선호하였다. 청와대 수석비서관으로 발령을 받은 김재익에게 그는 "경제는 당신이 대통령이야"라고 하면서 정치권력 유지에만 관심을 쏟을 수 있었다. 그렇다고 정책결정의 공식적인 발표나 선포에는 자신이 직접 참여하여 대통령으로서의 권위와 카리스마를 장악하였다.[3)]

셋째, 그러면서도 전두환 대통령의 한국 경제에 대한 경제학 공부는 열정적이고 실천적이었다. 그는 경제학의 관심이 지대하여 김재익을 가정교사로 삼고 빈번한 교습을 받은 결과 교습 후 독자적인 경제운용 방향을 제시할 수 있었다. 그리하여 정책결정은 청와대 김재익 수석비서에 맡겼으며, 부총리, 재무부 장관으로 전달되어 정책이 시행되었다. 따라서 최종적인 정책은 윤곽만을 전두환 대통령이 선포하였을 뿐 구체적인 정책내용은 행정부에 일임시켰음이 박정희 대통령과 다른 점이었다.

넷째, 1980년도에 음의 성장을 시현한 것은 어떻게 보면 전두환 대통령으로서는 다음해에 실적을 올려 성장을 거듭하면 그것으로 민간의 정부지지도가 올라갈 것이라고 기대하였다고 한다.[4)] 5.18광주민주화운동, 제2오일쇼크, 물가상승, 외채증가로 인한 외채망국론, 노동자 · 농민의 반정부운동 등은 국민에게 줄 정부의 선물이 경제발전밖에 없으며, 난국과 위기를 헤쳐 나갈 수 있는 유일한 방향은 경제제일주의밖에 없도록 하였다. 그 중에서도 물가상승을 억제하는 안정정책을 목표로 하였다. 물가안정 지상주의는 전두환 대통령의 통치이념이기도 하였다.[5)]

3) 김재익을 가정교사로 추천한 장본인은 당시 재무관료 출신인 박봉환이었다 한다. 그는 첫 번째 가정교사이기도 하였다.
4) 정정길(1994), p. 121f.

3 재정관료의 정책가치

전두환정권 기간 동안 국무총리는 모두 4명이었다. 남덕우(1980. 9~1982. 2), 김상협(1982. 6~1983. 10), 진의종(1983. 10~1985. 2), 노신영(1985. 2~1987. 5) 등이었다. 그러나 이들의 행정부 경제정책에 대한 영향력은 거의 없었다. 경제정책의 집행라인은 청와대 수석비서관, 경제기획원 장관, 재무부 장관으로 지시 · 전달되는 일원론적인 것이었기에 이런 의사결정라인에 참여할 수 있는 기회는 배제되었었다.

당시 국무회의 기능은 형식적이었으며, 상정된 안건은 무수정통과가 보통이었다. 이러한 식의 정책결정은 3공시대로부터의 전통이었으며, 국무회의 전에 경제장관회의의 결정을 보아야 하는데, 이 역시 청와대 정책안을 무수정통과가 관례로 되어 있었다. 예산은 당시 경제기획원에서, 세법과 징세는 재무부에서 맡고 있었다.

경제관료의 구성은 전문관료 출신과 민간전문가인 교수 출신으로 되어 있었다. 그러나 3공의 박정희정권 시대는 독재적인 박정희 1인을 정점으로 한 노선으로 행정부의 관료는 그 노선을 보다 효율적으로 비용절약적으로 앞당겨 집행하였다. 청와대 비서실장, 청와대 수석비서관, 행정부의 장 · 차관으로 이어지는 일원체계였다. 5공의 정책지배유형은 실질적으로 청와대 수석비서가 정점으로 그 밑에 행정부의 장 · 차관으로 정책의지가 전달되어 집행하도록 하였다. 특히, 5공의 정책집행에 있어 전문관료의 임의적인 재량권을 허용함으로써 행정부의 의사결정을 존중하였다고 한다.[6)]

1980년대 초 경제전문가들의 정책방향은 과거의 중화학공업을 중심으로 하는 성장주의에서 탈피하여 안정제일주의로 나가는 개혁파가 등장하게 된다. 이

5) 이장규(2008), p. 37.
6) 정정길(1994), p. 143.

를 대표하는 전문가는 바로 경제기획원 관료였으며, 특히 전 대통령의 경제학 가정교사였던 박봉환과 청와대 수석비서관 김재익이었다. 원래 이러한 안정정책은 1970년대 후반기에 신현확 장관이 주장하였는데, 10.26사건으로 끝을 맺어 실현할 수 없었다.

이러한 정책노선의 전환은 재정운용에도 긴축예산으로 표출되었으며, 이를 집요하게 주장하여 집행하였던 사람은 당시 예산실장 문희갑이었다. 이러한 개혁파에 대해 반대론을 펼친 반개혁파가 등장하였다. 즉, 1981년 봄 5공의 초대 부총리 신병현은 서석준 상공부 장관, 나웅배 재무부 장관, 남덕우 총리 등 안정정책에 대한 대토론회가 벌어졌다. 신 장관은 개혁파에 속하였으며 당시 상공부가 요구하였던 9,000억 원에 달하는 부실기업 지원요청을 끝까지 반대하였다.[7)]

이에 대해 정치세력의 중심인 허화평, 허삼수 등은 반개혁파로서 경제관료들이 나라를 망치려 한다고 비난하였다. 당시 개혁파의 견해는 실로 혁신적인 정책노선이었으며, 안정화 · 개방화 · 자율화의 시장기능 활성화를 중시하는 보수적이고 고전적인 정책기조를 주장하였다. 그러나 김재익은 이론만 알지 그 이론의 현실적용에는 미숙하여 행정기구 간의 마찰을 초래하기도 하였다. 이에 현실감각에 능한 이석채를 청와대 비서관으로 활용함으로써 김재익과 이석채는 정책결정에 상호견제기능을 수행하였다고 한다.

반개혁파에 대한 반응은 행정관료의 강화에서 볼 수 있었다. 즉, 강경식 차관보를 재무부 차관으로 승진시키고, 이진설, 이형구 등을 재무부 차관보, 이재국장으로 발령해 개혁실세를 강화하였다. 이는 개혁파인 경제기획원이 재무부를 장악하여 개혁세력으로 묶으려는 시도였다. 급기야 강경식은 재무부 장관에 취임하여 금리인하와 금융실명제를 제시한다.[8)]

그러나 1983년 7월경 개혁세력은 견제되기 시작하여, 철저한 현실주의자였던 서석준 비서가 경제기획원 장관으로 취임하였다. 이론적이고 급격한 개혁노

7) 정정길(1994), p. 151.
8) KDI 원장 감만제를 김기환으로 대치한 것도 개혁세력의 강화에 기인한 것이었다.

선을 중시하였던 김재익과 강경식은 서석준에 의해 브레이크를 맞게 되었다. 그러나 이들 개혁논쟁은 4개월도 되지 않아 끝나버렸는데, 1983년 10월 9일 아웅산사태로 개혁과 반개혁의 거목들을 앗아가 버렸기 때문이었다.

경제기획원 장관은 아웅산사건 전에는 신병현, 김준성, 서석준, 그 후 정인용, 이승윤, 나웅배, 강경식, 김만제, 사공일 등으로 이어진다. 김재익 수석비서 자리에 사공일을 배치하며 강경식은 비서실장으로 발령하였다. 그러나 3공시대 비서실장(김정렴)의 정책책임으로부터 5공시대의 특성인 수석비서관의 권한으로 압축하였음은 전두환정권의 자율성을 보여 주었다. 그러나 아웅산사태 후로도 경제정책의 노선은 김재익의 주장대로 안정화 제일주의를 그대로 답습한다는 것이 전두환 대통령의 태도였다.

경제정책의 개혁파와 반개혁파 간에 전개된 논쟁을 요약해 보자. 개혁파에 속하였던 관료들은 김재익 수석비서를 비롯해 신병현 장관, 강경식 차관보, 사공일 비서관, 김기환 KDI 원장, 문희갑 실장 등이었다. 이들은 물가상승을 억제하는 안정정책을 주장하였다. 1980년대 초 물가상승률은 도매물가 42.3%, 소비자물가 32.2%로 경제는 불안정하에 있었다.

특히, 안정화 정책은 나라살림부터 근검절약의 정신으로 솔선수범한다는 의지로 임하였다. 당시 대만에서는 예산동결에 더하여 예산을 삭감 · 인하하는 내핍재정을 보이기도 하였다. 더욱이 문희갑 실장의 단호한 내핍정신은 국방부 장성급들과 국방예산 동결 결의에 대해 대판 다투기까지 하면서 결국 예산동결에 성공하였던 것이다. 그리하여 이들은 물가안정을 위해 쌀수매가 인상 억제, 임금동결, 공무원 봉급 및 예산동결, 정책금융의 중지, 시장개방, 독과점 규제, 자율화 정책 등 경제질서를 보다 개방화하고 자율화하여 경쟁력을 제고해야 국제적으로 잔존할 수 있음을 주장하였다.

그러나 이에 대한 반대론도 대단하였다. 즉, 반개혁파는 김만제, 서석준 상공부 장관, 남덕우 국무총리, 이승윤 재무부 장관 등 5공시절의 경제관료였다. 이들의 주장은 다음과 같다. 즉, 안정화 정책은 현실적으로 그 제약성이 많았다.

당시 쌀값은 선도적인 물가역할을 해 미가안정을 위해서는 우선 추곡수매가 인상의 중단을 단행해야만 하였다. 즉, 추곡수매가의 인상은 재정적으로 한은차입을 통해 조달되어 재정적자를 시현하였으며, 이는 물가상승으로 연계되어 물가안정을 위해서는 추곡수매가를 인상하지 말아야 하였다. 그러나 이는 농민들의 반대로 어려웠으며, 농민의 이익을 억제하는 이러한 안정정책에 대부분의 국민들도 호응하지 않았던 것이다.

특히, 임금동결은 노조의 임금투쟁으로 이어지고, 정책금융의 중단, 기업의 세제혜택 억제 등은 한국 경제의 지속적 성장을 저해하였으며, 더욱이 예산동결은 국회 정치가들의 지역구 공약사업 중단 등을 초래함으로써 청와대의 허삼수, 허화평, 이학봉 등도 개혁파에 대해 반기를 들고 저항하였던 것이다. 이들은 개혁을 한답시고 경제와 나라를 망치고 결국은 자신들의 정권을 위협하는 정책이라고 비난하였던 것이다.[9)]

또한 서석준 장관은 같은 개혁파이지만 이론과 원칙에만 치중한 김재익의 정책노선에 반대하였다. 그는 이론도 중시해야 하지만 그 이론의 현실적용에는 행정관료와의 이해와 협조를 얻어야 성공할 수 있음을 강조한 현실주의적이고 행정기구 간의 협동주의자이며 공생을 중시한 현실적인 실용주의자였다. 그러나 경제기획원 장관으로 취임(1983) 후 4개월 만에 김재익과 함께 아웅산에서 아깝게 참변을 당한다.[10)]

9) 이장규(2008), p. 71; 정정길(1994), p. 151.
10) 정정길(1994), p. 154. 김재익의 독자적인 1인노선을 견제하기 위해 전두환 대통령은 서석준을 등용하였다고 한다.

4 전두환정권 기간의 재정행태

(1) 안정기조의 재정행태

1980년도의 재정정책 목표는 다음의 네 가지로 요약된다.

첫째, 재정안정 기조의 유지와 신규사업의 억제,

둘째, 영세민 보호, 의료보험의 확충, 서민주택의 건설 등 사회개발정책에 역점,

셋째, 철도, 항만, 통신 등 사회간접자본의 확충과 중소기업 지원,

넷째, 농업의 기계화, 농업용수 개발, 어항시설(漁港施設) 등 농수산부문의 지원 등이었다.

1980년도 정부 경제정책의 목표는 경제안정화와 사회개발에 있었다. 1980년도에 한국 경제는 3% 성장할 것으로 계획하였는데, 실제로는 -5%의 성장을 시현하였다. 제2석유파동, 국제수지의 적자, 물가의 앙등, 게다가 광주민주화운동으로 인한 사회불안 등은 한국 경제를 음(-)의 성장으로 유도하였다. 이 해의 소비자물가 상승률은 34%로 정부의 안정화 정책은 실패하였다고 볼 수 있다.

그러나 목표에 미진하였다고 안정화 정책을 포기할 수는 없는 것이었다. 무엇보다도 광주민주화운동으로 인한 국민의 불안심리를 덜고 안정된 사회분위기의 진작을 위해서 안정하의 정책가치는 으뜸으로 인식될 수밖에 없었다.

재정확대는 28%의 증가율을 보였는데, 이는 물가상승률을 하회한 긴축예산이었다. 그러나 재정의 소득탄성치는 1.98로서 소득이 1 상승할 때 거의 2배에 가까운 재정규모의 증가를 시현하였다.

조세부담률은 18.8%이었고, 징세실적도 초과달성(내국세 21%)하여 세수확보에 기여하였으며, 재정자립을 위축시키는 차관수입은 총세입의 2%를 계획하였으나 실제로는 1.6%로 줄어 재정자립도가 상승하였다. 그리고 세출실적은 모두

95% 이상을 실현하고 있어 양호하였다.

박정희정권시에 제거하였던 한은 차입이 전두환정부에 의해 재생되고 있다. 즉, 한국중공업 지원을 위해 한은 차입을 하였다는 것이다. 이 역시 기업지원으로 보조금이나 저리의 특별융자는 정치경제학적 비리, 즉 정경유착의 고리가 될 수도 있음을 추정할 수 있다.[11)]

방위세 비중은 실제로 약간 늘어났으나 그 지출은 오히려 줄어들고 있어 국방비 지출예산의 근검절약을 보여 주기도 하였다.

1980년도에는 -6.2%의 음의 성장을 하였으나, 1981년도에는 6.4%의 고도성장으로 음의 성장을 만회하였다. 그리하여 1981년도에는 안정기조의 정착을 위한 경제정책에 일념하고 있다. 재정정책의 목표는 다음 세 가지로 제시되었다.

첫째, 저소득층의 서민주택건설 촉진, 대중교통시설 확대, 의료보험 확대,

둘째, 연구개발(과학기술분야), 의무교육시설, 대학교육시설 확충,

셋째, 농업생산성 향상, 중소기업 지원, 사회간접자본 확충 등이었다.

그러나 재정운용의 기본 방향을 이렇게 세출 위주의 세금 쓰는 부문에만 집중하고 있어 답답하다. 지출은 국민의 세금으로 이루어짐을 생각할 때 조세의 제도적 개선에 대해서도 언급이 있어야 할 것이다.[12)]

1981년도 물가상승은 도매물가 11.8%, 소매물가 12.6%로 전년도에 비해 훨씬 저하되었다. 물가하락의 원인은 원당, 철강, 고철 등 세계 원자재가격의 하락에 있었다. 혹자는 물가안정이 국내의 내핍정신에서 비롯한 것으로 평가하나 이는 그 전부의 설명이 아니다. 국내물가의 안정은 국외로부터의 수입가격 하락에서 기인하였다고 해야 할 것이다.

국내안정화 기조의 정책은 재정면에서는 오히려 반안정화 요인을 발생시키고 있기 때문이다. 재정규모의 팽창률은 물가상승률을 훨씬 앞질러 갔다. 즉,

11) 경제기획원, 1981년도판, p. 141.
12) 서구의 재정이론에서도 재정정책(fiscal policy)에는 조세와 지출이 포함된 거시적 안목에서 다루고 있다. 우리의 경우 재정정책의 기본 방향에는 늘 경비지출에만 국한함으로써 방법론에 있어 편협적이고 불균형적임을 지적한다.

28.9%를 이루고 있다. 1981년부터 중기재정계획을 시행해 적자재정을 억제하려 하였으나 이 해의 재정수지는 전년보다 더 큰 적자폭을 보였다(7,264억 원).[13] 게다가 1981년도 예산을 보면 한은 차입금이 전년보다 3배 이상 늘어나 재정적 요인에 기여하고 있다. 그것은 세입총액의 5.1%나 되며, 전년도에는 1.5%였다.[14]

조세부담률은 전년도와 비슷한 19.3%였다. 물가 자체는 해외요인으로 안정되었으나 재정면에서는 아직도 불안정요인을 불식하지 못하고 재정적자의 폐단을 노출시키고 있다. 일반행정비의 구성비는 전년도보다 증가하고 있어 근검절약정신의 투입이 아쉽기만 하다. 방위비는 규모면에서 자제하고 있어 좋았으며, 경제개발비는 사회개발비의 구성비보다 작게 나타나고 있어 전두환 정부의 사회안정 위주의 정책사고를 확인할 수 있다.

1981년에 교육세가 목적세로 도입되기도 하였다. 법인세율은 3% 인하한 22%였으며, 종합소득세율은 최저 6%에서 최고 60%로 과세하도록 하였다.

1982년도는 수출이 둔화되어 6%의 성장을 시현하였으나, 물가는 국제원자재가격의 안정으로 두 자리수에서 한 자리수인 5% 수준으로 안정되었다. 그러나 재정면에서는 당초의 7,800억 원 규모의 적자를 계획하였으나 근검절약의 개혁작업으로 500억 원의 국채발행으로 끝났다 한다. 재정수지는 전년에 비해 개선되어 1조 5,000억 원 수준으로 약화되었으며, 재정수지는 적자임에도 세계잉여가 발생해 채무상환에 충당한 것으로 발표하고 있다(1982년도, 1,423억 원).[15]

이 해에 특기할 것은 재정규모의 확장속도가 GNP 성장속도(13.3%)에 비해 불과 3% 많은 것으로 나타나(일반회계, 16.3%) 재정당국의 긴축예산에 대한 의지가 표출된 것이라고 해야 할 것이다.

1983년도의 재정운용 목표는 안정기조의 정착과 경기부양을 위한 재정투융자의 확충에 있었다. 재정긴축을 위한 정부당국의 시책은 선진국에서 이용하는 이른바 영(零)기준 예산편성(ZBB) 원리를 도입해 시행하기로 하였다.[16]

13) 경제기획원, 1982년도판, p. 96.
14) 경제기획원, 1982년도판, p. 120.
15) 경제기획원, 1984년도판, p. 88.

특히, 행정경비의 절약에 집중 긴축예산을 편성하도록 해 전년 대비 불과 8.3%의 증가에 그치도록 하였다. 또한 재정의 거시적 운용면에서도 긴축으로 일관하여 GNP 증가율 12.8%에 대해 재정지출의 확대는 불과 8.8%의 긴축이었다.

긴축의지는 재정집행면에서도 부각되고 있다. 즉, 국채발행계획액이 당초에 3,467억 원이었으나 이를 300억 원으로 축소집행하여 균형재정으로의 복귀를 이룩하였다.[17] 한편, 재정긴축 의지는 재정수지의 적자폭을 대폭 줄일 수 있었으며, 세계잉여금도 3,000억 원 규모로 확대되었다.

(2) 예산동결과 수입내지출원칙의 고수

1984년도 예산은 긴축의 긴축을 더한 예산동결로 흑자예산을 편성하였다. 이는 아웅산사태로 귀국한 후 내린 단안이기도 하다. 당시 대만이나 일본에서도 이러한 긴축예산으로 재정운용에 임하였다. 당시 예산동결의 실천책임자는 문희갑 예산실장이었는데, 어려웠던 일은 국방부 장성급을 설득시키는 일이었다 한다.[18] 그는 저성장, 저물가, 저금리하에서 나라의 살림도 더 늘리지 않는 근검절약의 정신을 실천할 것을 강조하였다.

나라살림의 재원이 모자라면 항시 한은으로부터 차입을 함으로써 이것이 인플레이션을 유발해 경제가 불안하였는데, 이런 관례를 척결하겠다는 것이 정부의 단호한 의지였다. 이는 아웅산사태라는 불운의 만회책으로 볼 수도 있다. 그리하여 1983년도 예산은 동결과 동시에 일반회계에서 흑자예산을 편성하여 재정적자를 제거하였던 것이다.

이러한 흑자로 특별회계 및 기금의 적자를 메우도록 해 통합재정수지의 개선을 도모할 수 있었다. 이러한 예산동결은 주로 경직성 경비지출인 방위비, 공

16) 윤영진(2006), p. 423.
17) 경제기획원, 1984년도판, p. 87.
18) 이필우(1983). 저자는 이를 역(逆)Wagner법칙으로 표현하였다.

무원 인건비, 지방재정교부금, 교육재정교부금 등의 증가를 억제하도록 하였다.[19)]

그러나 이러한 긴축예산의 시행은 한은 차입 대신 시중은행으로부터의 자금조달이 많아짐으로써 민간부문의 자금경색을 가져와 이른바 축출효과(crowding-out effect)를 가져왔다. 한편, 정부가 응당 대처해야 할 부문을 민간기업이 담당하도록 하는 민간의 전위효과(replacement effect)를 가져오기도 하였는데, 다름 아닌 점증적인 준조세(quosi-tax)였다.[20)] 이는 긴축재정의 비용효과로 부정적이었다.

방위비규모는 GNP의 6%를 시현하였으며, 세수는 대부분 계획치를 초과달성하여 세계잉여금에 기여하였다. 조세부담률은 9.0%로 전년도보다 감소하였다. 통합재정수지는 GNP의 0.5%로 가장 낮은 수준을 보여 주었다.

또한 이 해(1984)에 담배소비세가 신설되고, 전반적인 세제개편을 위한 민간전문가로 구성된 세제발전심의회가 설립되었다.

1985년도 재정운용의 기본 방향은, 첫째 일반회계의 긴축운용으로 통합재정수지 개선재원을 확충하여 양곡기금 · 비료계정의 적자를 보전하며, 정부분의 외채증가를 억제한다. 둘째, 기본 행정비를 최대한 절약하며, 공무원봉급 인상은 3%로 자제하고, 지출사업에는 영기준예산제도를 적용한다. 셋째, 사회간접자본의 확충과 영세민 저소득층을 위한 사회복지시설을 확대한다. 이 해에 경상GNP는 약 12% 증가한 데 대해 일반회계의 예산규모는 전년도 대비 9.9%가 증가되어 GNP 증가율을 하회하였다.

원래 예산총액의 7%를 흑자예산으로 편성하여 재정수지 적자를 메우는 데 도왔다. 조세부담률은 18.6%로 전년도와 유사하였다. 재정의 소득탄력치는 추경예산의 증액으로 좀 높은 1.24를 나타냈다.

일반회계 지출실적을 보면, 지출구성비가 가장 높은 비용은 역시 30%의 방

19) 경제기획원, 1984년도판, p. 88f.
20) 전국경제인연합회(1985), p. 15; 이철성(1986), p. 68.

위비였으며, 다음이 교육비와 경제개발비로 각각 21%였다. 그리고 사회개발비는 6.8%, 일반행정비는 10.1%, 지방재정교부금은 8.1%였다. 이렇게 볼 때 사회개발에 역점을 두겠다는 목표는 실종된 감을 받게 된다. 또한 이 밖에 이 해에는 각종 대기업 세제배려에 집중지원을 하고 있다. 각종 조세감면제도, 세액공제제도, 증자소득공제제도 등 기업세제 지원에 집중하였다.[21] 그러면서도 이 해의 재정운용상의 결론은 적자예산을 척결하여 건전재정을 확립한다는 재정의지를 표명하였다.

1986년도 재정운용의 기본 목표는, 첫째 안정기조의 유지와 아울러 경기부양을 위한 재정기능을 강조하였으며(고용 및 성장유발효과, 사회간접자본의 확충 등), 둘째 농어민 · 저소득층을 위한 재정지원, 국민생활의 기본 수요 충족(서민주택, 식수문제, 환경개선, 의료수준의 향상 등), 셋째 86 아시안게임, 88 세계올림픽을 위한 안보 · 치안, 사회안정에 전력투구, 넷째 복지투자의 확충 및 긴축예산으로 통화증발을 억제한다는 것이었다.[22]

1986년도 예산은 경상GNP 증가율(10.2%)과 유사한 10.1%의 증가율을 보였으며, 재정의 조세의존도는 95.6%로 늘어났다. 이 해의 예산도 흑자를 편성하여 총세출의 약 3.8%를 통합재정수지 적자 개선재원으로 충당하도록 하였는데, 흑자는 전년도보다 절반으로 줄었다. 총조세부담률은 국세가 16.2%, 지방세가 2.2%로 총 18.4%를 시현함으로써 전년도보다 낮았다. 이 중 방위세수는 총세수의 12.5%였으며, 교육세는 2.5%에 지나지 않았다. 일반회계 외에 정부가 특별히 꼭 해야 될 사업은 모두 특별회계라는 계정에서 관리하도록 하고 있는데, 이 규모는 일반회계보다 크며 자금관리특별회계, 기타특별회계, 기업특별회계로 나뉘고 있다. 이러한 특별회계는 수십 개(60여 개)에 달하며, 5공 정부에 들어와 점증하고 있음을 눈여겨보아야 할 것이다.

이 해의 재정부담률은 전년도의 17.0%에서 16.5%로 감소하고 있어 작은 정

21) 경제기획원, 1986년도판, p. 115f.
22) 경제기획원, 1987년도판, p. 100.

부로의 길에 들어섰다고 할 수 있다. 재정의 소득탄성치도 전년도의 1.24%에서 0.74로 크게 감소하였다.[23] 방위비의 구성비는 전년도보다 감소되어 30.7%이었으며, 교육비와 경제개발비의 그것은 20.1%로 같았다. 그러나 사회개발비는 전년도보다 감소한 6.8%로 저소득층 서민생활의 향상을 저해하고 있어 재정목표에 차질을 빚고 있는 인상을 주고 있다.

특히, 목적세인 교육세는 1986년에 종료되는데 이를 연장하여 1991년까지 시행하도록 하였다. 또한 중기재정계획에 집중하여 재정수지의 흑자를 도모하고, 향후 재정운용의 기본 방향은 수입내지출원칙을 견지하기로 하였다.

1987년은 정치경제적으로 의미 있는 해였다. 무엇보다도 이 해는 5공의 말년이 되는 해이며, 그간의 안정기조정책으로 안정성장을 실현해 가장 높은 12.6%의 경제성장을 이룩하였다. 또한 제6차 경제사회발전 5개년계획이 시작되는 해이기도 하였다. 그간의 안정적 성장의 지속화는 개인소득 2,000달러시대를 열었으나, 소득계층의 불균형, 도농 간의 불균형, 기업 간의 불균등 등 사회적 불균형의 시정이 대두되었다. 뿐만 아니라 중산층의 형성으로 정부에 대한 민간의 공공욕구도 도처에서 활발히 일어나 한국 사회에도 민의의 표출이 가능한 시대로 이행하고 있었다고 본다.

이러한 경제사회를 배경으로 하여 1987년도의 예산편성의 목적은, 첫째 농어촌, 국민복지 향상 등 사회복지시설의 강화, 둘째 개방화에 따른 산업의 국제경쟁력 강화 지원, 셋째 올림픽 관련사업의 추진완료, 안보상황에 대처 강화 등 사회안정에 치중, 넷째 국민의 공공욕구를 수용 충족하기로 하고 균형예산 기조를 강화 재정운용의 효율화를 기하는 데 두었다.

이러한 재정의지는 해마다 제시되는 재정목적이었다.[24] 그러나 다른 점이 있다면 민간의 공공욕구 배려 충족이었다. 이제 한국에도 납세자와 정부 사이에는 공공선택적인 관계가 성립 재정교환이 시작된다고 볼 수 있다.

23) 경제기획원, 1987년도판, p. 109.
24) 경제기획원, 1988년도판, p. 86.

1987년도 추경예산은 16.4%가 증가되어 당시 GNP 증가율 12.3%를 상회하였다. 그러나 긴축예산으로 일관하여 세계잉여금은 2조 2,900억 원으로 이월금을 제하고도 순잉여금 1,800억 원을 시현해 재정수지 개선에 크게 기여한 바 있다. 총조세부담률은 19.0%이었으며, 부가세수는 소득세수의 배가 되었고, 담배소비세수는 전부 지방세수입으로 이전하기로 하였다. 사회개발비는 전년도보다 약간 상회한 8.2%의 구성비를 보였으며, 교육 및 경제개발비 구성비는 전년도 수준을 유지하였다.[25)]

특히, 지방재정교부금이 내국세의 13.27%의 법정교부금을 이 해부터 17.4%로 상향조정하여 민간의 공공욕구, 즉 자치욕구의 충족에 기여하였다. 민간의 자치욕구는 지방의회를 구성하여 자치단체장 및 의원을 선출하도록 하였다. 이는 지방자치제의 실시였으며 정치 · 사회적인 분권화를 촉진시키는 민주주의 발전으로 볼 수도 있다. 또한 재정투융자특별회계를 신설하여 재정지출의 효율성을 강화하였으며, 국민연금기금을 신설해 공공자금의 수익성을 배려하였다.[26)]

5 자선적 독재하 재정행태의 귀결과 그 직관적 해설

(1) 안정기조 채택의 불가피성

전두환 대통령의 집권기간에 행한 시정연설문을 보면 3공의 박정희시대와 같이 경제개발이 최우선이었다. 다른 것이 있다면 물가안정을 중심으로 한 경

25) 개도국의 소비세는 세수면에서 유망주이나 저소득층의 세부담을 주는 불공평한 세금임을 논의한다. Pil-Woo Rhee(1999a), p. 174f(이 논문은 *The Korean Economic Review*, The Korean Economic Association. Vol. 12, 1966, pp. 51~85에 실렸던 것이다).
26) 이는 공공자금을 주식에 투자하여 손해를 볼 수도 있어 민간자산권의 침해라고 비난하고 있다.

제안정정책이었다. 시정연설에 있어 경제안정에 집중하는 경제개발의 어휘빈도는 전체 빈도의 34%를 점유하고 있어 동 정권은 안정을 위한 정부였다고 평가할 수 있다.[27)]

그리하여 1985년에는 소비자물가를 2.1%로 실현해 사회 · 경제의 안정을 되찾았는데, 이는 전 대통령 자신이 5공의 자랑이며 한국의 경제사상 처음 있는 일을 성취하였다고 자화자찬하기도 하였다. 1980년의 물가상승률을 보면 미국이 13.5%, 영국이 18.0%, 이탈리아가 21.3%이었고, 한국은 28.7%에 달하였다.

이러한 안정기조의 채택은 정치적 · 경제적 · 사회문화적으로 그 이유가 있었다. 그것은 우연이 아니며, 안정이라는 정책노선의 채택이 정치 · 사회 · 경제적으로 필연의 산물이었음을 인식해야 할 것이다.

첫째, 5공의 정통성은 당시 12.12사태로 인하여 정치적으로 회의적인 사회분위기를 조성하였다. 국민은 과도기적 사회혼란에도 새로운 민주주의가 시작될 것을 기대하였으나, 5.17비상계엄의 선포와 더불어 3김(김영삼, 김대중, 김종필)의 억압과 정치적 제거조치가 내려져 12.12사태의 정당화를 통해 권력을 잡을 수 있었다. 그러나 국민은 이를 좌시하지 않고 급기야 5.18광주민주화운동이 전개됨으로써 정규군과 일반시민의 유혈충돌이 일어나 정치는 불안의 극을 맞았다. 이에 맞서 전두환은 국보위를 창설하여 예비역으로 전역하는 동시에 통일주체국민회의에서 단독 입후보하여 11대 대통령으로 취임하였다.

그 후 1981년에는 신헌법에 따른 선거인단을 구성 다시 12대 대통령으로 당선됨으로써 정치권력의 장악에 종지부를 찍었다. 이러한 5공의 정치적 성립과정은 엄청난 소요 끝에 탄생하였으며, 따라서 그 정통성을 인정받기에는 국민의 지지기반이 너무나 약하였다. 대통령으로 당선하여 권력을 잡은 당사자로서는 사실상 정통성의 결여로 내면적으로 극도의 불안감에 휩싸였을 것이다.

이러한 정치적 사태에서 정치지도자로서 해야 할 과제는 정치 · 사회의 안정이었다. 정통성의 결여를 국민으로부터 보상받기 위해서는 무엇인가 국민이

27) 신승우(2004), p. 125f.

바라는 욕구를 충족시켜 주는 방법만이 남게 되는 것이다. 그 국민적 보상을 전두환 대통령은 분명 정치 · 사회의 안정으로 대체하였다고 볼 수 있다. 안정, 그에게 있어 이 단어는 5공의 생명력으로 인식되었으며, 다스림의 목표는 곧 안정이었다.[28)]

둘째, 한국의 경제발전정책에 있어서도 당시에는 안정이 요구되었다. 박정권 말기에 경제기획원 장관으로 신현확이 취임하였다. 그는 이승만정권하에서 요직을 맡았으며, 장면정권시에 부흥부 장관을 지냈다. 당시 그는 경제개발계획을 입안하였으나 추진은 여의치 않았다. 그 후 군사정권은 경제개발계획 입안시 이를 많이 참조하였다고 한다.[29)] 당시 중화학공업을 중심으로 고도성장에 열중한 박정희 대통령은 물가상승과 투기성향을 진작하자면 안정정책이 우선해야 됨을 신 장관은 주장하였다.

전두환 대통령은 취임 후 경제학 가정교사였던 김재익 비서관으로부터 역시 안정 위주의 경제정책을 권장받아 이를 수용하였다. 그간 박정희정권은 고도성장에 성공적이었지만 그 부작용도 컸다. 그 중 물가상승은 경제의 흐름을 불안하게 만들어 시장의 건전한 거래를 저해하였으며 서민생활은 위축될 수밖에 없었다.

대체로 국민의 일반적인 욕구는 경제생활의 안정에 있었다. 정치의 목적도 온 국민의 경제생활을 윤택하게 하여 다양한 편익을 주는 데 있다. 국민의 경제적 욕구는 상승하는 물가의 억제와 사회복지의 증진에 있었다고 판단한 결과 정부의 경제정책은 안정에 두는 것이 최적의 선택이었다. 이러한 경제안정이 이룩되면 정치적 정통성을 보상받을 수 있으며, 그로 인한 불안도 제거할 수 있음을 간파하였다고 볼 수 있는 것이다.

정책목표로서의 경제안정은 정치적 정통성의 결여를 보상받을 수 있으며, 그간의 야기된 사회의 불안도 진정될 수 있어 어찌 보면 5공으로서는 만병통치

28) 신승우(2004), p. 138.
29) 이필우(1996), p. 202. 저자는 경제발전의 가설적 진화설을 주장하면서 장면 집권 당시 부흥부의 개발계획의 의미를 중시하고 있다.

약으로 역할을 할 수 있음을 간파하였던 전두환 대통령의 현명한 사회적 · 정치적 직관이었음을 인식해야 할 것이다. 이러한 판단은 정치적 사실에 대한 논리적 판단이라기보다 정치적 보상으로서의 선을 실천하겠다는 윤리적 판단(ethical judgment), 즉 안정을 실현하지 않으면 안 된다는 비장한 결의가 선행되었음을 인식해야 할 것이다.[30)]

(2) 아웅산의 분노와 재정성취능력

1983년 10월 9일 버마 아웅산사태로 귀한 경제자문 엘리트들(김재익, 서석준, 서상철 등)을 잃고 귀국한 전 대통령의 비통한 심정은 어떠하였을까? 그 분노를 만회할 수 있는 길은 무엇이었던가? 그 귀한은 경제관료의 희생이 국가적으로도 큰 손실이었지만 그 희생과 손실의 책임은 도의적으로 대통령에게 귀착되는 것을 무엇으로 보상한단 말인가?

그것은 대통령으로서의 직분에 최선을 다해 이 나라 발전에 보탬이 되는 길밖에 없음을 절감하였던 것이 대통령의 솔직한 심정이었을 것이다. 따라서 아웅산의 분노를 사그러뜨리는 수단은, 그리고 희생된 귀한 경제관료의 혼을 달래고 위안을 들이는 길은 오로지 나라발전에, 아니 현재 그들이 추진하려 하였던 안정정책을 여과 없이 최대효과를 기하는 길밖에 없음을 깊이 각성하였다고 추정한다. 아웅산 분노의 해소책의 출구는 무력으로 보복할 수도 없었으며, 좌절을 초월한 격퇴심으로 대응할 수도 있었겠지만 보다 실용적이고 유용한 출구는 극기적인 자기노력밖에 없었다고 본다.

그러한 자기노력은 민생의 안정에 집중, 재정면에서 긴축의 극기적 지도자적 상징으로서 예산동결이라는 재정사상 없었던 초유의 긴축재정을 결행하기로 하였다. 물론 이런 긴축예산의 의지는 이미 김재익 전비서관에서 비롯되어

30) Herbert Simon(1976), p. 50. 전두환 대통령의 경우 정치적으로 윤리적인 요소가 강하지만 물가안정이라는 사실의 선(善)과 결합된 정책가치로 인식해야 한다.

그 후 사공일 비서관이 이어받아 이를 실천으로 이행하였지만, 당시 문희갑 예산실장의 흑자예산을 동반하는 예산동결의 의지는 대단한 것이었다.

이러한 예산동결은 아웅산의 분노에 대한 출구로 보아야 하며, 이는 재정사상 초유의 흑자재정을 가져온 가히 혁명적인 재정운용이었다고 할 수 있다. 새해 예산규모를 전년도 예산규모(10조 4,000억 원)로 하였음에도 경직성 경비를 억제하여 흑자예산을 실천하였음은 재정운용의 커다란 성취였다고 볼 수 있다.[31)]

시기적으로 보아서도 아웅산사태가 1983년 10월 9일에 발생하였는데, 귀국 후 동년 10월 24일에 동결예산안의 국회제시가 있었다. 이 밖에도 특별회계 예산과 기금의 수도 과감하게 줄여 나갔다. 조세부담률도 1983년에는 18.6%에서 1987년에는 17.5%로 오히려 낮아졌다.[32)]

골이 깊을수록 산봉우리는 더욱 높다는 속어는, 바로 실패와 좌절에 처한 낭인의 꿈과 희망이 높은 산과 같아 결국 자기극복을 위한 노력은 좌절감을 성취의욕으로 바꾸는 꿈의 실현으로 귀의한다는 것이다. 즉, 5공 정부의 경제안정의 성공은 외부적 변수의 호조로만 설명하는 것은 지나친 편견이며, 이는 역시 5공의 아웅산이라는 좌절이 있기에 그 재정적 성취가 가능하였다고 풀이하는 것이 올바른 재정행태의 탐구라고 할 수 있다. 이러한 해설은 니체의 '권력에의 의지'(Der Wille zur Macht)에서 처절할수록 화살의 힘은 크다는 명제와도 일치하는 것이다.[33)]

(3) 재정변수의 진화와 신세대 재정 엘리트

1980년대는 행정관료의 세대 간 교체(generation shift)가 확대되었는데, 해외 특히 미국으로부터 많은 유학생이 학업을 마치고 귀국하여 행정부의 전체적인 분위기도 서구풍이 감돌아 3공과는 다른 양상을 보였다. 그것은 세월의 흐름에

31) 이필우(1993), p. 24.
32) 박영희(2002), p. 20.
33) Friedrich Nietzche(1968), pp. 366~381.

서 오는 필연으로 받아들일 수밖에 없었다. 따라서 세대교체는 행·재정의 행태에서도 보다 합리적이고 효율이 중시되는 가치가 지배됨으로써, 재정변수의 합리적 진화도 배제할 수 없었다고 보아야 할 것이다.[34)]

재정의 주요 변수는 여러 요인에 의해 변화를 가져오며 한 사회의 어떤 시점의 연속상에서 발생하는데, 특히 그것은 제도환경적·사회심리적인 요인에 의해 규제되며 재정변수의 현실적합성과 재정관료의 정책의지에 의존한다고 볼 수 있다.

국채, 재정적자, 재정수지, 특별회계와 기금, 방위비, 사회개발비, 교육비, 자치단체교부금 등 다양한 재정변수는 그 사회의 구성원인 납세자들의 공공욕구와 직결되고 있다 하겠다. 그러나 이러한 공공욕구도 정책의지 내지 재정력이 결여될 경우 충족되지 못함으로써 나라살림의 어려움을 가져올 수도 있다.[35)]

제5공화국 집권기에 몇 가지 재정변수는 획기적이었다.

첫째, 재정수지의 GDP 비율은 19%로 낮았으며, 국채의 GDP 비율도 가장 저율인 0.1%이었다. 그리고 특별회계도 17개로 감소하였으며, 기금의 수도 1961년도의 3개에서 1980년대에는 45개로 늘어났다. 한편, 재정흑자는 1984년에 동결예산으로 실현하였다.[36)] 세출면에서는 지방자치의 공공욕구에 대해 재정은 자치단체의 의회비용을 보장하기 위해 자치단체교부금을 내국세의 13.27%에서 17.4%로 늘려 주어 재정민주주의의 길을 열어 주었다.

둘째, 방위비의 구성비는 비교적 높은 30% 수준으로 남북대치에 임하였으며, 특히 교육비는 총세출(일반회계)의 20% 수준을 유지하여 국력의 원동력인 교육에 집중하였음을 엿볼 수 있다. 이는 당시 경제개발비의 17% 수준을 능가하는 것이었다. 다만 사회개발비의 비중이 낮은 6~8%였음은 빈부격차와 지역 간 격

34) D. Ross(2005), pp. 19, 295; H. A. Simon(1976), p. 73f. 자기가치로의 '영원한 회귀'(ewige Wiederkehr)는 큰 성취를 가져온다. J. J. Winchester(1994), pp. 21, 53; ...... the eternal return is not far to seek: "Courage to carry that thought ...... all previouse values are devalued."(Will to Power as a Standard of Evaluation).

35) 정부실패(government failure)는 폐쇄적 행태체계에서 발생할 수 있다(J. Buchanan, 1972, p. 13f).

36) 박영희(2002), pp. 39, 134.

차를 심화시켰다고 볼 수 있다.[37)]

셋째, 1983년도에는 중기재정계획을 제도화하는 작업이 시도되었다. 과거 예산운용의 관습적인 폐단은 예산을 짜놓고 2~3개월이 지나 새로운 재정수요가 발생하였다는 이유로 추가경정예산안을 통과시켰다. 추경을 제일 많이 편성 시행한 정부는 이승만 집권기였다. 추경의 재정적 피해는 국채발행의 증가와 납세자들의 추가부담이었다.

이러한 추경은 재정악적 효과(재정의 부정적 외부성)를 초래하므로 이를 억제하는 제도가 바로 중기재정계획이었다. 2, 3년을 미리 예측하여 중기, 장기의 나라살림 목표를 정하고, 그에 합당한 예산을 편성해서 운용함으로써 그 결과 추경의 빈도도 자연 줄어들 것이기 때문이었다.

이런 면에서 5공의 중기재정계획은 혁신적인 재정운용방식이었다. 따라서 5공에 들어서서는 추경은 1983년도, 1984년도 그리고 1985년도에 있어 비교적 빈도가 줄어들었다. 이는 재정운용의 안정화에 일조가 된 '재정선'(財政善)으로 평가할 수 있다.

(4) 권위주의적 통치와 비자금의 재정적 후과(後果)

전두환 집권기에 경제안정과 성장은 비교적 긍정적인 평가를 받을 수 있겠지만 그의 통치스타일은 권위주의적이고 독재성을 유포시켜 많은 저항을 받았다. 특히, 재정부문에서는 흑자예산과 예산동결이 재정사(財政史)상 기록되어야 할 재정선임에도 불구하고, 이러한 선이 실제로는 독재와 권위라는 비민주주의적이고 비인간적인 정치풍토 속에서 시행되었음은 하나의 위선적인 부산물로 보아야 하지 않을까? 전 대통령의 당시 통치유형은 3공의 박정희 대통령의 그것을 모방·추종하였다고 보아야 할 것이다.

우선 개정된 헌법에 7년 단임제를 장점으로 내세우나, 국민은 선거위원단

37) 박영희(2002), p. 106.

에 의한 대통령 선출은 국민에 의한 대통령이 아니므로 국민이 투표하는 직접선거를 원하며, 학생들은 중세 공동체적 지배에 반대한다는 시위가 점증하였다.

그뿐이랴? 대재벌기업에 대한 정치적 관리는 비자금을 통해 이루어져 박정희 대통령의 수법을 역시 그대로 모방하였다. 즉, 정경유착의 사슬은 군사정권의 젖줄 역할을 담당하였던 것이다. 당시 비자금의 제공이 부진하였던 국제그룹이 제거된 것은 정경유착의 전형적 사례이었다.

우선 권위주의의 장단점에 대하여 살펴보자. 전근대사회에서는 백성은 무조건적인 왕에 대한 충성심이 표출되었으며, 왕은 위력적인 힘(권력)을 지니고 있어 누구나 그에게 순종과 충성을 받쳐야만 하였다. 마치 그 충성은 칸트(Kant)의 의무적인 정언명령(定言命令, deontological, categorical imperative)의 범주에 속하는 개념이라고도 할 수 있다.[38] 중세 공동체적 지배는 바로 이러한 권위적인 절대성을 충정의 대상으로 간주하였으며, 개도국 사회의 지배자 특히 군사정권은 권위주의로 무장하였다. 그것은 하나의 전통이기도 하였다. 전통사회에 있어 이러한 군주 또는 정권 지배자에 대한 무조건적 충성은 효율면에서 유리하다고 센(A. Sen)은 주장하면서 일본의 경우를 상찬하고 있다.[39]

한국의 관료층은 대체로 해외에서 유학하고 서구 문화에 익숙하면서도 이러한 전통사회의 도의적 규범을 하나의 덕(德)으로 인식하고 체화(體化)하여 순종하는 풍토였으며, 특히 장군 출신인 전두환 대통령은 권위적 통치에 역점을 두었다. 군신 간에 충(忠)을 중시하는 유교문화의 전통은 한국 사회 밑바닥에 깔려 있는 하나의 사회문화적 기층(基層)을 이루고 있기 때문이었다.[40]

그러나 권위주의의 단점은 특히 정책결정에 있어 비합리적일 수도 있다. 후기산업사회의 새 시대에는 이러한 권위(authority)가 제거되고 있으며, 권위 대신 규칙(rule)과 질서가 공동체적 사회의 질서로 자리잡고 있다 하겠다. 그러니까 특정인의 권위보다 중요한 것은 사회조직의 규칙이라는 것이다.

38) J. Rachels(2007), p. 121.
39) A. Sen(1988), p. 18.
40) 이필우(2001), p. 176.

그래서 정경유착도 이러한 권위주의적 통치와 무관하지 않으며, 특히 정치적 지지폭을 확대하자면 돈과 직결된 정치자금이 필요하였다. 이러한 정치자금은 유수 재벌기업으로부터 수수할 수밖에 없는데, 문제는 이러한 정치자금이 비자금으로 공급될 때 출자한 기업은 상당한 정부의 정책적인 혜택을 반대급부로 받을 수 있는 것이었다.

예로서 세제면에서 특혜를 줄 수 있으며, 금융면에서 저렴한 이자로 산업금융으로 대부받아 이를 남길 수도 있는 것이었다. 특히, 그 재정적 후과는 우선 비자금 공급의 기업에게 주는 세금배려를 들 수 있다. 세제혜택으로, 즉 싼 세금으로 이를 챙기지만 그것으로 인한 세수차질은 다른 납세자들에게 추가적인 세부담을 강요할 수도 있어 조세정의에 어긋나는 세제운용이 될 것이다. 또한 세금 대신 상당한 액의 정부보조금을 줄 수도 있다. 이는 조세지출(tax expenditure)로 비난되고 있어 국회에 보고를 하도록 되어 있다. 이 역시 세부담의 추가적 증가 또는 국공채 발행의 증가로 나타날 것임을 인식해야 할 것이다.

한편, 이러한 부당한 세부담이 세제운용상 곤란한 경우, 정부는 비자금으로 인한 세수차질을 준조세 또는 잡부금의 이름으로 충당할 수도 있다. 이를 흔히 '숨은 경비'라고도 한다.[41]

국공채 발행은 최근 선진국 재정운용의 관행이 되고 있다. GDP 대비 국공채 발행액은 60~70%가 보통이다. 이에 비해 한국은 불과 30% 수준으로 국제비교상 아직 위험하지 않다는 판단인 것 같다. 그러나 이는 스미스(A. Smith) 이래 나라살림의 정도(正道)는 수지균형을 이루는 것으로 제시되었는데, 케인즈(Keyens) 이래로 이러한 재정의 정도는 사라진 것 같다. 즉, 수입내지출원칙(收入內支出原則)이라기보다 요즘에는 양출제입(量出制入)의 원리를 더 선호하는 경향이 있다.

국채발행은 조세지불이 다음 세대로 이어져 도의적으로 세부담의 증가를 차세대에 준다고 비난하고 있지만 실은 반드시 그렇다는 것은 아니다. 즉, 납세

41) 이철성(1986), p. 243. 잡부금의 징수는 조세법률주의에 위배됨을 지적하고 있다.

자는 세금부담 없이 추가적인 공공재를 소비할 수 있어 그것이야말로 정부의 선물인 셈이다.

그러면 정부는 국채를 차세대에 세금을 더 걷어 부채상환을 해야 하는데, 이럴 경우 차세대 납세자들의 지지도 하락을 막기 위해 빚의 빚을 갚는다고 다시 국공채를 발행할 수도 있다. 그 결과 재정적자는 폭증하게 되어 선진국의 국채발행 비중이 높을 수밖에 없는 것이다.[42)]

그러나 거액의 국공채 발행은 민간부문의 은행이나 보험회사에서 인수함으로써 민간부문의 자금규모는 감소되는 축출효과(crowding-out effect)를 가져와 이자율이 올라갈 것이고, 투자도 감소하여 불경기를 가져올 것이다. 한편, 국공채수입으로 사회간접자본 확대에 쓴다면 기업의 수주는 투자를 증대할 수 있어 좋지만, 사회개발이나 교육과 같은 복지국가적 지출은 물가상승과 기업투자에 비자극적일 것이다.

아무튼 오늘날 정부나 가계나 간에 빚더미 위의 사상누각과 같은 생활이 언제 어떻게 붕괴될지 미지의 살림을 하고 있어 불안할 뿐이다. 그런데 재정관리는 빈 틈 없이 재정관료의 충심으로 봉사한 결과 긴축과 안정에 성공하였는지 몰라도, 문민정부 시절(김영삼) 전 대통령은 비자금으로 인해 강원도 산사에서 은거하였으며 감옥살이까지 하는 역적의 신세가 되었음은 정치가의 이중적이며 이율배반적인 심성에 놀라지 않을 수 없다.

전두환 대통령의 의로운 정치적 충복은 주지하는 바와 같이 장세동이었다. 또한 전두환 정부의 초기에는 외신에서까지 성공적이고 혁신적인 경제정책의 찬사로 일관하였다. 그러나 문민정부시대에 와서 비자금으로 인해 철창신세를 면치 못하였다. 이 정권의 지배에는 긍정적인 일면과 부정적인 일면이 있었음을 시인하면서 제5공의 평가에 임해야 할 것이다.[43)]

42) B. Bonner and A. Wiggin(2006), p. 191.
43) J. Martin(1984); 경향신문사(1984), pp. 242~247.

제5장

‘보통사람’(가치부재)시대의 재정행태 (노태우, 1988~1992)

1 들어가는 말

다음에서는 제6공의 재정행태에 대해 알아보자. 1987년 6.29선언으로 한국에도 직선을 통한 민주주의의 길에 한 발자국 나아갈 수 있었다. 여러 면에서 6공은 5공과 다른 점이 한둘이 아니었다. 비록 노태우 대통령이 5공 탄생의 주역 중 한 명이었지만 정치 · 사회적으로 5공과는 판이하게 다른 측면이 전개되었기 때문이었다. 즉, 대내외 정치 · 경제적 환경의 변화이었다.

우선 정치적으로는 다음과 같은 상황이 전개되었다. 첫째, 6공의 대통령선거는 국민이 참여하는 직선제였으며, 둘째 1988년 4.26총선 결과 집권당인 민정당은 과반수에 미달한 125석 확보에 그치고, 3야당(평민, 민주, 공화)은 총의석 299석에서 166석을 득표하여 여소야대(與小野大)의 정국이 성립되었다. 따라서 국회의 야당은 행정부의 정책에 견제를 가할 수 있는 힘이 실려 있었다.

경제적으로는 시장의 자율적 기능의 확대와 아울러 이러한 과정에서 정경유착의 활성화 경향을 보였다. 셋째, 88올림픽은 5공 때부터 준비해 왔으나 실제로 그 시행은 6공에서 담당하도록 되어 있어 그 실천적 행정력과 영광은 6공에게 주어진 영광이었다. 넷째, 1990년에는 남북한이 UN에 동시에 가입함으로써 적대적인 남북관계에서 남북친화적인 관계로 전환되었으며 동구 공산권과의 외교도 활발하였다.

그러나 이러한 정치 · 사회적 배경하에 6공이 치루어야 할 과제는 다양하였다. 수입증가로 인한 무역적자의 발생, 노사분규의 확산, 근로의욕의 감퇴, 문익환 목사 등 밀입국사건, 생산성 하락, 국회비리사건, 대학가두시위 확산, 부동산투기의 확산 등 정치 · 경제 · 사회 · 문화적으로 혼란의 연속이었다. 이에 대처할 수 있는 통치자의 힘은 거의 전무한 것으로 나타났다.

언필층 대통령 자신은 권위의식을 배제한 '보통사람'이라고 자칭하였으나,

이에 대한 민간의 반응은 사회적 불신이 팽배하여 사회기강은 추락하였다. 따라서 통치자의 국가통치철학이 부재한 상태에서 사회기강은 추락하고 사회 혼란상만이 지속된 기간으로 볼 수 있다.[1)]

이러한 사회적 배경하에서 지도자 노태우 대통령은 재정운용의 특정한 가치나 의지 또한 결여되어 있었으며 그 결과 재무행정 관료에게 일임시키는 임의적인 재무행정의 틀은 확산되었다. 무사안일(無事安逸)의 가치부재가 가져오는 부작용도 늘어나고 있음을 볼 수 있는 것이었다.

2 '보통사람' 노태우 대통령의 시대적 가치(1988~1992)

6공의 시대적 배경은 5공 때와는 판이하게 다른 양상을 보였다. 우선 대통령직선제 개헌으로 민주의식이 강화되었으며, 각 사회집단의 요구도 더 강화되는 시기로 전환하였다. 이에 따라 경제도 자유시장질서를 선호하였다.

한편, 북방외교도 활성화되면서 중국 및 러시아와 수교를 맺고 동구권과의 외교관계도 촉진되어 5공이나 3공에서 볼 수 없었던 새로운 국제환경에 처해 있었다. 이러한 정치 · 사회적 환경의 변화에 대해 어떻게 대처해야 할 것인가는 쉽지 않았으며, 구질서와는 전혀 다른 정치적 가치에 노태우정권은 집권 초부터 암초에 걸려 갈등을 겪어야 하였다.[2)]

노태우 대통령은 집권하자마자 사실상 이렇게 급변하는 정치환경에 대처할 수 있는 통치철학을 구체화하여 제시할 수 없었다. 그는 이러한 통치철학을 대신해 '보통사람'이라는 해학적 표현을 제시하였다고 본다. 그것은 권위의식을 배제한 소시민의 의식과 다를 게 없으며, 이는 정권 통치자로서 권위적인 독

1) 신승우(2004), p. 142.
2) 정정길(1994), p. 180.

재로 일관하였던 5공이나 3공과는 다르다는 입장을 보여 주는 것이었다.

그러나 '보통사람'의 통치철학은 정책결정을 하부관료에게 일임시키는 것이었지만, 통치자로서 최소한의 책임인 최종적인 점검과 법의 선포조차 노태우 대통령은 부진함을 보였다. 미래에 대한 비전(vision)이 결여된 가치부재의 시대로서 이 시기는 기업으로부터는 오락가락 하는 말에 시장질서의 향방이 묘연해졌으며, 복지정책의 강화는 자유시장거래에 해가 되었고, 정권은 재벌과 결탁한 정경유착이 능사가 되어 농어민 보호 · 육성정책은 실종되었다고 비판을 받았다.[3)]

일국의 대통령 자질은 적어도 미래지향적인 비전과 통치철학이 있어야 하는데, 노태우 대통령의 경우 이러한 통치철학은 적어도 최초에는 결여되어 있었다. 그러한 결여는 '보통사람'이라는 표현으로 대체되었고, 이는 권위주의 포기에 대해서는 좋게 받아들일 수 있지만 통치자로서의 정치 · 경제를 어떻게 관리하겠다는 소신이 없어 정치 · 사회의 기강에는 혼란상만을 초래하였다.

1987년 12월에 총선을 통해 노태우 후보가 대통령으로 추대되면서 온 국민의 여망인 민주정치의 실현을 기대하였지만, 이듬해인 1988년 4월의 국회의원 선거결과 여소야대의 파국적인 정국으로 몰아갔다. 집권당은 이러한 정국의 혼란상을 극복하기 위해 민정, 민주, 공화의 합당을 실현한다. 3당 합당은 정치합의에 유리하였지만 집권당의 힘은 약화될 수밖에 없었다. 3당 통합으로 생긴 민자당으로 거여(巨與)의 실세를 보였으나 6공 말년에 김대중을 앞세운 민주당이 총선에서 다시 거여를 압도하여 여소야대의 정국이 전개되었다.

이렇듯 6공의 정치국면은 불안하였으며, 때로는 집권당이 야당의 손에 놀아나지 않을 수 없었다. 그래도 6공이 당시 한 일이 있다면 그것은 외치(外治)로 동구권과의 외교관계를 확장한 것이다.

어쨌든 내치(內治)만 보면, 초기에는 좋게 표현하여 자유방임적인 입장이

3) 김충남(1992). 통치철학은 통치이념까지도 포용하는 개념으로 쓰이고 있다. 이념이란 용어는 체제에 대한 가치 개념으로만 사용하고자 한다.

고, 부정적으로 이야기하자면 무사안일하고 소신 없는, 즉 통치철학이 부족한 보통사람의 소극적인 태도를 보였다고 할 수 있다. 그러나 집권 후기인 1990년에 들어서자 노 대통령은 태도를 바꾸어 그간에 무너져 가고 있는 국민경제를 바로잡으려는 적극적인 경제정책에 역점을 두었다.[4)]

민주주의, 자율적 시장질서, 복지정책의 전개, 개방성, 북방외교의 다원화, 통일과 번영, 보통사람의 위대한 시대를 열어 가겠다는 노 대통령의 대내외 정책의지는 큰 것으로 비추어졌다. 그러나 이러한 큰 목표를 실현하자면 확고하고 철저한 자기가치 내지는 통치철학이 그 수단으로 제시되어야 하였으나 여기에는 못 미쳤던 것이다.

이러한 노 대통령의 가치부재적 통치가 어디에서 연유하였는가를 알아보자. 그것은 두 말할 것도 없이 그가 처한 국내외 환경에 있었다고 본다. 대내적으로는 5공에서 경제안정에 치중하였던 정책을 환치한 복지분야의 구체화 요구가 있었다. 이는 이미 5공시절에 제기된(당시 KDI 박종기 박사) 복지제도로, 당시만 하더라도 소극적으로 다루었으나 의료보험제도의 다극화가 요청되었다. 당시의 사회 · 경제문제는 다양한 양상을 보였다. 즉, 도농 간의 지역격차문제, 빈부격차, 학생들의 대규모 시위의 난발, 이익단체를 중심으로 하는 집단이기주의 대두, 부동산투기의 확산, 노사갈등의 증대, 물가의 등귀현상, 국제수지의 악화 등 5공에서 볼 수 없었던 사회 · 경제문제로 혼란한 상태였다.

노 대통령은 5공 정권의 최고공로자로, 전두환 대통령과 같이 육사를 나와 일생을 군에 몸담고 있었던 군인 출신으로 사회 · 경제의 통치기법에 문외한이었다. 게다가 그는 전두환 대통령처럼 가정교사를 두고 열심히 공부도 하지 않고 통치 비전이 없이 무사안일을 택하였던 것이다. 있었다면 민주주의와 자유시장경제의 질서였으며, 이는 내버려 두어도 잘 굴러 갈 것으로 생각하였다. 이러한 가치가 자유방임으로 성공할 수는 없는 것이며, 이에 적합한 인위적인 정

4) 정정길(1994), p. 189; 신승우(2004). 저자는 대통령의 시정연설의 빈도를 기준으로 한 내용분석을 시도하고 있으나(p. 149) 말의 의미나 중요성을 단순한 수적 개념으로 표현함은 수적인 오류(numerical fallacy)를 범하고 있음을 지적한다.

책전략이 있어야 함에도 노 대통령은 내치를 거의 방치하였다. 이러한 통치철학의 부재를 보통사람이라는 해학적 표현으로 보상받고자 하였다고 볼 수도 있는 것이다.

한 마디로 이제는 성장이나 안정보다도 계층 간의 형평이 중시되는 시대가 온 것이었다. 그러나 노 대통령은 이러한 내치 중심에는 큰 신경을 쓰지 않고 외치에만 신경을 쓰는 외치 중심의 외교(북방외교)에 치중한 인상을 주었다. 내치행정에 일일이 점검과 시정을 요하였음에도 이에 실패하고 있다. 그것이 보통사람의 통치철학이었다.

그러나 5공과 달랐던 점이 있었다면 그것은 앞에서 본 바와 같이 복지정책의 강화와 자유민주주의 이념의 실천이었다고 볼 수 있다. 즉, 5공에서는 경제안정을 위시한 안정적 성장인 경제제일주의였으며, 복지정책으로서 의료보험제도를 도입하는 데 그쳤다. 그렇지만 6공에서는 복지정책도 포함해서 도농 간의 격차, 빈부격차를 제거할 수 있는 형평(equity)제일주의 가치가 대두되었으며, 밖으로는 외교의 다원화와 개방성을 표방하였다.

특히, 노 대통령의 시정연설에 그 비중이 높았던 분야는 정치 · 외교였다고 본다.[5] 또한 지방분권화의 목소리는 지방자치의 실현을 촉구하였고, 3공이나 5공 때 볼 수 없었던 정치적 욕구가 등장하여 통치의 구심점이 약화되어 혼돈과 정치적 갈등만을 누적시켰던 것이다.

그러나 노정권 말기에는 그때까지의 통치노선에서 시각을 바꾸어 보다 강한 정책관리에 역점을 두었다. 즉, 후반기에 들어서자 물가가 오르고, 국제수지도 1990년에는 20억 달러의 경상수지 적자가 발생하자 국민들의 경제위기의식이 확산되는 분위기에 있었다. 그리하여 1991년부터 노태우 대통령은 모든 경제정책을 행정관료에 일임시켰던 데에서 이를 직접 관리하는 체제로 전환한 바 있다. 형평을 명분으로 경제의 안정적 성장을 거의 포기하였던 6공 초기의 정책

5) 그러나 시정연설의 빈도면에서 가장 높았던 분야는 경제개발이었다. 중시되었던 분야는 정치 · 외교였음을 시인할 때 수적인 분석의 오류를 발견하게 된다. 그런 오류의 사례는 신승우(2004), p. 151 참조.

가치를 이제는 포기하고 과거처럼 경제의 안정과 성장을 도모하지 않을 수 없게 되었던 것이다.[6)]

3 재정경제관료의 행태적 위치와 정책가치

6공 경제관료의 행태적 배경은 나라살림에도 막중한 영향력을 지니고 있었다. 5공 때 경제관료들은 위에서 시달되는 지침에 무조건 순종적으로 집행하면 직분을 다한 것으로 생각되었다. 그러나 6공에서 행정관료의 몫은 그것과 달랐는데, 특히 경제정책의 관리를 행정관료에 일임시켰기에 이제는 행정관료의 자율적이고 능동적인 계획과 능률적인 집행이 요구되었기 때문이었다.

사실상 6공의 경제정책 책임자는 경제기획원 장관과 경제수석비서였다고 할 수 있다. 5공에서는 계획과 집행을 하부 행정관료에게 일임하였지만, 수시로 점검과 선포에 이르기까지 대통령이 신경을 썼던 것이다. 그런데 6공에서는 그런 신경을 쓰지 않고 100% 행정관료에게 일임하였던 것이다.

당시 노태우 집권기(1988~1992)의 5년간 4명의 경제기획원 장관을 썼다. 즉, 나웅배 · 조순 · 이승윤 · 최각규 부총리였다. 조순 · 이승윤 부총리는 원래 학계 출신으로 이론에는 밝았지만 실무면에서는 부족하였다. 당시 경제수석 문희갑은 실무면에서 조 부총리와 엇갈리기도 하였으나 실무능력은 돋보였다. 그러나 김종인 수석은 이론면에는 강하나 실무에는 약하여 애를 먹기도 하였다. 실무와 이론에 능하였던 이진설 경제수석은 정권의 마무리에 최선을 다하였다고 본다. 아무튼 6공 집권기에는 정책의 계획과 집행을 100% 행정관료에 일임함으로써 그 책임이 무거웠던 것이었다.

여기에 재정부문은 이규성과 김용만이 맡았는데, 이들은 국내 · 국외로 수

6) 정정길(1994), p. 244.

학한 실무 및 이론면에서 충분한 수준에 있었다고 본다. 당시의 재무부는 세금과 금융을 어떻게 관리할 것인가에 집중하였으며, 한 나라의 살림을 어떻게 꾸릴 것인가에 대해서는 경제기획원 예산실이 도맡아 하였다. 따라서 재정의 일부인 징세와 세법만이 재무부의 유일한 재정관리였다.

세금을 누구로부터 얼마를 걷을 것인가는 기획원의 예산실에서 결정하도록 되어 있었다. 그런데 문제는 예산실에서 결정한 일정한 크기의 세금을 어떤 방법으로 어떻게 걷을 것인가는 재무부에 그 책임이 있었다.

재정기능이 이원화되어 있어 재정정책 또는 재정행동의 불일치, 특히 재정수지면에서 불균형을 가져올 수 있는 허점을 노출시키고 있었다.[7] 이 밖에 관료는 일반적으로 개인적인 관심과 소신이 있다 하겠다. 그것은 베버(Max Weber)가 지적한 바와 같이, 관료의 필요조건은 상부에 대한 충성심과 행정의 정확성이다. 그러나 한국의 관료행태는 전통적으로 빠른 승진에 있었다. 원래 공공선택이론에서는 관료는 예산의 극대화를 선호하며, 예산을 크게 배정받으면 지위와 권위도 상승하며 소득도 증가한다는 선호동기를 제시하고 있다.[8]

그런데 한국 관료의 행태적 동기는 무엇보다도 과장이 되며 국장이 될 것을, 즉 승진에 집중적인 관심이 있다고 보는 것이다. 그러나 승진을 위해서는 무엇보다도 충실한 업무수행과 행정집행의 능률성이 극대화되어야 봉직평가를 높이 받아 승진할 수 있기에, 어떤 면에서 승진동기는 행정의 집행성취도를 배가시키는 작용도 하여 나쁘다고만 볼 수는 없다.

그러나 경제정책의 계획이나 집행이 하부 행정관료에 일임되었을 경우 그 계획은 미래지향적이며 예측성이 있어야 하며, 집행면에서의 노하우(know how)가 있을 때 성공할 것이다. 따라서 예산실의 관료는 전문지식 없이는 그 업무수행이 불가능하기 때문에 전문관료의 양성을 위해 해외선진국으로 외유가 진행되었던 것이다. 그리하여 사무관 · 서기관급의 외유는 외국대학의 대학원과정

7) 이를 이원적 재정운용으로 보면서 그의 제도적 비능률성과 비합리성을 지적하는 견해가 제시되고 있다(이필우, 1987b).
8) W. Niskanen(1971).

에서 수학 후 귀국하도록 하여 석사 또는 박사까지 수료하고 귀국하는 고급관리도 볼 수 있었다.

6공은 권위주의의 부재시대이기는 하지만, 그렇다고 권력에 대한 관료의 존경심마저 소멸된 것은 아니었다. 군신유충(君臣有忠)이라는 유교문화의 전통은 권력에 대한 형식적 예의만은 존속되는 것으로 보아야 한다. 다만 행정적으로 그 실질적인 책임을 경제정책의 경우 부총리에 일임시켰을 뿐이다. 이런 여건에서 부처 간의 협의도 필요하며, 그 계획은 주무부처에서 입안되나 그것을 놓고 가부 간의 검토는 장차관회의에서 검토하여 결정을 보았다.

장차관회의는 3공시대에도 있었으며, 그 특징은 대체로 원안대로 무수정 통과되는 것이 관례였었다. 당시 박 대통령의 권위가 지배되는 상황에서 행정집행에 일사분란함을 보여 주었던 것이다. 그러나 5공 당시 경제정책의 실질적인 책임을 수석비서와 부총리에게 일임시켜 사실상 권위의 부분적인 포기를 보여 주었다.

그러나 노태우정권에 와서 이러한 권위는 거의 100% 포기되고 행정관료에 정책책임은 일임됨으로써 관료의 자율성이 제고될 수도 있었지만, 반면 관료의 임의적인 자원배분의 낭비적인 비합리성이 발생할 수도 있었다. 권위주의 포기가 마치 민주적 정치의 명분으로 조명되기를 바랐겠지만 그것도 한낱 보통사람의 우(愚)를 범하였다고 볼 수 있다.[9]

장차관회의에서 정책안이 무수정 통과사례수는 5공의 경우 평균 73%이었지만 6공의 경우 불과 67%이었다. 이는 권위부재시 정책안이 그 수정을 요하였음은 정책의 합리성 추구에 유리하기도 한 것이었다. 그것은 안건당 토의시간도 5공에서는 불과 4분 정도밖에 안 걸렸으나 6공에 와서는 8분 내지 10분이 소요되었음은 권위부재시보다 자율성과 창의성을 보여 주는 것으로 이해할 수 있다.[10] 그러한 장차관회의의 결의내용도 다양하다. 즉, 원안 통과의결, 수정의결,

9) H. A. Simon(1976), p. 125.
10) 정정길(1994), p. 217.

조건부의결, 대체안의결, 철회 또는 유보 등 다양한 의결을 보여 주었다.

권위주의시대에는 군출신이 장차관으로 발령되었으나 권위부재의 6공에 와서는 군출신 장관 기용은 드물었으며, 그 재임기간도 5공에서는 길었는데 6공에 와서는 단축되었음을 볼 수 있다.[11] 그러니 이러한 단기 재임기간은 정책의 일관성에 차질을 가져와 행정상 비능률을 초래할 수도 있다.

이렇게 행정부의 자율성이 강화됨으로 인해 5공에서처럼 경제수석의 힘은 약화되기 시작하였다. 행정책임을 지닌 부총리는 장차관회의에서의 결정을 수용함으로써 행정의 공동체적인 책임으로 귀의할 수 있었다고 볼 수 있다.

고위층 경제관료들의 정책가치는 5공의 경제안정 위주의 틀을 벗어나 이제는 계층 간 · 지역 간의 격차를 줄일 수 있는 형평에 집중하는 것이었다. 이러한 형평 위주의 정책이 경쟁력이나 효율에 미치는 부정적 효과에 대한 정확한 평가는 부족하였었다고 볼 수 있다.

4 노태우 대통령 집권기의 재정행태 추적(1988~1992)

(1) 과거 반복의 관습형 재정행태-재정질서를 중심으로

한국의 재정관료는 나라살림의 편성에서 관습적으로 표현하는 용어들이 있다. 그것은 어느 시대 어느 나라에서도 수용해야 할 원리이기에 여기 인용한다. 경제안정을 위한 재정운용, 복지재정의 추구, 형평과 소외층(농어촌, 빈곤지역) 지원을 위한 재정운용, 사회간접자본의 확충, 국제수지 흑자의 추구, 재정인플레이션의 억제, 재정흑자의 추구, 수입내지출원칙, 행정비의 근검절약, 지방자치 추구를 위한 재정운용, 새로운 공공욕구의 재정적 수용 등 매해 예산편성

11) 정정길(1994), p. 223.

의 가치로 인습적(conventional)이기도 한 재정정책의 원리들이기도 하다.[12]

여기에서 재정적자의 억제, 재정인플레이션의 억제, 행정비의 절약, 균형재정, 수입내지출원칙 등은 원래 정책적인 재정원리라기보다 재정운용의 재정질서적인 원리에 해당한다. 정책적 재정원리보다 더 중시되어야 할 것은 역시 재정운용의 질서적인 원리이며, 사람의 의관으로 치면 옷보다 머리에 쓰는 모자일 것이다. 먼저 관(冠)이 자기 신분이나 신상의 격에 맞아야 하며, 옷도 이에 맞추어야 마무리 단장이 잘될 것이기 때문이다.

나라살림이 지켜야 할 법도로서 재정질서(fiscal order, fiskalische Ordnung)의 기본이 되는 틀은 바로 그 운용원리에 있음을 재삼 강조하면서, 과연 우리나라의 나라살림이 잘 꾸려지고 있는가를 이러한 재정질서적 시각에서 논의해 보고자 하며, 그 후에 재정정책적 기능에 대해 살펴보고자 한다.

이런 재정 개념에 따른 한국 재정관료의 행태가 공적 · 사적으로 어떻게 주어져 있는지는 여러 변수를 통해 이해될 수 있다. 그러나 사적인 심리적 관계나 변수는 그 추적이 어려우므로 여기에서는 정부의 공적인 발표내용과 사계의 시평을 참고로 이를 추적해 보고자 한다.

노태우정권의 초기인 1988년도 예산에서는 두 가지가 포함된 것으로 제시되고 있다. 즉, 5공시대에 집중하였던 긴축안정을 위한 건전재정원리와 여기에 더하여 의료보험을 중심으로 하는 복지제도와 도농 간의 격차를 줄이는 형평가치를 추구하였다. 총체적으로 평가해 5공의 장점과 단점을 모두 수용한 재정운용의 묘책이었다고 본다.

1988년도 예산의 결산을 보면 일반회계와 특별회계를 포함한 일반재정에서 흑자재정을 시현하였다. 즉, 일반재정에서 세계잉여금 3조 8,678억 원을 시현하였으며, 이월금을 제외한 순잉여금은 3조 2,963억 원으로 5공에 이어 흑자재정으로 운용되어 재정질서면에서 높이 평가해야 할 것이다.

12) 그러한 표현은 경제기획원에서 매해 발간되는 『경제백서』의 재정분야를 보면 재정운용의 기본방향이라 하고, 이런 재정적 목표와 재정질서적 표현의 구분 없이 혼용하면서 제시되고 있음을 볼 수 있다. 1980년대 발간된 『경제백서』 참조.

이렇게 흑자재정의 변수는 긴축운용이라기보다 세수입을 증징하여 이루어지고 있었다. 즉, 일반행정비도 전년도 대비 16.7% 증가하였음은 농어촌지원비, 의료사업의 확장, 지방재정교부금 등 경비가 늘어났는데, 이러한 예산증대는 세금을 더 걷어 흑자재정에 이르고 있다 하겠다. 즉, 조세부담률은 전년에 GNP 대비 17.5%였는데, 1988년도에는 18.3%로 늘어나고 있음을 볼 수 있다.[13)]

어쨌든 1988년도 집권 초기에는 건전재정이라는 나라살림의 기본을 지켰음은 당시 재무부 장관을 역임하였던 나웅배 장관의 건실하고 건전한 재정사상에 기인한다고도 볼 수 있다.[14)]

이러한 건전재정사상은 1989년도 예산편성에도 계속 유지되었다. 1989년도 예산의 목표는 안정 · 복지 · 균형이었는데, 건전재정을 제외한다면 머스그레이브(R. Musgrave)의 재정기능을 그대로 답습하는 재정관료의 교과서적 지식의 활용이라고 볼 수 있다. 복지는 머스그레이브의 배분기능(allocation function), 균형은 머스그레이브의 분배기능(distribution function)일 것이고, 끝으로 안정은 머스그레이브의 안정기능(stabilizatioin function)에 해당한다.

여기에서 중요한 것은 재정운용의 기본 질서인 수입내지출원칙인 건전재정원리일 것이다. 이 원리를 그래도 6공 초기, 즉 1988년도와 1989년도에서와 같이 세계잉여금을 시현하고 있어 흑자재정을 이루고 있다. 1989년도 결산에서 본 세계잉여금은 일반회계와 특별회계를 합한 일반재정에서 이월액을 뺀 나머지 순잉여금은 3조 2,379억 원이었다.[15)] 또한 조세부담률은 1989년도에 18.5%로 전년도 수준을 시현하고 있다.

그러나 노정권의 재정관리는 1990년도에도 수입내지출원칙이 지켜 주고 있어 재정질서의 건재함을 보여 주었다. 하지만 재무행정의 기법이 복잡하게 운용됨을 고려할 때, 실제적으로 그 당시의 재정질서를 건전하고 바른 재정질서

13) 경제기획원, 1988년도판, p. 83.
14) 1988년도 하반기 어느 여름날 오후 대전 KAIST 근방 재정세미나에서 그는 적자재정을 초래하는 국채발행이나 그것의 한은 인수식 화폐발행의 재정운용은 금물이라 하면서 형평과 복지를 위한 경비증대를 어떤 재정수단으로 충족할 수 있는지 재정학자들에게 묻는 것이었다.
15) 경제기획원, 1989년도판, p. 96.

로 보기 어려운 측면은 후에 언급하기로 하겠다. 왜냐하면 건전재정질서라기보다 하나의 왜곡된 행정기법으로 전시용 재정질서라고 표현해야 좋을 것이기 때문이다.

우선 세계잉여금부터 보기로 하자. 매년 정부가 발표하는 재정운용실적에서 보면 세계잉여금이라는 대목이 숫자로 발표되고 있다. 세계잉여금이란 세입의 예산액에서 세출의 결산액을 제하였을 때 남는 잔여금으로 표현되고 있다.[16)]

1988년도 재정집행실적을 보면, 일반회계에서 4조 158억 원, 특별회계에서 2,041억 원, 합계 4조 2,199억 원의 세계잉여금이 발생하였다. 일반회계에서 다음 해에 이월액이 5,520억 원, 특별회계에서는 이월액이 잉여금보다 많은 3,716억 원으로 잉여금이 부족액으로 되어 일반회계와 특별회계를 합한 세계잉여금은 1988년도 결산에서 3조 2,963억 원으로 나타났다. 이러한 잉여금은 매해 시현된 것으로 발표하고 있다. 그리하여 1989년도에 일반회계에서 이월액을 제한 순잉여금은 3조 1,230억 원, 1990년도에 3조 1,679억 원, 1991년도에 1조 413억 원을 시현하였다.

이렇게 시현된 잉여금은 한은차입금 상환, 재정증권이자, 해외차관, 외평기금결손 보전, 양곡증권 원리금 상환 등으로 지출되었다. 말하자면, 정부가 부득이 진 채무를 변제하는 것이었다.[17)]

이러한 세계잉여금은 정부로서는 근검절약적인 재정운용의 표본으로 전시하고 있는 인상을 주고 있다. 재정흑자에 기여하는 중요한 재정변수로 소개되고 있는데, 이는 초과징수된 세입과 쓰지 않은 세출불용액을 합한 금액이기 때문이다.

그런데 이러한 세계잉여금은 예산회계법에 따르지 않고, 즉 국회 동의 없이 지출할 수 있는 장점이 있다. 세계잉여금은 일반회계와 특별회계만을 포함한 중앙정부의 일반재정부문에서 예산회계법 밖에서 발생하는 재정변수이기도 하

16) 경제기획원, 1988년도판, p. 82.
17) KDI(1996), p. 65.

다. 그러나 세입에는 국공채 및 국내외 차입의 수입을 포함하고 있어 여기에서 세계잉여가 발생하였다고 이를 흑자재정으로 표시할 수는 없는 것이다.[18]

균형예산이라고 할 때 조세 및 기타수입으로 세출예산을 변제할 때에 한해 가능하며, 공채, 차입 등 세입보전재원이 세입에 포함되었을 때 세입 · 세출이 동액이더라도 이를 균형예산이라 하지 않는다. 따라서 균형예산을 보기 위하여는 중앙정부의 일반회계, 특별회계 및 각종 기금을 포함하는 통합재정수지를 관찰해야 한다.

공공부문의 통합재정수지를 살펴보면, 1988년도에는 1조 6,420억 원의 흑자재정이었으며, 1989년도에는 1억 원의 적자, 1990년도에는 1조 5,780억 원의 적자, 1991년도에는 4조 220억 원의 적자, 1992년도에는 1조 7,020억 원의 적자재정을 시현하였다.

노정권 집권 첫 해인 1988년에 흑자재정을 실현한 후 계속 집권 마지막 해인 1992년도에 이르기까지 적자재정을 시현하였음은 일단 노정권의 나라살림은 지출 위주의 방만한 재정운용으로 일관하였음을 보여 주고 있다.[19]

그러한 적자재정은 보전재원으로 메꾸었는데, 그것은 국내차입(한국은행, 예금은행, 기타민간기관)과 국외차입으로 보전되었다. 차입은 기타민간기관만을 제외하고 모두 총통화를 증대시켜 인플레이션효과를 초래한다고 볼 수 있다.[20]

저자가 여기에서 다시 한 번 강조하는 것은 균형예산의 원리이다. 균형예산은 나라살림의 기본이기 때문이다. 그것은 스미스(A. Smith) 이래 오늘의 뷰캐넌(J. M. Buchanan)에 이르기까지 재정의 기본 질서로 제시되고 교의되고 있기 때문이다.[21] 적자재정에 관한 논의는 후에 집중적으로 살펴볼 것이다(재정행태 귀결의 비판적 해설).

18) KDI(1996), p. 40. 일반회계 및 특별회계 재정수지에서 일반회계와 특별회계의 세입에는 차입금이 포함되어 있음을 기록하고 있다.
19) 재무부(1994b); KDI(1996), p. 37.
20) 배국환(2001), p. 38.
21) 1776년에 스미스는 가정에서의 현명한 원리는 국가재정에도 그대로 적용되어 재정책임을 다할 수 있다고 하였다(이필우 역, 1981, p. 21).

(2) 재정운용의 방만성-재정변수를 중심으로

다음에서는 노정권 집정기의 재정행태를 주로 각론적인 재정 제 변수에 대해 살펴보기로 하자. 이는 재정규모의 증감, 조세부담률, 자치단체의 재정력, 정책적 제 사업, 정책적 세제, 기금관리 등이 이에 속한다.

물론 이러한 각론적인 제 재정변수들은 하나의 제도의 틀 속에서, 즉 예산회계법 안에서 수행되고 있었다. 행정관료는 자신에게 부하된 과제가 무엇인지를 정확히 감지하며, 특히 국장급 이상 장 · 차관은 소관 부서의 과업과 역할을 우선 행정적으로 책임질 수 있는 틀 안에서 자기 부서의 점검과 감시를 늘 해야만 하였다.

6공이 5공과 다른 점은 모든 부처의 행정책임을 해당 부처 장관에게 일임시킴으로써 행정의 최종 책임은 장 · 차관에게 있었으며, 따라서 당시의 부총리 및 장관은 상당 수준에서 집행에 자율성과 임의적인 결정도 가능하였다고 볼 수 있다. 5공 때에는 그래도 행정의 점검과 감시는 대통령이 직접 앞에 나서 지휘하였음이 다를 뿐이다.

총론적인 개념에 가까운 총재정규모의 추이부터 고찰하자. 재정변수의 변화는 제도상의 변화에 의존한다. 예로서 어떤 경비지출의 증가는 그 지출의 정치경제학적인 가치가 긍정적일 때 지출의 증가는 타당한 것으로 간주된다. 그러한 가치가 재정관료의 가슴에 있어야 하며, 그 가치가 고위층 관료에서 나온다면 top-down 재정운용이 될 것이며, 하위층 관료에서 나온다면 buttom-up 재정운용이 될 것이다.

중앙재정과 지방재정을 합한 총재정규모를 GNP에 대한 비율로 환치해 보면, 1988년도에는 22.2%, 1989년도에는 23.7%, 1990년도에는 25.0%, 1991년도에는 26.1%, 1992년도에는 27.2%를 시현하였다.[22] 이와 같이 5공 집권기보다 훨씬 높

22) KDI(1996), p. 24.

은 비중을 나타내 주고 있음은 형평과 복지라는 목표에 치중하여 확대재정을 시현함으로써 적자재정을 초래하였다.

한편, 중앙정부의 재정규모 증가율도 GNP 성장률을 앞질렀다. 자기 체력에 적합한 운동을 할 때에야 건강을 유지할 수 있는 것과 같이, GNP 성장률을 초과하는 나라살림 규모는 경제위축과 민생의 어려움을 가져올 것임을 알아야 한다. 1988년에 GNP 실질성장률은 12.05%였는데, 추경예산은 13.3% 증가하였다. 1989년에는 GNP가 6.9% 증가에 추경은 19.6%의 증가를 보였다. 1990년에는 GNP 9.6% 성장에 추경은 24.5% 증가하였으며, 1991년에는 GNP 9.1% 증가에 추경은 14.3% 증가하였고, 집권기 마지막 해에는 GNP 5.0% 성장에 추경은 6.8%의 근소한 성장률을 보였다.[23)]

다음에는 조세부담률을 살펴보자. 정부활동은 국민이 지불하는 세금을 모아 그 비용으로 지출하여 각종 다양한 공공재와 서비스를 국민에게 되돌려주고 있다 하겠다. 세금부담을 국민에게 덜 주면서 양질의 공공재를 제공할 수 있다면 그런 정부의 나라살림은 선정(善政)의 전제가 될 것이다.

노정권 집정기에 조세부담률은 대체로 높아져서 납세자에게 고부담을 주는 고가의 정부로 행세하였다고 본다. 1988년도에 조세부담률(대GNP)은 17.2%(국세+지방세)였으며, 1989년에는 17.7%, 1990년에는 18.6%, 1991년에는 17.9%, 1992년에는 18.7%였다. 이는 5공기의 14%대 수준에 비해 높은 편으로 형평을 위한 사회개발비 증대에 기인한 것으로 볼 수 있다. 그렇다 하더라도 노 집권기에 실질성장률이 12% 미만이었음을 감안하면 18%대 수준의 세부담률은 국민에게 지나친 부담을 준 또 하나의 래퍼(Laffer)곡선이 확인되는 사례라고 볼 수 있다. 왜냐하면 1990년 이후 실질성장률은 계속 9% 수준에서 5%로 저하되었기 때문이다.[24)]

다음 지방경제 활성화와 함께 국민의 지방분권화 욕구도 성장하자 정부는

23) KDI(1996), p. 25.
24) 이필우(1994b), p. 409.

자치단체의 재정지원을 배려하지 않을 수 없었다. 당시만 해도 자치단체로서 월급도 못 주는 자치단체가 허다하였으며, 현시점에서도 문제가 되고 있다.

중앙정부의 자치단체 재정지원은 매년 법정교부금인 내국세의 13.27%를 교부금으로 지원해 주었다. 여기에 더하여 지방교육재정교부금이 매년 약 13% 교부되어 내국세 대비 약 25~30%가 자치단체에 교부 지원되었다. 두 교부금을 합한 내국세 비율은 1988년에 23.6%였으며, 1989년에는 28.5%, 1990년에는 28.3%, 1991년에는 27.6%, 1992년에는 25.6%가 지원되었다.[25)]

그러면 세금을 거두어 어디에 어떻게 썼는지 알아보자. 1988년에 총세출에서 약 30.7%에 해당하는 방위비를 지출하여 가장 비중이 높은 것으로 나타났으며, 다음이 20.5%의 교육비 지출이었다. 그리고 경제개발에 14.6%, 일반행정에 9.9%, 지방재정교부금에 9.0%, 사회개발에 7.8%, 채무상환에 6.2%를 지출하였다.

남북대치가 아직도 이완되지 않은 상태는 방위비가 예산구조에서 가장 그 비중이 높은 30%대 수준임을 알 수 있으며, 그 다음이 역시 경제개발이었다. 그런데 형평을 정책우선으로 해 놓고 사회개발지출은 5위인 7.8%로 처지고 있어 좀 이해가 안 된다. 교육비 지출이 2위로 높게 나타나고 있음은 국력증강에 도움이 되어 좋지만, 사회개발의 비중이 줄어 형평의 정책가치에 대한 아쉬움이 있다 하겠다.[26)]

한편, 수출증대로 인한 인플레이션 요인을 재정증권 발행(4,226억 원)으로 흡수하였다. 지방재정교부금의 비중을 능가한 일반행정비는 9.9%로 과다지출의 인상을 주고 있다. 특기할 것은 1988년에 지방자치법을 개정하여 지방의회를 구성하도록 하여 1991년에 지방의회 선거를 시행하였다. 다만 지방자치단체장은 1995년까지 정부가 임명하였다. 1988년 이후 지방재정교부금이 총세출의 약 20%대 수준을 시현하였음은 3공과 5공에서 볼 수 없었던 재정변수였다.

25) KDI(1996), p. 78f.
26) 경제기획원, 1988년도판, p. 89.

또한 1990년에는 지방양여금제도가 도입되어 지방재정력의 확충을 도모한 바 있다. 이는 국세의 세목의 수입에 일정액을 떼어 지방에 양여하도록 하는 지방교부세의 일환이기도 하다. 즉, 당시 도입된 토지초과이득세수의 50%, 주세수의 15%, 전화세수의 전부를 양여하도록 하였다.[27]

그 밖에 중앙재정에서 간과할 수 없는 부분은 특별회계와 기금관리에 있다고 본다. 특별회계는 양곡관리, 철도사업, 통신사업, 조달을 포함하는 기업특별회계와 재정투융자, 군인연금을 포함하는 기타특별회계가 있다. 1988년에는 4개의 기업특별회계와 13개의 기타특별회계가 있었는데, 1989년에는 하나 줄어 16개, 1990년에는 체신, 보험이 늘어 18개였으며, 1991년에는 지방양여금관리, 도시철도사업 등 21개로 늘어났다. 그리고 1992년에는 농어촌구조 개선으로 22개로 늘어났다.[28]

한편, 기금의 운용은 더욱 복잡하다. 이는 공공성이 있다고 판단되는 정부사업을 위한 자금의 관리로서 시기적으로 요구되기도, 폐쇄되기도 한다. 기금관리기본법은 1991년에 도입되었는데, 그 기금은 공공기금과 기타기금으로 나뉘며 각각 30여 개를 초과하고 있다.[29] 이는 정부사업의 범위가 증가하고 있음을 나타내며, 정부출연과 민간이 부담하는 이것은 민간기업의 준조세처럼 되어 문제가 되고 있다.

끝으로 노 집권기의 세법개정에 나타난 행태를 보기로 하자. 담배소비세의 전액 지방이양이 이루어졌고, 동시에 1990년에는 종합토지세가 도입됨에 따라 토지초과이득세를 신설하여 토지투기를 억제하였으며, 1991년에는 방위세를 폐지하였다. 한편, 교육세도 1991년에 종료하기로 계획하였으나 이는 영구세로 결정하였다.

27) 경제기획원, 1990년도판, p. 103.
28) KDI(1996), p. 141.
29) 기획예산처 예산실(2000), p. 342; KDI(1996), p. 145.

5 노 집권기 재정행태의 귀결과 그 비판적 해설

다음에서 저자는 노태우 전대통령의 재정행태를 민속심리론적 시각(folk psychological view point) 및 정치경제학적 시각에서 비판적으로 설명하고자 한다. 먼저 이 기간의 재정행태가 정치 · 사회 · 경제적으로 어떠한 결과를 가져왔는가를 살펴보자.

(1) '보통사람'의 민속심리론적 해설: 이기론적 정과 의리

노 집권기에 수행된 재정행태가 어떤 결과를 가져왔는가? 그 사회 · 경제적 귀결은 무엇이었던가? 우선 경제적으로 보면, 임기 첫 해인 1988년의 GNP 성장률은 12%를 시현하였다. 이는 5공 때인 1987년의 13%보다 낮았다. 그리고 1989년에는 6.9%로 하강하였고, 1990년에는 9.6%, 1991년에는 9.1%, 1992년에는 5.0%의 저성장률을 보였다.

한편, 물가는 5공기의 안정을 붕괴시키면서 고물가를 가져와 민생경제를 어렵게 하였다. 소비자물가 상승률을 연도별로 보면 1988년은 7.1%로 5공 때인 1987년의 3.0%보다 배 이상으로 상승하였다. 그리고 1989년에는 5.7%, 1990년에는 8.6%, 1991년에는 9.3%, 1992년 마지막 해에는 6.2%를 증가시키고 있다.

국제수지는 1988년에 141억 6,000만 달러, 1989년에는 50억 4,600만 달러의 경상수지 흑자를 시현하였다. 그러나 1990년에는 21억 7,900만 달러, 1991년에는 87억 2,700만 달러, 그리고 마지막 집권기인 1992년에는 45억 2,800만 달러의 적자를 기록하였다.[30]

물론 이러한 거시적 지표가 100% 재정행태의 결과로 인지할 수는 없지만, 나라살림이라는 큰 범주에 속하는 재정활동도 이에 크게 작용하고 영향을 주었

30) 재정경제원(1995), p. 9f.

다고 보아야 할 것이다. 5공의 3저현상이 역전되면서 나타난 거시적 지표의 부정성은 우선 노태우정권의 경제정책 실패로 낙인을 찍는 계기가 되고 있다.[31]

그 실패의 이유를 많은 논평에서 노태우 대통령의 통치력 부진에서 기인된 것으로 본다. 즉, 효과적으로 통치하려는 의지나 지향성(intention)이 결여되었다고 볼 수 있는 것이다.

이러한 통치의 지향성이 결여된 것은, 5공 시절에서부터 모든 정책의 계획 · 시행은 행정부에 일임하는 행정체제로 전환하였으며, 6공에 들어와서는 민주화의 국민적 열망으로 인해 경제정책의 계획 · 시행은 100% 행정부에 일임하였기 때문이었다. 5공과 6공의 차이는 유사한 것 같지만, 뚜렷한 차이는 대통령의 행정집행에 대한 감시나 점검을 필요시에 집중적으로 통제하지 않은 데 있었다고 보는 것이 세간의 논평이다. 그러니까 노 대통령의 행정에 대한 자유방임적인 태도는 무사안일을 일삼는 무책임한 통치로 비난될 수도 있는 것이었다.

그러나 노정권이 당시 당면한 여건은 통치의 일관성을 견지할 수 없는 정치 · 경제적인 제약성이 컸었다. 즉, 민주화와 더불어 각종 민간단체들의 정책요구가 다양하게 분출되고 있어 어느 장단에 춤을 추어야 하는지를 알 수 없었다. 거기에다 초기부터 안정이나 효율보다 형평과 복지를 내세웠는데, 실제로는 민간의 욕구가 다양하여 혼돈을 초래하여 일관성 있는 정책을 추진하기 어려웠던 것이다.[32]

노 대통령의 이러한 경제정책 관리의 실패에 많은 논자들은 6공의 정책적 성공을 위해서는 일관성 있는 통치철학, 집행의 점검과 독려 · 감시가 있었어야 함을 지적한다. 시안과 집행을 행정에 일임하는 것으로 그친 것은 마치 식사 후 물을 안 마셔 소화불량에 걸린 것과 같기 때문이다.

이러한 자유방임적 무사안일의 행태를 이기론(理氣論)을 빌어 해설해 보자. 이기론은 조선조 중엽에 성리학 연구에 몰두한 이황(李滉)과 이이(李珥)가 전개

31) 정정길(1994), p. 250. 저자는 여기에서 '노 대통령 경제관리의 한계'라는 제하에 비판하고 있다.
32) 정정길(1994), p. 253.

한 학설로, 한국인의 행태를 문화적으로 접근할 때 필요한 민속문화적 개념이므로 이를 적용해 보기로 한다.[33] 철학자 로젠버그(Alexander Rosenberg)가 주장한 것처럼 민속심리론(folk psychology)은 사회 · 경제현상을 설명하는 데 유용한 접근방법이기 때문이다.[34]

훌륭하고 칭송받을 만한 인간의 행태는 바르고 투명하고 자기희생적인 의로운 생각(價値)에서 창출된다. 의롭다 함은 도의적인 책임감이라고도 볼 수 있다. 박정희 대통령은 비록 자립경제 건설을 위해 독재라는 수단을 적용하였지만 경제발전의 기틀을 만드는 데 의로운 대통령으로서의 도의적 책임을 다하였다고 볼 수 있다.

대통령으로서의 도의적 책임을 다하였던 의로움을 백성에 대한 의리로 볼 수도 있다. 그러나 이러한 의리도 냉철하고 합리적인 이성의 산물로 설명하는 자도 있겠지만 저자는 그러한 의로움은 전적으로 비합리적이고 비논리적인 정(feeling, emotion)에 연유되고 있음을 주장한다. 정은 느낌의 따뜻함과 남을 위해 베풀고 봉사하는 마음으로 부드럽고 끈끈하고 서로 융합하는 힘을 지니고 있다 하겠다.

의라는 이(理)가 정이라는 기(氣)에 앞서 일어난다는 또는 이와 기가 서로 작용하는 이기호발설(理氣互發說)을 주장하는 퇴계 이황과 같은 선학이 있었지만, 서경덕, 기대승, 이율곡 등과 같은 혁신적인 이기론을 주장하는 후학들은 이를 배격하였다.[35]

그러니까 인간의 마음은 이와 기가 서로 분리되어 제각기 독립적이라기보다 쪼갤 수 없는 것이기에 이도 기도 다 마음에서 연유되는 것이라고 주장한다. 그런데 마음은 느낌이라는 감정으로 구성되어 냉철한 이성의 4단(四端)도 유연하고 부드럽고 정겨운 7정(七情)에서 나온다는 기대승의 학설이나, 기가 먼저 발하면 이에 이가 기를 타고 승화하는 기발리승론(氣發理乘論)을 주장하는 이율곡

33) 윤사순(1994), pp. 25~47; 이남영(1994), pp. 48~67.
34) A. Rosenberg(1995), p. 29.
35) 윤사순(1994), pp. 184~190; 송석구(1994), pp. 207~212.

의 설명방식에 현실적으로 더 매료되지 않을 수 없는 것이다.

노태우 대통령은 경북 달성 출신으로 경북고교 졸업 후(1951년) 육사 11기생으로 입학하여 1955년에 졸업한다. 그 후 영어번역 장교를 거쳐 사단장을 역임하며 1980년에 보안사령관을 지냈다. 그리고 1981년에 예편하여 5공의 2인자 역할을 해왔다. 전두환 대통령과는 육사 동창으로 그의 수족과 같은 관계를 유지해 왔다. 저서로는 『위대한 보통사람의 시대』가 있다.

노태우 대통령의 정치 · 문화적 배경은 집권기에 펼쳐진 정치 · 경제적 행동에 대한 이해에 큰 도움이 된다. 인간의 행동은 본래 그를 둘러싼 제도 · 환경에 의존하는 사회적 존재로 볼 수 있기 때문이며, 문제는 제도 · 환경에 어떤 형태로 반응하고 있는지를 파악하고 이해할 때 특정한 행태를 인식할 수 있다.

첫째, 노태우가 대통령으로 당선되는 계기는 1987년 6.29선언이었다고 볼 수 있다. 대통령의 직접선거는 온 국민의 염원이었고, 그것은 반군사정부의 국민적인 의사표시였으며, 한국 민주주의의 첫 발자국을 뜻하는 것이었다. 반군사정부 사상은 문민정부를 뜻하였는데, 이에 군인 출신인 노태우가 대통령으로 당선되었음에 약간 당황스러운 기쁨을 받아들이지 않을 수 없었다.

1987년 12월 대통령으로 당선된 후 이 '당황스러운 기쁨'에 대해 군출신이라는 정치적 폐허의 자리에 보다 당당한 대통령으로서의 기품으로 충전하지 않을 수 없었다. 바로 그러한 기품의 개념은 『위대한 보통사람들의 시대』의 간행물이었다. 그리하여 자기자신도 이제 보통사람으로 변신한 것으로 표현되었다.[36]

둘째, 6.29선언은 정치적으로 두 가지 의미를 내포하고 있었다. 하나는 정부는 군부독재가 주체가 되는 정부가 되어서는 안 되며 민간시민의 주체를 요구하였고, 정책결정에 민간참여가 필요하며, 또한 정부정책은 민의에 맞는, 즉 국민의 공공욕구를 충족시켜 주어야 할 것을 요구하였다. 결국 국민을 위한 국민에 의한 국민의 정부이어야 함을 내포하고 있는 것이었다.

36) S. Cullenberg and others, eds.(2001), pp. 251~255. 1987년 대통령선거는 야당이 김영삼과 김대중으로 나뉘어 여당인 민정당과 3파전으로 치러져 야당의 표가 분산됨으로써 자멸하고 여당후보인 노태우가 대통령으로 당선되었다.

셋째, '보통사람'의 정치적 의미는 과거 정치가로서 일방적인 힘을 발휘하였던 권위주의의 포기에 있었다. 지도자의 말 한 마디면 하향적인 명령으로 받들어 순종하는 행정체계는 때로는 비효율적이고 사회정의에 배치되는 결과를 가져올 수 있다. 공정하고 효율적인 행정은 종적 · 횡적으로 화합과 협력 속에서 이루어지나 권위 하나만으로는 그 제약성이 너무나 클 것이다. 권위적 결정은 민간의 자율적인 참여를 부인하고 정책의 비합리성을 초래할 것이다.

3공의 박정희는 정책결정이나 행정집행에 있어 1인독재적인 권위를 행사하였다. 5공의 전두환도 박정희를 모방하였는데, 다른 점은 정책결정에서는 권위적이었으나 정책의 입안 및 집행에 있어서는 행정기구에 일임하여 이미 권위를 여기에서는 포기하였다. 그러나 노태우 대통령은 정치와 행정에서 모두 권위를 포기한 보통사람임을 선언하고 있다. 따라서 그는 정책입안이나 정책집행에 있어 부총리에게 일임시키는 자유방임적인 통치를 방불케 하였다.

박정희는 개발이라는 지상명제로 그 의지가 강하였으며, 그것을 저해하는 어떤 요소도 배제하였다. 잘 살아보겠다는 기는 개발의지의 이와 함께 발하여 인심(人心)의 기와 도심(道心)의 이가 융합해 한강의 기적이 이룩되었다. 전두환 대통령은 인심의 악에 종속된 권력욕에 사로잡혀 12.12사태와 5.18광주민주화운동을 맞으며, 게다가 7년간의 권력을 보장받기 위해 국보위와 대통령선거인단을 만드는 이기주의적인 인심의 기에 치우친 통치기간을 보냈다. 그리하여 그는 정치분야에서는 철저한 권위적인, 즉 무작위적인(임의적인) 인심의 기에 매달리는 7년간을 보낸다. 그러나 노태우 대통령은 정책입안 및 집행에 있어 청와대 비서관과 부총리에게 일임시켜 행정부서의 자율화를 도모하였다. 이 점에 있어 그는 유작위적(有作爲的)인(고의적인 목적지향성) 도심에 치우쳐 선의 기를 발하였다고 보는 것이다. 그러면서도 그는 재벌과 비자금의 고리를 잡으며 탐욕의 기를 보이기도 하였다. 그러나 그 비자금의 일부는 행정부의 유능한 관료 또는 정치적인 심복들에게 수고하였다고 하사하여 위로하는 나눔의 정신이 전무한 것으로 전해지고 있어 이도 없고 기도 없는, 즉 정을 배제한 사익적 존재였지 않았나 하는 느낌을 감지할 뿐이다. 그런데 박 대통령과 전 대통령은 이와 다르다. 그들은 의롭지 못한 비자금을 정사에 수고한 심복부하들에게 어려운 살림에 보태 쓰라고, 아니면 피로회복에 쓰라고 해 심복들의 기를 살려 정치의 활력을 증대시킬 수 있었다. 그들은 의롭지 않은 인심의 기로 비자금을 마련해 다시 그것을 의로운 도심에 기초한 이를 발하여 생동하는 기로 뭉쳐진 하나의 공동체를 형성해 나갔던 것이다. 여기에 인심의 선한 기가 도심의 의리와 결합해 그의 통치체계는 더욱 견고한 틀을 보여 주었다고 볼 수 있는 것이다.

그런데 이러한 공고한 통치체계는 노태우 대통령의 경우에서는 찾아볼 수 없었다. 1987년 6.29선언 이후 군인정치의 요체이기도 하였던 이른바 권위주의 의식은 포기하여야 하였으므로 이를 대체하는 '보통사람'의 개념으로 의식을 바꾸지 않으면 안 되었기 때문이었다. 그러니까 권위라는 지배의식을 권위가 없는 '보통사람'이라는 지배의식으로 전환을 강요하였던 것이다. 지배의식으로서의 '보통사람'은 통치자는 민에 대해 간섭하지 않는 시장의 자율성을 존중한다는 뜻으로 받아들여 경제사상적으로는 스미스의 자유방임주의를 추종하는 것으로 이해할 수 있으며, 결국 경제분야에서의 통치관리는 경제 · 행정관료에게 일임시키는 것이 최선의 통치였다고 볼 수 있는 것이다.

즉, 이런 상황에서 노 대통령에게 정치심복도 사실상 없었으며, 수고한 행정관료에게 하사할 수 있는 기회도 없었음은 당시의 탈권위주의에 몰두한 보통사람에게 불가능한 것이었다.

권위주의 포기는 권력욕의 포기였으며, 지배하지 않겠다는 의지이기도 하였다. 하지만 대통령으로서 통치의 책임을 지고 있는 상황에서 자기 본분을 다하지 않는 것으로 이해되어 통치면에서의 모순에 빠지지 않을 수 없었다. 이러한 자유방임적 통치는 경제분야에서는 집단이기주의 대두, 노사갈등의 심화, 부동산투기의 만연, 물가상승 경향, 무역적자의 확대, 종국적으로는 국민경제의 위축현상을 초래하였던 것이다. 통치개념이 부재한 보통사람은 무사안일의 함정에 빠질 수도 있는 것이었다.

그러나 노태우 대통령의 보통사람이라는 통치개념은 인심의 보통사람이었다. 그래서 이 경우 그것은 통치개념으로 간주할 수 없는 것이었다. 통치개념으로서의 '보통사람'이라면 그것은 당연히 도심으로서의 '보통사람'이어야 하였기 때문이다.

하지만 노태우정부에 있어 내치는 약하였지만 그래도 외치는 강한 인상을 주었다. 러시아를 비롯한 동구권과의 외교수립 및 중국과의 외교관계의 성립은 획기적이기도 하였지만, 거액의 재정자금을 국교정상화의 비용으로 러시아에게 대여하였던 것은 외교재정자금의 부실로 비판되고 있음은 주지의 사실이기도 하다.

이러한 인심으로서의 '보통사람'이 한국인의 문화정서에 적합지 않았음은 이래도 그만 저래도 그만인 '물태우'란 속어마저 항간에 나돌았다. 무엇보다도 후기 정권에서 밝혀진 노태우 대통령의 거액의 비자금사건은 그의 '보통사람'의 위선을 보이기도 해 국민을 실망시켰다. 비자금으로 전두환 대통령은 당시 정치적인 공신, 행정관료의 노고에 대해 푸짐한 하사로 일관하였음에 비해 노태우 대통령은 이러한 정겨운 나눔의 미덕을 전혀 보이지 않고 있어 탐욕적 인심에만 집중하는 사리적(私利的) 기(氣)만이 대통령의 마음을 지배하고 있었다고 평하지 않을 수 없다.[37)]

비자금은 재벌기업으로부터 조성해 이를 정치의 안정을 위해 지출한다고 한다. 그런데 그 거액의 비자금이 대통령의 사재로 축재된다는 것은 민간자산

37) 유가(儒家)의 순자(荀子)는 인간은 본래 그 성(性)이 악(惡)으로 점철되었다는 성악설(性惡說)을 주장한다. 이를 시정하기 위해 그는 악인을 교화하여 선인으로 만들 것을 권장한다. 그러나 서구의 정치철학자 홉스(Thomas Hobbes)는 악인은 형벌로서 다스릴 것을 권장한다. 하지만 철학자 니체(Friedrich Nietzsche)는 교화나 형벌을 부인하면서 원래 세상은 악으로 구성되어 있어 악도 선도 분별하기 힘든 무분별한 가치체계 속의 혼돈상태를 이루고 있어 진리(Wahrheit, truth)는 부재하며 무엇이 올바른 가치(Wert, value)인지조차 확인할 수 없다고 하였다. 그래서 그는 허무주의(Nihilism)를 주장한다. 연속적으로 나타나는 한국의 대통령 비자금사태를 니체가 보았다면 역시 허무주의로 체념하지 않았을까? 그러나 저자는 순자의 교화설을 믿고 싶다(Lee Spinks, 2003, p. 105). 이와 관련해 도가철학의 가르침은 보다 설득적이다. 즉, 『도덕경』의 도상무명(道常無名)의 명제는 이름 없이 인내하고 유작위한 도심에 몰두함은 만사가 형통하여 더 이상의 욕구도 사라져 세상은 평화와 조화만이 남게 된다는 것이다(Tao Te Ching, S. Addis, and S. Lombardo, 1993, pp. 37, 48; 無爲而無不爲, 有生於無. 道法自然. 企者不立. 曲則全).

의 착취이며 국민경제의 위축요인으로 볼 수 있다. 이런 자금은 예를 들어 부족한 재정재원을 지원할 수 있는 세외수입으로 사적인 재정지원, 즉 나라에 대한 기부금으로 수용하는 재정제도를 창안하여 국가에 헌납하도록 하는 것이 좋지 않을까 생각한다. 탐욕적 인심의 공익적인 도심으로의 전환은 재정적 미덕으로 보지 않을 수 없기 때문이다.[38)]

(2) 민속심리론적 재정행태 귀결의 정치경제학적 해설

다음에서는 '보통사람'의 재정행태가 민속심리론적으로 어떤 결과를 가져왔는가를 쉽게 이해할 수 있도록 살펴보자. 그런 이해가 성립되면, 즉 재정행태의 민속심리론적 귀결이 정치경제학적으로 어떤 의미를 지니는지를 파악해 이해해 보고자 하는 것이 본항의 목적이 될 것이다.

첫째, 사실상 재정이란 행정부의 일체의 정치 · 경제적 활동의 금고역할을 포괄하고 있으며, 어떤 면에서 그것은 정부의 나체(裸體)이기도 하다. 정부활동의 돈줄이 되는 지갑이 얇아질수록 정부활동도 제약을 받기 마련이기 때문이다. 벌거벗은 몸통이 그 사람의 건강을 대변하는데, 지나치게 비대하면 혈압상승으로 심장 및 뇌신경의 기능이 약해지며, 지나치게 마르면 피골이 상접하여 보행도 어려울 것이다.

따라서 마르지도 비대하지도 않은 건강한 재정의 몸통을 유지하기 위해서는 무엇보다 중시되는 원리로서 균형재정이 제시되고 있는 것이다. 나라살림도 가정의 살림과 같음은 예로부터 지켜 왔던 전통적인 원리인 것이다. 나라살림이라고 하여 정치가가 멋대로 쓴다면 그 결과는 적자재정을 초래해 백성의 살림을 어렵게 할 것이기에 예로부터 수입과 지출이 일치하는 균형예산을 재정적 미덕으로 삼았던 것이다.

38) 비자금의 발각시 국가헌납으로 되어 있어 사후처리되고 있으나, 발각 전에 이실직고하여 헌납하는 경우 처벌규정을 완화하여 국가헌납을 유도함으로써 건전재정을 도모할 수 있을 것이다.

둘째, 이러한 재정적 미덕을 내포하는 나라살림이 노태우 대통령 집권기에 어떤 모습으로 나타났는지를 민속심리론적으로 접근해 보자. 우선 나라살림의 국회제출시 대통령의 시정연설은 국무총리가 대독하고 있는 것이 한국 재정행태의 관행이기도 하다. 국회는 한 해 나라살림의 재정보증인으로서 정부가 제시한 예산을 심의 · 결정해야 할 의무와 권리를 행사해야만 한다.

세금을 내야 할 국민의 뜻이 담긴 나라살림의 대문이기도 한 것이 국회이며, 대문을 열어 다음 해 나라살림을 맞아들여야 할 것인지를 예의 검토 · 심사하는 곳이 연말의 정기국회인 것이다. 이와 같은 시정연설은 실제로 청와대 경제수석의 작품으로 보아야 하며, 대통령은 시정연설의 보고만 받을 뿐 더 중요한 정치일정에 신경을 쓸 뿐이다. 그러므로 대통령의 시정연설은 대통령 대행기구(청와대 경제수석 집필, 국무총리 대독)에 의해 수행되는 형식적 행사내용으로 볼 수 있다.

세금은 국민의 피땀 어린 노고의 산물인 개인소득에서 지출하고 있다. 이런 혈세를 걷어 이룩되는 나라살림을 위해 세금을 얼마만큼 걷겠다는 예산을 제시함에 있어, 즉 행정부의 대표인 대통령이 세금을 걷어 무슨 일을 어떻게 할 것인지를 시정연설로 국민 앞에 제시함에 있어 당연히 대통령 자신이 직접 출두해서 시정연설을 해야 마땅하지 않을까? 한국의 권위적인 시정연설 대독의 관습은 마치 대통령은 전통사회의 왕과 같은 권위적 위상의 절대성을 표출하고 있는 인상을 주고 있다. 이는 비민주적이고 권위적인 전통사회의 왕권적 위상을 노출시키고 있어 이의 시정이 요구된다 하겠다.

징세의 권리와 재정책임의 의무를 다하겠다는 약속을 시정연설이 내포하고 있다면 이는 직접 대통령이 새해 재정예산안을 읽을 때 국민의 납세의 의무감도 더 충실해질 수도 있음을 인식해야 할 것이다.[39)]

셋째, 재정운용에도 본과 말이 있다고 생각한다. 나라살림의 대본(大本)은 역시 균형예산이며, 말(末)은 그것의 정반대인 적자재정을 지칭한다. 균형예산

39) 이필우 외(1996).

이라는 재정적 미덕을 지키려고 노력하였으며, 재정운용의 본을 지켰던 사례는 제5공의 재정운용에서 볼 수 있었다.[40] 3공의 박정희정부는 고도성장에 집중한 나머지 적자재정으로 일관하였다. 그러나 5공의 전두환정권은 경제와 민생의 안정과 나라살림의 모범을 보이자는 솔선수범의 자세로 재정을 운용하여 재정적 미덕인 균형예산을 보여 주었던 것이다.

노태우정권하의 1988년도 재정운용이 흑자예산을 시현한 것도 실은 5공의 여파로 재정흑자를 시현한 것으로 보아야 할 것이다.[41] 그러나 다음 해인 1989년 이후 정권 말인 1992년에 이르기까지 매해 특별회계와 기금을 포함하는 통합재정수지를 보면 모두 적자재정을 발생시켜 나라살림의 본을 지키지 못하였다. 아니 그것은 해서는 안 될 나라살림의 말(末)을 거듭하여 1991년에는 무려 4조 200억 원의 적자를 시현하였다.[42]

문제는 일반회계에 있어서만은 균형예산이라고 주장할 수도 있다. 즉, 국채발행은 특별회계 및 기금에서 발행되기 때문이다. 그러나 매해 국가채무에는 차입이 계상되고 있으며, 그것은 한은 차입, 예금은행 차입, 공공기관 차입 등으로 그 중에서도 최악인 것은 통화증발을 요하는 한은 차입일 것이다. 아무튼 세입에 차입을 수입으로 계상한 재정수지를 흑자요인으로 처리함은 재정통계의 하자가 될 것임을 지적하지 않을 수 없다.

아무튼 1988년도와 1989년도를 제외한 해에 모두 재정적자를 시현해 재정운용에 미덕을 지키지 못한, 즉 재정책임을 다하지 못한 나라살림의 기생적인 기형아의 모습을 보여 주었다. 이러한 재정적 방랑아로 격하되어 지칭되는 기형아적 재정행태의 책임은 정부의 재정관료에 있었다고 본다. 당시 재정관련 관료는 예산실을 관장하는 경제기획원 그리고 재무부와 청와대 경제수석 등이 있었다. 우선 연초에 예산당국은 새해 예산지침을 마련해야 한다. 이는 국정을

40) 아웅산의 분노는 경제의 안정과 나라살림의 본을 실천해 보상하겠다는 좌절심리의 회귀적인 성공작품으로 볼 수도 있다.
41) 실은 5공에서 길들여진 나웅배 재무부 장관의 건전재정사상에 기인하였다고 볼 수도 있다. 국내교육에 그친 그는 고전적인 재정사상을 견지하고 있었다.
42) 재정적자의 수치에 관해서는 제4장 제1절의 '재정질서를 중심으로'를 참조할 것.

주제로 한 국무회의에서 결정되며, 세부적으로는 장차관회의에서 다시 재검토해야 한다.

5공에 이르기까지 국정에 관한 한 대통령을 중심으로 하는 청와대의 정책안이 그대로 통과되는 것이 상례이었으나 민주화와 행정부의 자율성이 존중되는 6공에서는 국정의 사안이라도 대통령의 의제가 일사천리로 통과되지는 않았으며, 수차에 걸쳐 수정되기도 하였다.

아무튼 예산지침이 결정되면 이를 각 행정기구에 시달하여 5월까지 예산액을 요구하도록 한다. 예산요구액은 각 부서에 따라 다르긴 하지만, 우선 민의의 존중과 특히 국회의원의 지역구 관리를 위한 예산의 추가요구가 쇄도하여 자연 전년도 예산을 상회하여 요구되는 것이 상례이다. 여기에 물가상승의 압박은 피할 수 없는 증대요인이기도 하다.

그리하여 예산실에서는 이러한 예산요구액을 조정하여 8월 말까지 예산안을 확정한다. 예산액 조정기간에 각 부처 간에 갈등과 마찰이 발생하며, 민간 또는 국회의 로비(lobby)도 다양하게 오갈 것이다.

거시적으로는 새해 성장률과 물가상승을 고려한 경상성장률은 상회하지 않도록 재정규모 증대를 꾀하고, 수입내지출원칙의 건전재정을 견지할 것이며, 다음에는 먼저 고정적인 지속적 경비를 배분하고 그 후 정책사업의 우선순위를 고려해 예산의 자원배분으로 예산안을 확정할 수 있다.

이렇게 해서 결정된 예산규모는 수입내지출을 초과하여 재원조달에 어려움이 뒤따른다. 그렇다고 균형재정을 유지하자면 정책사업의 일부를 축소 또는 포기해야만 한다. 그러나 그것을 포기하지 않고 추진할 것인데, 왜냐하면 포기하였을 경우 정권에 대해 비판과 무능정부로 낙인을 찍을 것이기 때문이다. 재원부족하에 정책사업의 추진은 결국 빚을 질 수밖에 없으며, 차입과 국채발행이 그 해결책일 수밖에 없는 것이다.

그래서 이러한 정책사업의 추진은 재정적으로 적자를 초래해 나라살림의 본(本)을 지키지 못하고 말(末)에 이르러 제 도리를 못하고 있는 것이다. 이는 재정적자로 국민의 재정부담을 더 늘리는 결과를 가져올 것이다. 사실 나라가 빚지는 것과 개인이 빚지는 것은 큰 차이가 있음을 알아야 한다. 같은 빚을 졌다 하더라도 개인은 그 빚을 못 갚으면 재산을 차압하거나 최악의 경우 법의 구속을 받을 것이다. 그러나 나라의 경우 부채의 상환은 얼마든지 연장할 수 있으며, 부채상환의 재원은 역시 국민 납세자로부터 세금을 더 추가로 걷어 상환함으로써 국채는 미래로 연장된 조세이며, 차기 세대의 부담을 더해 주어 상환하게 되는 것이다.

그러니까 국가는 국채발행의 경우 채무자이어야 하는데, 국공채 수익이 없는 한 상환은 조세수입으로 충족되며, 따라서 실질적으로 채무자가 아니다. 국민 납세자는 국공채의 채권자이면서 동시에 채무자 역할을 하고 있는 것이다. 결국 국가는 국채발행으로 실질적으로는 채무자가 아니며 추가적인 조세채권자 역할을 하게 되어 공짜수입으로 정책사업을 수행하고 있는 것이다.

그런데 놀라운 사실은 선진국일수록 국공채 발행의 GDP 비율이 크다는 것이다. 미국은 현재 1조 5,000억 달러가 재정적자이며, 일본은 국채발행의 대GDP 비율이 60%를 초과하고 있고, 독일 · 프랑스 · 영국 등의 국공채 비율도 엄청 큰 것으로 나타나고 있다. 한국의 국공채 비율은 고작 30% 수준에 머물러 안전하다고 하며 걱정할 필요가 없다는 것이다.

이는 나라살림의 본과 말을 망각하며 모르는 무지의 소치에 불과하다. 선진국의 지적 지도자들도 대체로 재정적자의 길을 그렇게 부정적으로 인식하지 않으며, 빚지고 사는 것을 악덕으로 보지 않고 거의 정상으로 생각하고 있어 나라살림의 본과 말이 뒤바뀌고 있다. 도대체 무엇이 진리인지 알 수가 없는 것이다. 오늘날 미국발 금융위기는 가계나 나라나 빚더미 위에 살다보니 돈 놓고 돈 먹는 도박식 자본주의로서, 세상의 본말을 망각한 작태의 귀결이 아니고 무엇이겠는가?

근검절약이 삶의 본인 것을 떠나 힘 안들이고 고관대작을 꿈꾸는, 즉 무비용으로 큰 것을 바라는(nothing for something), 도박식 사고가 아니 삶의 말이 본으로 역전된 세상을 살고 있는 것은 아닌지 한심할 뿐이다. 그래서 혹자는 이를 세기말적 세상으로 단정하는 의식과 분위기는 무시할 수 없다. 말세가 아닌가 경고하고 있다.[43)]

이론적으로 국가의 재정적자가 미덕일 수도 있다 하는 사상은 케인즈(J. M. Keynes)로부터 제시되었다. 나라살림도 지출을 많이 할수록 부유해진다는 소비지출의 미덕을 주장하였음에 연유되고 있다. 특히, 균형재정의 재정승수는 1이지만 적자재정의 그것은 1보다 크다는 승수효과이론이 주장되어 나라살림의 말을 본으로 전도시킨 장본인이 바로 케인즈였다.[44)]

거시경제의 균형을 위해 적자재정이 도움이 된다는 케인즈의 견해에 대해 하이에크(Hayek)와 프리드먼(Friedman)을 중심으로 하는 시카고학파의 반론이 있으며, 삶의 본은 역시 근검절약으로 균형재정을 역설하고 있다.[45)]

당시 예산편성의 책임관료는 조순, 이승윤이었다. 미국에서 경제학 공부를 한 이들 재정책임자들은 케인즈적 이론의 합리성을 배경으로 당시의 경미한 재정적자를 수용하지 않을 수 없었을 것으로 생각된다.

아무튼 노태우정권의 나라살림은 재정질서의 기본이 결여된 절름발이 나라살림이었다고 단정할 수 있다.

다음 중앙집권적 배분과 보조금 지출의 정치문화적 의식과 정서에 대해 이야기를 엮어 보자. 권위주의가 민주화의 여파로 불식되었다고 하지만 행정관료의 행태에는 반드시 그렇지도 않다. 특히, 그것이 돈과 관련된 재정관료의 경우 보이지 않는 권위의식과 분위기는 무시할 수 없는 것이다.

노태우 집권기에 획기적인 정치적 이벤트는 지방자치였다. 그러나 지방의회의 설립 등 선거도 허용하였으나 자방자치단체장은 중앙정부에 의해 임명제를 고수하였다. 어쨌든 지방자치를 위해 재정적으로 자치단체교부금 수준을 13%에서 17%로 상향조정하여 중앙정부로부터의 통치에 길들였다.

43) J. Buchanan and R. Wagner(1974), Chapter 9.
44) 이필우(1976), p. 548.
45) Rose Friedman and Milton Friedman(1980).

중앙집권하의 지방단체는 재정적으로 중앙에 의존함으로써 중앙정부는 자연 지방단체에 대해 권위적이었으며, 지방자치단체 관료는 어떻게 하면 중앙으로부터의 신인도를 높여 더 많은 보조금을 배정받을 수 있을 것인가에 신경 쓰지 않을 수 없게 된다. 따라서 중앙은 지방에 대해 권위적인 통치의식을 가지며, 반면 지방은 중앙에 대해 순종적이고 아첨과 공경심으로 전념하는 의존적 태도를 보여 줄 수밖에 없었다. 따라서 보조금을 최대화하면 중앙의 권위적 절대성과 통치력은 더욱 확대되며, 이에 지방은 더욱 의존성을 증가시켜 지방으로서의 자치적 요인은 전무하게 될 것이다.

그리하여 지방주민들의 염원은 하루속히 자치적인 독립적 단체로 중앙에 끌려다니지 않고 지방주민을 위한 자율적인 자치활동을 보장받을 수 있는 지방자치의 제도화를 이룩하는 것이었다. 지방자치 그것은 민주주의이기 때문에 이를 정부도 부인할 수 없어 지방자치의 틀을 점진적으로 추진하기에 이른 것이다.

지방자치를 위한 개혁과제는 무엇보다도 세제의 지방자치화에 있음을 알아야 한다. 아직도 중앙정부는 지방자치를 위해 교부금의 비중을 늘리며, 중앙의 일부 세목의 수입 중 예를 들어 주세의 15%, 연초세의 지방이양 등 자치단체 재원조성의 힘을 증대시키는 것으로 일관하고 있다.

완벽한 지방자치를 위해서는 무엇보다도 지방단체의 재정능력을 확충시켜 주어야 할 것이다. 현행의 지방세목으로 자치재원을 마련하기에는 너무나 취약한 세제를 보여 주고 있기 때문이다. 가장 큰 지방세목은 재산세이다. 소득세, 법인세, 부가가치세 등 조세의 대종세목은 중앙정부가 독점하고 있으며, 지방세제의 취약성으로 인해 지방자치를 제도화해도 그 실천에는 상당한 제약성, 특히 재정적인 어려움이 이의 실천을 가로막고 있는 것이다.

한국의 현행 지방자치제도는 집권형 지방자치제도라고 볼 수 있다. 왜냐하면 재원조달 시스템이 지방자치를 위해 중앙정부의 세목수입의 일부를 떼어 자치를 지원해 주고 있어, 재정적으로 중앙정부에 의존하여 자율적인 지방의 의

지수렴은 항시 중앙정부의 재정적 통제로 견제 내지 통치될 수 있기 때문이다. 이런 제도를 저자는 집권형 지방자치라고 칭하고자 한다.

진정한 의미에서의 지방자치는 분권형 지방자치이어야 한다. 그러기 위하여는 자치단체의 자체적인 세목을 더 늘려야 할 것이다. 지방소득세나 지방소비세와 같은 자체적이고 독립적인 세원이 확보될 때 분권형 지방자치의 실현은 가능할 것이다.

해외선진국에서는 이러한 독립적인 세원이 주정부의 소유로 되어 있으며(미국의 경우), 독일의 경우에는 소득세, 법인세, 부가가치세 등의 세수의 각 50%를 연방정부, 나머지 50%는 주정부가 소유한다. 이를 함께 나누어 소유한다는 의미에서 공동세(Gemeinschaftssteuer)라고 한다. 연방정부와 지방정부인 주(Bund)가 각기 당초에 조세수입의 소유를 확보하고 있어 연방의 간섭이나 통제의 가능성을 배제함으로써 분권형 지방자치를 실현하고 있다. 물론 우리나라의 교부세와 유사하다고 할 수 있는데, 차이는 교부세는 중앙정부가 배려해 주는 재원이나 공동세는 당초에 그런 연방의 배려라기보다 당초에 하원에서 연방과 주의 합의에 의해 이루어지며 재원상의 소유주체가 공동으로 되어 있음에 있다. 특히, 독일에서는 모든 조세의 입법권은 연방의회에서 수행되고 있지만, 지방세와 사치세(Aufwandsteuer)의 경우 주정부가 그 입법에 책임을 진다. 지방세의 자치권을 인정하는 독일의 분권적인 운용체제를 참고해야 할 것이다.[46)]

노태우 집권기에 또 하나의 집권형 지방자치의 일환은 양여금제도의 설립이다. 이는 1991년에 특정 내국세의 전부 또는 일부를 지방에 양여하여 자치재원을 지원하는 교부세와 보조금의 중가에 위치하는 또 하나의 집권형 지원제도로 볼 수 있다. 지방양여금은 특히 교육에 집중하여 양여되고 있다. 앞에서 지적한 바와 같이, 시한부적 교육세는 영구조세로 결정하였으나 방위세는 남북협상을 위해 아예 철폐하는 것으로 결정하였다.

저자는 이러한 집권형 지원제도의 확대로 지방자치를 유도함은 한국의 민

46) 이필우(1995), p. 260.

주적인 삶을 기본적으로 저해하는 정책행위로 본다. 어떤 의미에서 노태우정부는 지방자치의 지원을 재정적으로 적극화한 지방자치의 화신으로 평가하기도 하지만, 이는 오히려 분권에 의한 자율성과 재원활용의 자주성이 저해되는 집권형 지방자치의 강화와 확대를 뜻한다. 이러한 집권형 지방자치를 리그스(F. Riggs)는 '증여적 경비'(donative expenditure)라고 해 돈을 대 주는 대가로 권위를 확대하였다고 논증하고 있다.[47]

따라서 권위주의를 벗은 '보통사람'으로 시작한 정부는 오히려 집권형 지방자치의 확대로 역설적으로 재정관료의 권위의 힘이 더욱 증대되었음을 덧붙이면서 노태우정권의 재정행태 귀결의 정치경제학적 의미에 대해 마치고자 한다.[48] 재정관료의 마음은 순수한 의미에서의 민주주의라는 유작위(有作爲)의 도심(道心)이 아니라 지배력에 기초한 권위라는 무작위한 인심(人心)에 크게 좌우되는 단자적(單子的) 개인주의로서, 전체론적인(holistic) 국민통치의 본과 말을 인지하는 대아적(大我的) 도심이 부진하였음을 지적하고자 한다. 이에 다른 의견이 있을 수 있지만 이를 제시하는 것은 지방의 교육행정비 지원은 교사의 해외연수비 확장으로 낭비되고 있으며, 이는 지방교육기관의 중앙관료에 대한 충성심의 유발을 강화하여 권위주의의 성장을 촉진시킬 수도 있어 감히 양여금의 정치경제학적 취약성을 지적하지 않을 수 없다 하겠다.

그래도 노태우정권의 재정외적 공헌이 있다면, 대외적으로는 중국 및 동구권 국가와의 외교이며 대내적으로는 토지공개념법의 도입이었다(토지거래허가제, 신고제, 토지초과이득세, 택지상한제 등). 이는 토지투기를 억제함에 있어 기본이기도 하였으며, 특히 토지의 사용권을 제약하고 국가공동체의 편익이 되는 공공목적을 위해서는 사적 소유로부터 사용권을 제한하여 정부에 의해 수용됨을 허용하는 등 민간소유의 토지를 그 이용에 있어 공공성의 편익을 중시하였

47) Fred Riggs(1964), p. 312.
48) 여기에서 저자가 의미하는 정치경제학은 마르크스(Marx)적인 자원활용의 지배력에 집중하는 접근도 수용하면서, 한편 미국의 툴럭(G. Tullock)의 공공선택적인 정치시장의 지배력을 모두 포함하는 개념으로 적용하였다. 그러나 이러한 개념활용의 보다 완벽한 적용처리에는 실질적으로 부진하였음을 고백하면서 현자(賢者)의 비판을 수용하고자 한다.

다는 점에서, 또 토지이용의 사회정의를 지향하였다는 점에서 높이 평가해야 할 것이다.[49]

49) 그러나 이러한 토지공개념은 민간자산에 대한 정부간섭으로 시장기능의 쇠퇴를 초래하고 있어 자원배분에 비효율성을 증대시키고 있다고 비난할 수 있으나, 국회의 승인을 얻은 공공사업을 위해서는 시중가격의 보상기준을 지킨다면 민간토지의 공공수용은 합리적이라고 생각된다.

제6장

‘문민정부’의 재정행태(김영삼, 1993~1997)

1 들어가는 말

대통령의 임기는 5년으로 되어 있으나 재정운용면에서는 사실상 그 임기와 일치하지 않고 있다. 즉, 12월에 대통령에 당선되어 그 다음해 연초에 취임식을 한 후부터 집권이 시작된다. 그러나 취임 후 첫 해의 재정은 지난해 말에 구정권이 편성한 예산으로 나라살림을 집행해야 된다.

그러나 개각 후 예산편성을 하자면 최소한 6개월이 소요되므로 이 기간은 집권의 부재를 의미할 것이며, 따라서 이러한 재정의 공백기를 제거하기 위해 집권기 첫 해의 예산편성은 구정권에 맡길 수밖에 없다. 이때 재정행태는 구정권의 정책가치에 지배되며, 새 정부는 구정부의 나라살림안을 수용할 수밖에 없다.

실질적으로 한 정권의 재정집행의 연수는 5년이 아니고 4년이며, 예산편성의 연수는 5년이다. 집권 마지막 해에 신정권을 위한 예산을 마련해 주어야 하기 때문이다. 그러나 예산의 집행에 있어서만은 새 정권의 재정의지를 반영하여 집행함으로써 집권을 시행할 수 있다.

여기에서는 김영삼 문민정부의 예산편성 및 집행을 포함하는 재정행태를 재정책임자인 대통령과 재정관료의 재정가치를 파악하면서, 그러한 목적가치를 전제로 하여 어떠한 형태의 재정행태가 전개되었는지를 살펴보고자 한다. 이러한 행태의 이해과정은 재정적 제도에 대한 과정의 이해에 지나지 않으나 재정통계지수의 정치경제학적인 요소를 내포하는 재정의지 내지는 목표지향적인 의도적 행위(intentionality)가 개입되었는지를 탐색해 보고자 한다.

특히, 김영삼정부는 3공의 박정희, 5공의 전두환, 6공의 노태우 대통령 등 군출신 군사정부의 독재성을 탈피하여 순수 국민에 의한 국민의 정부임을 강조함으로써 과거의 정부와 차별화하고 있는 것이 큰 특성이기도 하다.[1] 따라서 한국 재정운용에 있어 문민정부의 공공선택적인 민의수렴이 얼마나 성공적이었는지를 살펴보고자 한다.

2 김영삼 대통령의 목적행태로서의 정책의지

(1) '한국병'과 금융실명제

1992년도의 대통령선거전은 3파전이었다. 김영삼 후보의 민정당, 김대중 후보의 민주당, 정주영 후보의 국민당, 이렇게 세 후보가 주류를 이루어 경선한 결과 김영삼 후보가 김대중 후보를 약 194만 표 차이로 누르고 대통령으로 당선된다.

그는 정치개혁의 과제로 부정부패의 비리척결, 경제활력 재생, 국가기강 정립의 세 가지를 제시하고 있다.[2] 과거의 군사정부는 재벌기업과 결탁하여 수천억 원의 비자금을 조성하여 정치자금으로 활용하고, 여분은 사재로 착복하는 정경유착으로 일관하였다고 비난하면서, 앞으로 문민정부에서는 이러한 정경유착으로 인한 정치적 비리를 척결하고 돈 안 쓰고 안 받는 깨끗한 정치를 할 것을 다짐하였다. 위에서의 바른 행동은 하부 민간의 비리도 없어져 공명정대한 바른 사회가 이루어질 것이므로 국민적 기대는 컸다. 게다가 전정부의 경제운용 부실이 물가고와 국제수지 적자로 국민경제를 위축시키고 있어 이를 시정하는 경제활성화로 민생을 안정시켜야 하였다. 이를 위해서 정부가 해야 할 일은 규제를 풀고 기업의 자율성을 촉진하여 국제경쟁력을 제고해야 하는 것이었다. 또한 추락일로에 있는 국가기강을 바로잡는 일이다. 목적을 위해서 도의적 절차를 무시하는 행태는 사회의 부정비리만을 가져와 민생은 어지럽고 무질서한

1) 김영삼 대통령은 취임사에서 문민주의 시대로 규정하면서 국민에 의한 국민의 정부를 역설한 바 있다(함상득 편, 2001, p. 21).
2) 대통령 취임사에서 지적함(함상득 편, 2001, p. 23).

무법천지가 될 것이기에 이를 바로잡아 법적 · 도의적으로 건전한 사회풍토를 진작시켜야 할 것이다.

이러한 3대 국정목표가 달성되기 위해서는 재정면에서 뒷받침되어야 할 것이다. 첫째, 국정비리의 척결수단은 금융실명제로, 이는 1993년 8월 대통령령으로 직접 도입하였다.[3)] 정치비리를 없앨 수 있는 효과적인 방법인 이 제도를 통하여 돈의 흐름을 투명하게 파악함으로써 부정비리행위를 타인에게 전가 회피할 수 있는 기회를 제거할 수 있다는 것이다.[4)]

둘째, 과거 군사정권하에서 고도성장을 위한 경제정책은 기업에 대한 규제와 감시 · 통제가 심하였다. 이는 기업이 창의성과 자율성을 저해하여 국제경쟁력 제고에 애로점으로 작용하였다. 이제 국제경제는 개방체제 속에서 다원화하고 있는 상황에서 이러한 규제일관의 경제정책에는 한계가 있으므로 보다 자율적인 시장기능을 활성화시켜야 할 것을 강조하지 않을 수 없었다.[5)] 따라서 경제활성화의 요체는 정부규제의 완화, 개방화로 경쟁력 향상에 있었다.

셋째, 국가기강의 정립은 집단이기주의, 집단할거주의 등 이기적인 사고에 근거를 두고 있다고 보면서 향후 사회구성원으로서의 국민은 하나의 공동체의식을 가지고 국가를 건전하게 발전시켜야 한다는 가치사상으로 기쁨과 고통을 함께 나눌 수 있는 고통분담의 공동체사회를 유도하여 발전시켜야 함을 김 대통령은 취임사에서 강조하고 있다.[6)] 이러한 한국을 그는 '신한국'(新韓國)이라 하였으며, 그것은 '한국병'을 극복한 신바람나게 일할 수 있는 공동체사회를 지칭하는 것이었다.[7)]

여기에 덧붙일 것이 있다면 권위주의와의 결별이었다. 이는 6공 정부에서

3) 당시 김 대통령의 판단은 금융실명제를 국회에 일임하면 난상토론이 벌어져 결국 그의 도입이 불가능할 것으로 인식하였다. 시간적 · 행정적으로 비용이 덜 드는 방법으로 그는 대통령령을 동원하였으며, 이는 매우 합리적인 결단이었다. 이 점에 있어 그는 행정을 앞서는 정치적 결단력을 보였던 실천적인 정치가로 평가할 수 있다.
4) 정영현 · 노영훈(1996), p. 16f.
5) 이러한 규제의 완화는 기업에 부담을 주는 준조세의 철폐를 가져와 기업의 자율화에 도움을 줄 수 있다고 보는 것이다.
6) 함상득 편(2001), p. 24f.
7) 함상득 편(2001), p. 22.

도 명시적으로 제시된 공약으로 김영삼 대통령도 표면적으로는 전정권에서처럼 권위주의의 제거를 주장하였다. 그러나 실질적으로는 권위는 지도력의 보이지 않는 힘으로, 이는 지도자의 내면적으로 함양된 덕에서 나오는 무의식적인 자연적 행태의 귀결이며 진정한 의미에서의 권위라 하고, 자신은 이러한 내면적 · 자연적 권위를 지향하겠다고 역설하였다.[8)]

넷째, 북한과의 관계는 대립이나 대결이 아니라 이제는 협력과 민족의 화해로 평화와 통일을 가져와야 한다고 역설하였다. 김일성과의 상봉을 기약하였으나 김일성의 사망으로 실천되지 못하였다.

김영삼 대통령의 통치목표는 대체로 위와 같이 네 개로 요약될 수 있으며, 이러한 목적가치가 재정면에서 어떤 형태로 나타나고 있는지를 다음에서 살펴보고자 한다. 그에 앞서 예산제출시 행한 시정연설도 김영삼 대통령의 국정목표로 볼 수 있으므로 이에 대한 내용을 살펴보자.

예산제출에 있어 대통령의 시정연설은 해마다 치루는 규칙적인 관례로 되어 있어 그 형식이나 내용도 거의 유사함을 알 수 있다. 형식은 국무총리의 대독으로 끝나며, 내용에 있어 구체성을 띤 정권의 의지적인(intentional) 특수한 정책이 가끔 제시될 뿐 그 순서나 내용은 거의 매해 되풀이되는 관례행사에 지나지 않는다. 즉, 연년의 반복적 관례행사라 해도 좋을 것이다.

먼저 국가 전체적인 정치 · 경제적 여건의 설명이 있으며, 끝으로 새해 예산안의 개관을 하면서 매해 강조되는 것이 있다면 건전재정과 물가안정이었다.

김영삼정부 집권기(1993~1997)에 펼쳐진 예산의 국회제출시 행한 시정연설을 하나의 목적행태로 보며 설명하면서 지금까지의 정부가 제시하지 않은 정책목표에 대하여도 살펴보기로 하자. 이를 대통령의 비경험적 가치(unexperienced value)로 간주하고 서술하겠다.[9)]

8) 김영삼 대통령은 이 밖에도 '하나회' 철폐를 통해 군개혁을 하였으며, 청와대 앞의 호화찬란하였던 '안가'를 철거하고 정경유착의 고리를 끊기 위한 금융실명제를 도입한다.

9) 여기에서 비경험적이란 선험적(pre-experienced)이란 의미와는 다르다. 선험적이란 인간이 체험할 수 없는 세상으로 형이상학적(metaphisical)인 의미를 내포한다. 비경험적(unexperienced)이란 인간이 미래에 체험할 수 있는 상황으로 그러나 아직 체험하지 않은 새롭고 혁신적이고 개혁적인

시정연설 중 정치적인 개혁에 대해서는 앞에서 서술한 바와 같다. '한국병'의 치유, 군개혁, 대북 경제협력, 지방자치제의 강화(자치단체장체제) 등이 그것이었다.

(2) OECD 가입과 사회 인프라구조 확충(교육투자 확충, 인천국제공항, 월드컵축구대회)

그리고 경제분야에 대해 경제안정과 국제경쟁력 향상은 매해 공통적인 견해였다. 그리고 이를 위해 정부규제의 완화, 국민연금제도의 확산, 농어촌 지원의 증가, 사회간접자본의 확충 등 매해 거듭 지적되는 내용이므로 이에 대한 재론을 피하겠다.

첫째, 김영삼정부는 1995년에 한국의 1인당 소득이 마침내 1만 달러가 되었고, 수출은 1,000억 달러가 되었음을 발표한다. 1993년에는 OECD에 가입함으로써 한국은 선진국 대열에 서게 된다. 가장 특징적인 경제개혁은 전술한 바와 같이 금융실명제였다.

둘째, 경제성장률은 1995년에 9% 수준으로 육박한 실질경제성장률은 7~5% 대 수준으로 저하되는 경향을 보였다. 경제안정을 강조하면서 물가안정은 1995년도에 5%를 목표로 하고 있다.

셋째, 김영삼정부는 교육개혁을 위해 국무총리를 위원장으로 하는 개혁추진회를 결성하고, 앞으로는 군분야에 예산지출액의 5%를 교육에 투입할 것을 공약한다.

넷째, 김영삼 집권기에는 2002년의 월드컵축구대회를 유치하였으며, 또한 경부고속철도의 건설과 영종도에 신국제공항을 건설 추진중에 있었다.[10]

다섯째, 건전재정은 해마다 강조하는 연례 예산목표이다. 그러나 매해 추가

경험을 지칭하는 의미로 사용하였다.

10) 국회 사무처, 『국회회의록』, 제177회 제3차, p. 17.

경정예산을 편성하였는데, 이는 대체로 세입부족으로 발생된 적자예산의 계속이었다. 무엇보다도 집권기 말년에는 금융위기로 치달아 한국 경제는 엄청난 어려움을 겪는다. 특히, 한보 · 기아의 재무사태는 한국 경제의 몰락을 자초하고 있었다. 이에 대해 김 대통령도 한국 경제가 "급변하는 경제환경에 잘 대처하지 못하고 있다"고 하면서 "…… 30년간의 개발연대를 거치면서 누적되어 온 고비용 · 비효율구조가 아직도 우리 경제의 곳곳에 남아 있습니다. 이러한 구조적인 문제를 직시하고 이를 근본적으로 치유하는 노력을 기울여 …… 경제적 어려움을 극복할 수 있을 것입니다"라고 언급하였다.[11]

여기에서 빠져서는 안 될 사항이 있다. 그것은 다름 아닌 재정기구상의 일대 변화였다. 예전에는 예산과 집행을 분리하여 재정운용을 이원적으로 운용해 왔다. 즉, 예산의 편성은 경제기획원의 예산실, 집행은 재무부에서 전담하였다. 그러나 미국을 제외한 모든 선진국에서는 재무부(Finanzamt, 독일) 또는 대장성(일본)에서 예산과 재정업무를 모두 관리하여 재정업무의 일원적인 운용을 하고 있다.[12] 그런데 김영삼정부는 이러한 과거 정부와는 달리 일원적인 재정운용체제로 기구개편을 단행하였음은 일대 혁신이 아닐 수 없는 것이었다.

3 김영삼 문민정부 집권기 재정관료의 재정의지-수단행태

나라살림의 전체적인 모습은 재정업무를 전담하는 재정관료의 재정의지에 나타나기 마련이다. 이러한 재정관료의 재정행태는 엄격히 조명한다면 일단 제시된 대통령의 국정목표에 따라 그 목표를 지향하는 수단행태로서 예산과 예산집행을 담당해야만 한다. 따라서 재정관료의 행태는 수단을 제시하는 수단행태

11) 국회사무처, 「1988년도 예산안에 대한 정부의 시정연설」, 『국회회의록』, 제185회 제4차, p. 3.
12) 재정운용에 있어 일원적인 운용이 정책적으로 효율성이 있음을 논증하는 견해는 이필우(1986) 참조.

로 보아야 한다.

(1) 경제활성화와 긴축재정

그러나 예산편성은 대통령의 국정목표를 지향하는 목적변수로 볼 수 있다. 이를 외면적으로 목표행태로도 볼 수 있지만, 재정관료의 행태는 어디까지나 대통령의 국정목표를 달성하기 위한 수단으로 간주할 수밖에 없다.

김영삼정부가 실은 1993년에 출범하였지만 자체적인 예산편성은 1994년도부터였다. 1993년도 예산은 이미 노태우정권에 의해 제시되었기에 문민정부 첫 해에는 싫건 좋건 전정권의 국정에 따를 수밖에 없었다. 그러나 집행면에서는 문민정부의 혁신적인 국정방안을 적용할 수 있다.

첫째, 문민정부의 국정의 개혁적인 의지는 무엇보다도 경제활력을 회복시키고, 국가기강을 바로잡으며, 부정부패를 일소하는 것이었다. 이러한 개혁의지를 실천하기 위해 우선 재정적으로 충분한 재원을 조달해야 하며, 또 어디에 얼마큼의 재원을 배분할 것인가 하는 재원배분의 우선순위를 결정해 예산을 편성하도록 되어 있다.

둘째, 단년도 위주의 예산운용을 이제는 중장기 재정계획을 수립하는 재정의 장기적인 안목을 제시한 바 있다. 국정목표를 중기와 장기로 구분해 목표달성의 정확성과 효율성을 제고하였다. 특히, 1994년에는 경제기획원을 폐쇄하고 재무부에 그 업무를 인수 · 확장시키면서 재정경제원이라 개칭하여 예산업무와 예산집행을 동시에 수행하도록 하는 선진형 재정일원화를 실현하였다. 그리하여 재정운용은 1994년도부터 예산과 재정집행을 단일화함으로써 재정효율성을 증대시킬 수 있었다.

셋째, 이보다 더 큰 제도개선은 금융실명제의 도입에 있었다. 경제행동의 기본 질서인 실명제는 토지자산거래에도 적용되는 것으로 나라살림에 그 효과를 기대할 수 있는 것이었다. 이를 대통령령으로 시행하였음은 제도도입의 비용을 줄이고, 적용상의 효과도 긍정적으로 평가할 수 있는 것이었다. 그것은 하나의 단순한 제도개혁이라기보다 일상적인 경제생활의 일대 사건이었다.[13)]

넷째, 재정운용의 기본인 건전재정원리는 예산의 긴축편성에 집중하였다기보다 집행상의 긴축을 추구한 것으로 나타났다. 즉, 1993년도 집행실적에서 보면 경직성 경비로 일컫는 일반행정비의 긴축운용으로 경상적 경비지출은 전년도에 비해 절감 집행하였다. 그리하여 1993년도 집행실적에서 보면, 세입은 예산액보다 더 걷고 세출은 예산액보다 덜 사용함으로써 이른바 세계잉여금이 약 3조 1,800억 원 발생하였다. 이는 사실상 예산을 다 쓰지 않은 불용액의 누적으로 발생한 것이었다. 이러한 잉여금을 근검절약정신으로 아껴 쓴 긴축집행의 결과라고 해설할 수도 있으며, 한편 예산이 있는데도 사업부진으로 완벽한 재정운용을 시행하지 않은 부실재정으로 볼 수도 있기에 예산불용액의 정치·경제적 의미의 파악은 어렵다 하겠다.[14)]

다섯째, 1993년도 조세수입은 예산액보다 2.4% 감소를 보였으나 세외수입은 예산액보다 1조 4,000억 원을 증가시킬 수 있어, 이 해에 총세입은 예산액을 초과한 반면 세출은 세입을 하회하여 흑자재정(일반회계)이 가능하였다.

(2) 지방자치의 분권화와 교부금양여

한편, 세출면에서의 특성을 보면 방위비는 총예산 대비 25%였으며, 그 다음이 경제개발 20%, 교육 19%, 사회개발 11%였고, 지방재정교부금과 일반행정비는 각기 11%였다. 한편, 과거 30%였던 방위비가 25%로 저하되고 있음이 특징적

13) 이러한 금융실명제는 새롭고 혁신적인 제도개혁으로 사회심리학적으로 하나의 사건(event, Ereignis)으로 보아야 한다. 관례적이고 일상적인 행위는 늘 겪는 일이기도 하다. 예산편성, 그 집행 등은 매해 체험하는 관례적인 행동으로 볼 수 있어 새로울 것이 없다. 그러나 사건은 지금까지 겪지 못하였던 새로운 일이 체험됨을 의미한다. 내던져져 버린 인간은 더 낳은 삶을 위해 기투(企投)를 통해 현실에 도전하는데, 이를 하이데거(M. Heidegger)는 Ereignis라고 표현하였다(M. Heidegger, 1962, p. 257). 아무튼 금융실명제는 그간의 가차명계좌의 실명화를 촉진시킴으로써 시장거래의 투명성을 제고하고 시장기능의 확실성을 도모하였다고 평가된다. 금융실명제의 평가에 대해서는 재무부(1994a), p. 97 참조.

14) 경제기획원, 1994년도판, p. 71.

이다.[15)]

여섯째, 특히 1994년도 예산에서 지방자치단체에 양여하는 국세를 일반회계에서 처리하지 아니하고 지방양여금특별회계와 지방교육양여금관리특별회계에서 처리하도록 하였음은 지방자치의 분권화 의미를 강조하는 것으로 볼 수 있다.

일곱째, 한편 1996년도에 특별회계는 정부가 전업으로 관리하는 양곡관리, 철도사업, 통신사업, 조달관리의 4개의 기업특별회계와, 반관반민으로 운용되는 재정투융자특별회계 등 18개의 특별회계를 합쳐 22개로 구성되어 있다. 이를 정리해 보면 〈표 6. 1〉과 같다.

1996년도 예산집행실적을 보면 건전재정원리인 수입내지출원칙을 지켰음에도 불구하고 매년 적자재정을 면치 못하고 국채발행으로 부족재원을 메우고 있다. 국채발행의 종류에는 두 가지가 있는데, 하나는 통화관리 목적의 외국환평형기금채권이 있으며, 다른 하나는 재원조달 목적의 양곡증권, 국채관리기금채권, 국민주택채권 등이 있다.

4 문민정부의 재정행태

(1) 재정수지의 흑자화

1996년도 국채발행액의 대GNP 비율은 10.5%로 전년도의 12.2%보다 감소되고 있다. 이 해에는 유일하게 재정수지 흑자를 기록하였는데, 이는 일반회계의 세입이 증대된 데 기인되었다. 동년 예산에는 통합재정수지에서 7조 135억 원의 적자를 계상하였으나 결산에서 세입증대로 1조 990억 원의 흑자가 실현되어 순

15) 경제기획원, 1994년도판, p. 75.

〈표 6. 1〉 특별회계의 종류(1996년도)

공공사업특별회계	기업특별회계
재정투융자	양곡관리
국유재산관리	철도사업
농어촌구조개선	통신사업
농어촌특별세	조달
교통시설	
등기	
지방양여금관리	
교도작업	
국민연금	
지방교육양여금	
에너지 및 자원사업	
환경개선	
국립의료원	
토지관리 및 지역	
체신보험	
자동차교통관리	
특허관리	
교육환경개선	

자료: 재정경제원, 1996년도판, 경제백서, p. 137.

재정수지가 1조 8,000억 원의 흑자재정을 실현하였다.[16)]

이러한 재정수지의 흑자재원은 국내차입금(한국은행 및 시중은행) 상환에 사용되었고(8,034억 원), 나머지는 해외차입금 상환에 지출하여 국내외 나라빚을 갚는 데 도움이 되었다.

16) 재정경제원, 1996년도판, p. 139.

(2) 정부기구의 감축

다음에는 김영삼정부의 '작은정부'론에 대해 살펴보기로 하자. 작은정부론은 이미 5공 시절에 제시되었다. 당시 서구 제국 특히 영국의 신보수주의적 개혁정책에 영향을 받아 작은정부론을 표방하였다. 김영삼정부는 집권 직후 2개의 부처를 통폐합하였으며, 1994년 말에 가서는 역시 2개 부처를 통폐합해 9명의 장 · 차관급을 감축하였고, 모두 1,345명의 공무원 감축을 단행하였다. 그러나 정권 후기에는 해양수산부와 중소기업청을 신설하여 오히려 공무원을 증가시켜 작은정부론은 실질적으로 무산되는 결과를 가져오기도 하였다. 역대 정부의 공무원 인력감축과 국가기구 개편은 〈표 6. 2〉에서와 같다.

김영삼정부의 인력감축 규모는 1,345명으로 이를 전두환정부의 4만 6,489명과 비교하면 1/40에 불과한 작은 규모임을 알 수 있다. 사실상 문민정부보다 군사독재정부가 보다 작은정부론의 강자였음을 볼 수 있다.

이러한 작은정부론의 제약성을 행정학적인 제도적 경직성을 이유로 지적

〈표 6. 2〉 한국 중앙행정기구의 조직 및 인력감축(1981~1996)

행정기구 개편(시기)	직급별 직위 및 인력의 변화					
	장 · 차관	차관보, 실장(1급)	국장(2, 3급)	과장(4급)	5급 이하 인력	감축된 전체 조직 또는 인력
전두환정부						
1981. 10. 15	-7	-37	-164		439 -35,890	-599 -46,489
김영삼정부						
1993. 3. 4	-4	-1	-7	-15	-112	-139
1994. 1. 11	0	-11	-16	-36	-181	-244
1994. 12. 3	-5	-4	-27	-112	-854	-1,002
1996. 5 및 8	0	2	2	-4	40	40
계(1993~1996)	-9	-14	-48	-167	-1,107	-1,345

자료: 한국정치학회 편(2001), p. 104.

〈그림 6. 1〉 김영삼정부의 중앙국가기구 개편(1993~1997)

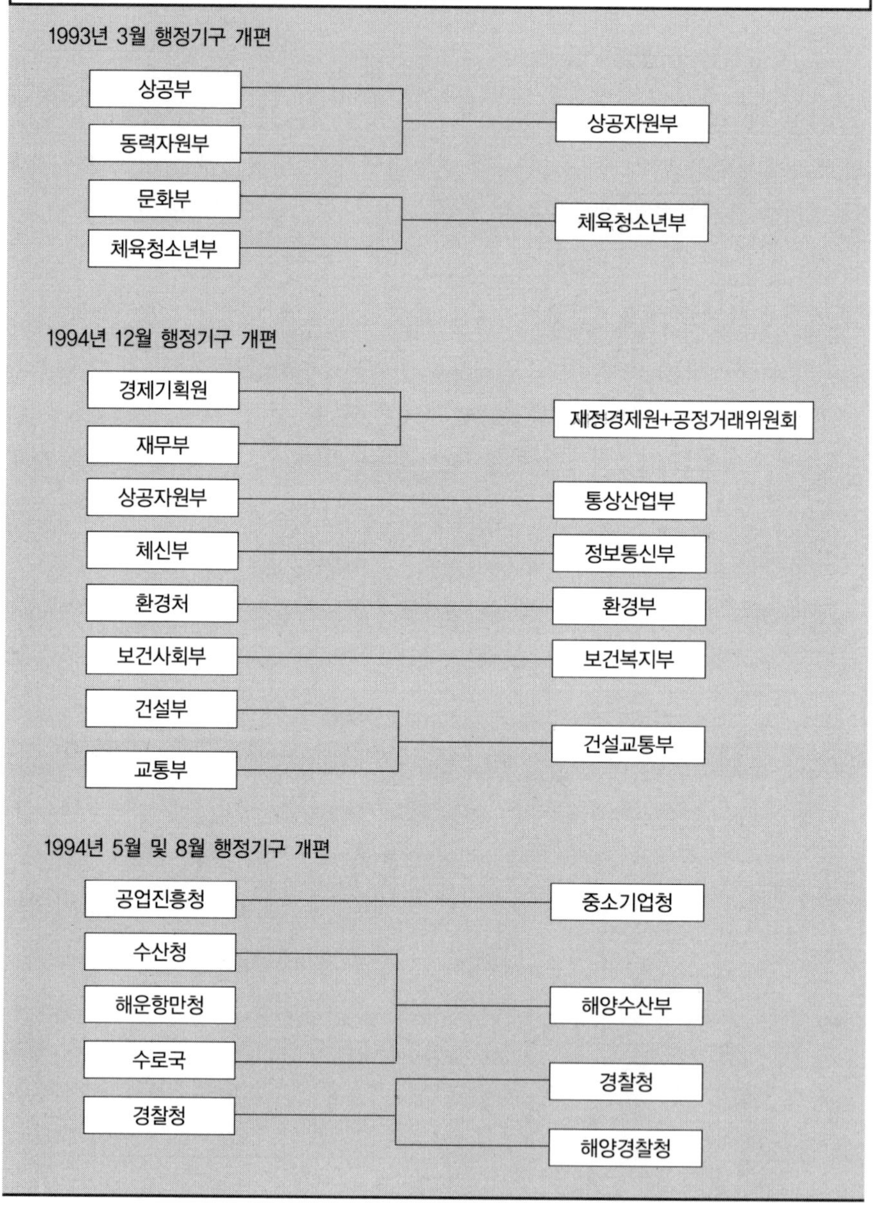

하는 경향이 있다. 즉, 공무원 수의 감축은 관료집단의 저항과 반발이 심하였으며, 특히 공무원의 신분보장을 명분가치로 직업공무원의 제도화(career civil service system)를 강하게 집착함으로써 정부의 직위나 기구를 축소하더라도 공무원수의 감축은 있을 수 없다는, 직위는 없어도 신분은 보장되어야 한다는 자위적 틀 속에 안주하였던 데 연유되는 것이었다.[17]

김영삼정부의 기구개편은 〈그림 6. 1〉과 같다. 17개의 부처를 10개 부로 개편한 것은 상당한 축소이나, 재정적으로는 별로 큰 성과를 올리지 못해 외형적인 개편에 지나지 않았음을 보여 주고 있다.[18]

한편, 외국의 경우 작은 정부를 실현하기 위한 재정운용은 재정규모의 축소를 통하여 시행하지만, 문민정부는 그 축소를 행정개혁이나 행정비 축소에서 찾고 있다. 이런 면에서 한국 정부의 태도는 행정기구 개편이라는 외형적인 간소화에 치중하면서 재정규모의 감축이나 경비절약이라는 건전재정에는 말뿐이지 실질적으로 투명한 감축수단은 찾아볼 수 없었다. 기구축소와 함께 공무원 수도 축소하여야 하지만, 이는 공무원의 신분보장을 부인하는 반관료적인 행태로 보면서 공무원이 스스로 자기의 목숨을 끊는 개혁작업은 불가능하였다.

그런데 이러한 기구축소의 국민경제적 효과가 긍정적일 때는 바람직하다고 본다. 그러나 예를 들어 교통부와 건설부의 통합은 공경제의 기능을 왜곡시킨 통폐합으로 볼 수 있다. 특히, 교통과 건설을 일원화시킨 것은 교통 · 운수의 수요 · 공급에 대한 거시적 효과를 건설에 묶어 둠으로써 국민경제의 효율화 운용에 부진함을 나타내고 있다 할 것이다.[19]

17) 정용덕(2001), p. 103.
18) 정용덕(2001), p. 105.
19) 김동건 외(2009).

(3) 작은정부론의 허구성

사실상 문민정부의 대GNP 재정규모를 보면, 집권 후기인 1996년에는 32.7%를 나타내고 있어 노태우정부 말기의 27.2%에 비해 훨씬 높아 작은정부론은 역시 말뿐이고 위선적인 재정운용에 지나지 않았음을 알 수 있다. 이는 국내총생산 증가속도를 초과하고 있는데, 케인즈이론에 따르면 재정승수의 증대로 GNP 증대에 기여할 수 있다고 하겠지만, 시카고학파에 따르면 오히려 국민부담만 가중시켜 국민경제의 위축을 가져올 수 있음을 유의해야 할 것이다.

어떤 의미에서 예산은 국정목표를 재정적으로 구체화한 수단행태이며(목표지향적 계획), 그 집행은 실천적인 수단행태로 볼 수 있다. 1990년대 전반기의 재정지표를 살펴보자.

〈표 6. 3〉 1990년대 전반기 주요 재정지표 [단위: %]

	1990	1991	1992	1993	1994	1995	1996	1997
총재정규모	23.7	25.0	27.2	27.8	29.8	28.5	30.0	33.2
-중앙	18.2	18.4	18.4	19.3	20.5	20.7	21.5	22.0
일반회계	15.4	14.6	14.0	14.0	14.1	14.6	15.0	15.0
-지방	6.8	7.7	8.8	8.5	9.3	7.8	8.5	11.2
통합재정수지	-0.9	-1.9	-0.7	0.3	0.5	0.4	0.3	-1.5
일반회계구성비								
-경제개발	14.1	16.4	18.6	20.7	23.1	22.3	22.4	25.4
-사회개발	29.3	27.9	29.1	29.0	28.3	26.9	27.5	28.1
(교육)	(20.4)	(17.7)	(19.4)	(19.8)	(19.3)	(18.8)	(18.9)	(18.9)
-방위비	25.0	25.4	25.9	14.6	23.7	22.1	22.1	21.3

자료: 재경원, 『예산개요』, 각 연도; KDI(1991); 배국환(2001), p. 53.

5 김영삼정부의 재정행태 귀결의 사회 · 경제적 의미

김영삼정부는 문민정부라고 하면서 권위주위를 불식하고 민의에 의한 자치를 강조하였다. 그러면서 제시된 혁신적인 정책도 비교적 많았다. 김영삼 대통령은 총괄하여 '한국병'이라고 문제를 해결하기 위해 노력하였는데, 이는 정치 · 경제 · 사회 · 문화적인 광범위한 문제의식으로 하루아침에 해결할 수 없는 문제였지만 나름대로 공감을 주는 주장이기도 하였다. 그러나 길게 보는 안목은 부족하였다. 안가(安家) 및 하나회의 해체 등은 좋았지만, 안가의 철거는 국가재산의 파괴이기 때문이다. 그리고 일제하에 건립된 총독부 건물의 철거는 일제의 잔재를 없앴다는 치욕을 불식하였다는 데에서 그 의미를 찾고 있으나, 혹자는 그대로 두는 것이 일제의 식민지적 통치의 증거가 될 수 있다면서, 일제 압박의 유물로서의 확증자료로 그대로 존치하는 것이 오히려 독립정신의 상징성을 표출하는 것으로 볼 수 있다는 것이다.

(1) 건전재정의 평가

재정운용상 기본 가치인 건전재정원리에 대해 살펴보자. 사실상 역대 정권 중 건전재정을 제시하지 않는 정부는 없었다고 해야 할 것이다. 매해 제시되는 예산에서 수입내지출원칙이라고 하면서 건전재정원리를 내세우고 있기 때문이다. 사실상 노태우정권은 집권 후 통합재정수지가 1990년부터 1992년에 이르기까지 적자를 보여 왔다.[20]

그러나 1993년부터 1996년까지 재정수지는 흑자를 나타내고 있어 문민정부인 김영삼 대통령 집권기에는 대체로 건전재정원리가 지켜졌다고 보아야 한다. 그런데 마지막 해인 1997년도에는 통합재정수지 적자를 보이면서 지켜지지 못

20) 여기에서 통합재정수지란 중앙정부와 지방정부 예산의 결산을 기준으로 한 수지를 말한다.

하였다.

1997년도 『경제백서』를 보면 예산절감을 통한 건전재정 기조를 유지하는 계획을 발표하면서도 집행실적을 보면 재정수지 적자를 시현하고 있다. 이는 일반회계 운용에는 긴축으로 일관하여 흑자를 시현하였으나 특별회계 및 기금관리면에서 큰 적자가 발생한 데 기인하고 있다. 지역 간 균등발전, 농어촌 개발을 통한 경쟁력 제고, 중소기업의 경쟁력 제고를 위한 구조조정사업 및 자금지원 등 정부의 재정력은 이에 부족하였던 것이다.[21]

(2) 조세부담과 재정규모

국민 납세자의 세부담률을 보지 않을 수 없다. 1970년대의 조세부담률은 불과 13~14%였는데, 이는 물론 소득수준이 낮기 때문으로 해석된다. 그 후 전두환 정권 시기에 그것은 16~18%까지 상승한다. 그러나 보통사람시대인 노태우 집권기의 조세부담률은 18%대를 유지하고 있어 전정권과 별 차이가 없다. 그 후 문민정부인 김영삼정부는 조세부담률을 20%대로 증가시켜 납세자의 부담이 늘어났다고 볼 수 있으나, 국민소득 1만 달러시대로 접어들어 통계적으로 국민부담의 실질적인 부담으로 보기는 어렵다.[22]

세부담의 증가는 자연 재정지출규모를 증대시킨다. 아니 재정규모의 증대로 인해 조세부담이 늘어난다고 해야 할 것이다. 전두환정권 시기에는 대GNP 총재정규모는 25~26%에 지나지 않았다. 1987년부터 1992년까지 집권한 노태우 정권은 23%대 수준에서 27%대 수준을 나타냈다. 여기에 문민정부인 김영삼정권은 28%대 수준에서 31~34%대 수준을 시현하고 있다.

첫째, 납세자 부담은 번 소득에서 약 20%를 세금으로 내는 셈이며, 총재정규모는 GNP의 약 1/3을 나라살림에 쓰는 셈이다.[23] 그런데 총재정의 약 2/3인

21) 재정경제원, 1997년도판, pp. 143, 151; 배국환(2001), p. 53.
22) KDI(1996), p. 34f.
23) 申澈元 編譯(1999), p. 27.

70%를 대국민 편익을 위한 사업에 쓰고 있다. 즉, 일반회계에서의 구성비율은 약 22%가 방위비이며, 경제개발비가 25%, 그리고 교육비를 포함한 사회개발비가 28%로 이러한 경비지출의 편익효과가 대GNP 20%의 조세부담률에 근접한다면 항산항심(恒産恒心)의 재정운용이 되어 바람직할 것이다.

아무튼 김영삼정권의 재정운용이 4년 동안은 흑자재정을 운용하였으나 말년(1997)에 가서 적자재정을 발생시켜 재정의 미덕에 완벽성을 결여한 것은 유감이 아닐 수 없다.

둘째, 미국의 공공선택학파는 오늘날 현대국가는 거의가 다 세수극대화를 지향하는 징세력의 권력자임을 역설하고 있다. 이러한 명제는 동양의 재정철학에서는 볼 수 없는 예외적인 학설이기도 하다. 왕은 백성을 인정(仁政)으로 다스리되 국민생활의 안정이 으뜸이며, 백성의 생업을 위협하는 모든 정치는 배제되어야 함을 주장하고 있다.

하기야 현대국가의 정부는 대체로 나라의 수입확보 보장이 있어야 국정을 원활히 수행할 수 있다고 믿는다. 이를 위해서는 재정관료가 징세에 최선을 다하는 자세로 임해야 하며, 그것이 결국 공공선택학파의 세수최대화 명제에 부합되고 있는 것이다. 하지만 때로는 경기하강 상황에서는 징세를 저하시켜야 하며, 경기호조 상황에서는 징세의 강화가 필요할 것이다. 케인즈적 재정관리의 지혜를 버릴 수는 없기 때문이다.

한편, 행정학파에서는 징세최대화 명제는 수용되지 않고 국민의 생업에 따른 징세정책을 주장하였는데, 이는 동양의 고대왕정의 재정철학과 유사하기도 하다. 여기에 징세극대화 명제는 설 자리를 발견할 수 없다.[24)]

(3) 재정운용의 일원화

김영삼정부의 재정관리 장점이 있다면 그것은 재정운용의 일원화였다고

24) J. Buchanan and G. Brennan(1990), p. 8f.

볼 수 있다. 먹고 사는 일에 바빠 1960년대와 1970년대의 고도성장기를 거쳐 1980년대 민주화항쟁기까지 한국은 경제기획원이라는 기구로 밀어붙이는 식의 정책을 구사하였다. 하지만 국민소득 1만 달러의 문민정부시대에 이르자 여기에 경제기획원이라는 정부기능보다 오히려 시장기능이 중요시되고, 동시에 이원적인 재정운용체제에서 일원화된 나라살림이 더욱 효율적이라는 판단하에 이제 예산과 징세를 재경부가 도맡아 하게 되었다.[25)]

이는 고도성장과 함께 정부주도형 개발정책에서 시장지향적인 민간기업의 자율을 중시하는 국제경쟁력 제고라는 시각에서 기획원의 재경부 통합은 바람직한 것이다. 재정기능의 분리, 즉 예산과 징세를 행정적으로 분리함으로써 수입 · 지출의 연계성을 무시한 비효율적인 재정운용이 나타났으나 이를 일원화시켜 재정질서의 정상화를 기하였음은 높이 평가하지 않을 수 없다.[26)]

(4) 권위주의와 징세권의 최대화

앞에서도 지적한 바와 같이, 노벨경제학상 수상자인 미국의 공공선택학자 뷰캐넌(J. Buchanan)은 모든 근대국가의 재정면에서 공통점은 세금 걷는 작업을 극대화하고 있다는 주장을 하고 있어 논란의 여지를 불러일으키고 있다. 대체로 행정학자는 이러한 명제에 동의하지 않는다.

이러한 징세최대화 명제는 동양의 재정철학사상과는 일치하지 않음을 인식해야 한다. 주지하는바 논어에서 보면 백성이 제일이요, 다음은 사직(社稷)이어야 하며, 왕은 맨 끝자리에 있음을 명시한 민본주의적인 왕정론이 제시되고 있다. 이는 백성의 생업을 중시하며 징세는 항산항심의 사상을 기조로 해 저과세함이 인정(仁政)이요 선정(善政)이 될 것임을 시사하고 있다고 보아야 한다.

이러한 징세극대화 사상은 지도자의 국민에 대한 태도에 좌우된다고 보았

25) 이필우(1987).
26) 미국을 제외한 영국, 독일, 프랑스 및 이탈리아의 유럽 선진 제국은 모두 재정질서의 일원화를 보여 주고 있으며, 일본도 대장성이라는 기구에 일원화하고 있다.

다. 그래서 지도자로서 국민에 대한 태도가 권위주의로 나타난다면 그러한 징세를 최대화할 것이라고 보았다.

우선 지도자로서 권위주의를 나타낸 정치가는 박정희와 전두환이었다. 그리고 군출신인 노태우 대통령은 민주화항쟁으로 정권을 이양받아 보통사람이란 권위주의의 포기를 선언한 탈권위주의자로서의 정치가였다. 또한 탈권위주의를 선언한 정치가는 문민정부시대의 김영삼 대통령이었다. 그래서 권위적인 정부와 탈권위적인 정부가 징세최대화 명제와는 어떤 관련성이 있는지를 한국의 사례로서 검토해 보고자 한다.

지금까지 집권기에 시현된 조세부담의 크기를 단순비교하여 보았다. 즉, 조세부담률이 높게 나타났다면 세수최대화의 길을 걷고 있다고 보았는데, 여기에 가장 중요한 역할을 하는 부서는 국세청이다. 한국의 국세청은 그 명칭 자체가 관료적이고 행정적 강권이 내포된 인상을 주고 있다. 그러나 영어로는 The National Tax Service로 되어 있어 납세자에게 봉사하는 부드러운 기구로 표현되고 있다.[27)]

재경부 세제실에서 국회심의를 통과한 세법을 국세청에 제시하면 국세청은 그 세법을 준수하여 세금을 징세하는 의무를 지고 있다. 그러나 징세행정에는 각양각색의 납세자를 대상으로 하므로 국세행정의 시행령이 따로 있다. 세율은 재경부 소관이 아닌 국회에서 결정하도록 되어 있지만 조세의 과표(tax base)는 재경부 세제실에서 얼마든지 시의에 맞게 변경할 수 있는 권한이 주어져 있다.

국세청장은 세법에 충실하게 바른 세수액을 징수하는 데 최선을 다하고, 나아가 세수예산액을 초과하는 징세실적으로 국세청의 징세능력을 과시하면서 더 높이 천거될 수도 있는 이점을 추구할 것이다. 따라서 징세최대화는 당초에 심리적으로 국세청에 이미 주어져 있는 자연적 동기로 볼 수 있다.

27) 그래서 저자는 '납세자 보호봉사처'로 개명할 것을 주장한다. 이와 관련해 한국외대의 최광 박사의 개명제의도 있음을 부기한다.

〈표 6. 4〉 권위주의와 징세최대화

구분	대통령	징세권력 강	징세권력 약
권위주의(A)	박정희, 전두환	X	O
탈권위주의(B)	노태우, 김영삼	O	X

그렇더라도 정치지도자의 인정과 선정에 열중하는 경우 국민으로부터 무작정 세금을 많이 걷을 수는 없으며, 이러한 정치분위기에 국세청이 휩싸인다면 징세최대화 행태도 자제될 것이다. 본론의 이론적 전제는 결국 탈권위자의 선정과 인정이다. 그러나 노태우 대통령과 김영삼 대통령이 인정의 정치적 분위기를 현실화하였다는 증거는 사실상 없다. 다만 김영삼 대통령이 민간의 부정비리와 관련해 법치가 중시되는 것보다 덕치가 더욱 효과적임을 강조하였음을 기억하며, 오히려 그래도 인정에 근접한 정치적 시도는 김영삼정부에서 볼 수 있었음을 지적할 수 있다.

어쨌든 다음에는 권위주의와 탈권위주의를 징세최대화 명제와 결부시킨 한국의 사례를 살펴보자.

1970년대 박정희정권은 연조세부담률을 13~14%를 유지하였으며, 전두환정권은 집권 초기에는 약 18%대 수준을 보였으나 집권 후기에는 오히려 조세부담률이 17%(1985)대로, 그리고 1986년에는 16%대 수준으로 저락하였음을 보여 주고 있다. 이렇게 권위적인 군사독재정부가 징세권력을 자제함으로써 당초 가설과는 일치하지 않고 있음을 보여 문제가 되고 있다 하겠다.

한편, 탈권위적인 노태우정부와 김영삼정부는 그 조세부담률이 높게 나타나고 있다. 즉, 노태우정부는 초기에 17%대 수준을 보이다 집권 말기에는 18%대 수준을 보이고 있다. 또한 비권위적인 김영삼정부는 초기에 18%대 수준을 보이다 후기에는 19.5%를 시현하고 있다.

이렇게 볼 때, 한국의 재정운용은 비교적 고과세가 금기시되는 재정철학이 견지되어 집권기에 불과 1%대 수준의 세부담 상승을 시현하고 있음을 볼 수 있다. 그렇더라도 군사독재정권에 비해 민주화된 문민정부로 올수록 세부담률은 높아지고 있는데, 이로 미루어 보아 군사독재인 권위주의적인 정권이 징세권의 최대화에는 자제하였다고 할 수 있고, 반대로 민주화된 탈권위적인 노태우 대통령 및 김영삼정부의 집권기에는 징세권력의 최대화를 시도하고 있다고 생각되는 것이다.

실은 독재자의 정치전략의 하나로 저과세가 논의되고 있다. 철학자 몽테스키외(Montesqiue)는 독재자일수록 백성에게 무거운 세부담을 피하며, 오히려 싼 세금부담을 주어 독재정치의 면죄부를 얻으려는 하나의 전략임을 지적한 바 있다.[28)]

여기에서 주목해야 할 사항은 징세권 최대화라는 공공선택적 명제는 한국의 경우 부인됨을 인식해야 할 것이다. 무엇보다도 경기대책적인 정책으로 때로는 징세최소화, 때로는 징세최대화를 시행할 수도 있기 때문이다. 이런 상황변수의 고려 없이 언제나 징세최대화에 집념하는 것이 현대국가의 재정행태로 보고 있는 뷰캐넌의 견해는 수용할 수 없음을 알아야 할 것이다.

(5) 재정관료와 재정책임

집안살림을 도맡아 하는 사람은 주부이다. 따라서 가계관리의 책임은 주부에게 있다 할 것이다. 따라서 나라살림의 책임은 재정운용을 전담하는 재정관료에 있다고 보아야 한다. 국정운용의 방향이 잡히면 이에 따라 재정수단을 예산과 징세정책을 제시하는 것이 재정관료의 과제이다.

세금을 어떻게 징수하고 이를 어디에 어떻게 배정할 것인가는 재경부 장관의 지시에 따른 업무로서 재정관료의 과제이기도 하다. 그런데 가장 중요한 부분은 건전재정의 유지이다. 재정수지 적자는 재정적자를 가져와 나라살림을 어렵게 할 것이고, 그것은 결국 국민으로부터 더 많은 세금을 걷어 적자재정을 보

28) 이필우(2006a), p. 103f.

전하려 할 것이다. 적자재정 그것은 국민부담의 가중을 의미할 뿐이다.

나라살림에는 상세한 법규정으로 그 법도를 갖추고 있다. 이를 전문용어로는 재정헌법(fiscal constitution)이라 하며, 우리말로는 재정법이라고 한다. 개인이 빚을 못 갚으면 법적으로 부도처리 또는 파산에 따른 조치를 취해 해결한다. 그러나 국가재정의 적자가 큰 규모로 재정이 감당할 도리가 없을 경우 국가파산이라 하여 채무의 이행을 중지하게 된다(Moratorium).

어쨌든 우리의 관심은 적자재정의 책임을 물어야 할 터인데, 이와 관련 재정법에는 하등의 법규정이 없어 답답할 뿐이다. 당시에는 예산낭비의 법적인 제재도 없었으며, 다만 구 예산회계법 제6조에 국가는 (1) 국고금의 출납상 필요할 때에는 재정증권을 발행하거나 한국은행으로부터 일시 차입을 할 수 있다. (2, 3) 재정증권과 일시차입금은 발행일로부터 1년 내에 당해 연도의 세입으로 상환하여야 한다. (4) 재정증권과 일시차입금의 최고액은 이를 필요로 하는 각 회계별로 매 회계연도마다 국회의 의결을 받아야 한다고 규정하고 있다.[29)]

결국 적자재정의 가능재원은 국민 납세자의 동의하에 이루어지고 있다. 그러나 정부가 꾸어 온 국채, 차입금을 연내에 상환하지 않을 경우 이는 적자재정으로 전환되어 건전재정을 파괴하고 국민부담을 가중시킬 것이다. 그러면 재정법의 위반시 어떠한 제재가 있어야 하는데, 그에 관련한 법적 조치는 어디에서도 찾아볼 수 없음은 납세자 국민의 권리가 유린당하고 있는 것은 아닌지? 이는 예산법률주의가 없는 한국에서는 지출법률주의에 기초한 지출승인법(Appropriation Act)이 없다. 이런 상황에서 재정책임을 법적으로 처리할 수 없기 때문이다. 한국의 재정제도 입법권은 일본처럼 조세만이 의회에 있으며(租稅法律主義) 지출의 법적 절차는 행정부 내에 있기 때문이다. 즉, 미국과 같은 나라에는 헌법에 명시된 지출법률주의가 있으나 우리나라에는 없는 것이 현실이다.[30)]

이러한 재정증권과 차입은 연내에 상환할 수 있는 재원을 계획하여 집행하

29) 기획예산처 예산실(2000), p. 8.
30) 옥동석(2005).

는 것이며, 그래서 그 해결책으로 추경예산을 편성하는 것이다. 그래도 그것이 불가능할 때에는 재원조달 보전을 위한 국채발행을 할 것이며, 이는 재정수지의 적자를 발생시킬 것이다. 이러한 적자재정에 대한 재정적 책임은 누가 질 것인가? 국회 승인하에 국채발행으로 되어 있어 법적 책임은 국민에게 있다고 할 수 있겠지만, 같은 회계연도에 수차에 걸친 추경편성은 국채로 이루어지고 있어 이렇게 강요된 국민적 책임은 도의적으로 해이한 처사가 아닌지 묻고 싶다. 여기에서 사용되고 있는 재정책임은 법적 책임의 협의의 의미로 사용하지는 않고 있으며, 보다 광의의 의미로 사용되고 있다. 즉, 적자재정으로 인한 민간시장경제에 주는 부정적 효과를 줄 때 그것은 공공선택론에서 지적되는 정부실패(government failure)로 볼 수 있으며, 이에 대해 정부는 책임을 져야 한다. 그러나 한국에서 현실적으로 이러한 재정책임의 소임은 소홀히 다루어지고 있으며, 이에 재정헌법의 공공선택적인 의미를 부각시키는 것이 재정민주주의로 가는 길이 아닌가 생각하는 것이다.[31)]

1997년도에 재정수지 적자발생은 집권 말기에 납세자인 국민에게 그간 누적된 사회 · 경제적인 편익을 위한 공공재 공급을 하다 보니 자연 지출과다로 일어난 재정사태로 볼 수 있다. 그러니까 재정적 거품현상이라고도 볼 수 있는 교육, 사회개발, 지역 간 불균등 해소, 중소기업의 재정지원, 농민의 생산성 향상으로 농업경쟁력의 제고 등 일반회계뿐 아니라 특별회계 및 기금 등의 정부사업에 대한 확대지출의 결과로 결국 재정수지 적자를 시현하였다고 보는 것이다. 그러나 실제로는 1988년도에 금융위기로 인한 추경은 또 한 번의 재정적자를 발생시키지 않을 수 없었다. 이러한 재정지출의 과다지출은 정권이 비교적 강하거나 정당 간 연합정부체제일 경우에 일어난다고 한다. 문민정부인 김영삼 정부도 어떤 의미에서 민주화된 시민의 정부로 간주하면서 국민의 큰 정부임을 자처하였을 수도 있다.[32)]

31) 이필우(1987a). 여기에서 필자는 재정책임지표를 제시하고 있다.
32) T. Persson and G. Tabellini(2000), p. 345f.

(6) 주요 재정개혁: 특별회계, 기금, 보조금

김영삼정권의 집권기에 특기할 만한 재정행태는 재정개혁에 있었지 않았나 생각된다. 역대 정권하에서 지엽적인 재정개혁은 다수 있었지만 재정제도에 있어 큼직한 제도개혁은 없었던 것인데, 김영삼정권 말기에 와서 대대적인 재정개혁이 있었음은 재정제도사에서 획기적인 일로 기록되어야 할 것이다. 이때 이루어진 재정개혁은 정부의 재정능력을 배양하며 재정지출의 효율화를 목적으로 한 것이었다.

첫째, 특별회계는 정부의 특정 사업을 수행하는 경우 설치하여 운용하는 회계로서 그 수는 많다. 1988년도에는 특별회계의 수가 17개였으나 1993년에는 23개, 1995년도에는 23개로 늘어나고 있다. 이렇게 특별회계가 늘어나는 것은 국가재정규모를 증대시켜 국민부담을 증가시키고 있으나, 한편 정부의 사회공익을 위해 일하지 않으면 공공재 부족으로 사회적인 피해를 국민이 받을 것이기에 정부실패로 비난받을 것이다.

1997년도 마지막 해에 재정투융자특별회계를 일반회계로 이관하였으며(재정융자특별회계), 이로써 추경편성요인을 제거하였다.[33)]

둘째, 기금의 축소는 예산의 제도적 단순화에 기하고 있다. 기금도 정부가 민간을 지원하여 민간사업을 원활하게 한다는 준공공재적 사업이라고 볼 수 있다. 예를 들어, 식품진흥기금, 낙농진흥기금, 농약관리기금, 중소기업창업지원기금, 환경오염방지기금, 생명공학연구기금 등 수없이 많은 기금이 운용되고 있다. 이러한 기금의 수는 1993년에 114개였으나 1996년에는 이를 정비하여 76개로 줄어들었다.

예산사업으로 전환가능한 농어촌발전기금과 환경오염방지기금 등 11개 기금을 특별회계로 전환하였고, 기금조성실적이 없는 기금은 40개로 폐지하였다.

33) 재정투융자특별회계 출자계정의 세입이 주식매각수입에 의존하고 있어, 증시의 여건에 따라 재원확보가 어려울 경우 항시 추경예산이 편성되었다(경제기획원, 1997년도판, p. 236).

또한 기금의 신설을 최대한 억제하였으며, 1996년에는 27개의 기금을 정비한 바 있다.[34)]

기금은 국회의 의결을 받지 않으며 대통령령으로 시행할 수 있고, 때로는 주무부처 장관의 행정권한으로 집행할 수 있는 관료의 자유재량적인 지출이 허용되어 있었다. 따라서 각 행정부서의 인기가 대단하여 임의적이고 불필요한 기금의 설치도 남발됨으로써 예산낭비도 가중되었을 것이다.

특히, 기금의 재원조달은 일부는 정부 재정자금에서 나오며, 일부는 사업에 관련된 민간업체에서 하고 있다. 그러므로 민간기업의 준조세형식의 부담으로 배분의 왜곡을 초래한다고 볼 수 있다.[35)] 자금의 공공성이 투명하지 않은 기금의 지출은 자원배분의 효율성을 저해하므로, 불필요한 기금의 재정지출 억제와 준조세의 민간부담을 불식시키기 위해서도 그 정비가 시급히 요구되고 있다 하겠다.

국가에서 시행한 사업은 각 지방자치단체에 국가보조사업으로 예산을 지급하고 있다. 이러한 국가보조금은 경상보조금과 자본보조금을 나뉘며, 농림부를 비롯한 15개의 부, 처, 청의 예산에 계상되고 있다. 지방자치단체장은 매년 전년도 예산의 30% 내외에서 보조금을 청구할 수 있다.

여기에서 국고보조사업의 중복적인 사업을 통폐합하여, 117개의 영세보조사업을 117개에서 421개로 통합하고 14개의 보조사업을 폐지하였다. 그리고 이에 더해 보조기준의 복잡성을 단순화하여 실제보조율로 일원화하였으며, 그 유형도 76개로 단순화하였다.

특히, 김영삼정권의 집권기에 재정담당 장관은 홍재형, 나웅배, 한승수 및 강경식 등이 맡았다. 박정희 · 전두환정권 때 보였던 위로부터의 감시와 통제력은 문민정부시대에 와서는 심히 약화되고 있음을 볼 수 있다.

재정을 전담하는 관료는 나라살림에 관한 전문지식을 갖추고, 예산의 편성

34) 경제기획원, 1997년도판, p. 249.
35) 이춘근(1991), pp. 18~36; 한경동 · 하정훈(1999), p. 31.

및 집행에 있어 그때그때의 정책가치를 토론과 협의를 통한 합의에 의해 집행하는 것이다. 홍재형 장관과 강경식 장관은 이미 재무부 출신으로 오랜 동안의 재무행정적 경험을 소유한 실무형에 가까웠다. 그러나 한승수 장관은 학계 출신으로 재정학을 전공하는 학자로서의 재정이론적 기초 위에서 건전재정의 정착에 집중하였다.

이렇게 볼 때, 김영삼정부[36]의 재정행태는 나름대로 별 탈 없이 넘어 왔으나 집권 말기에 금융위기가 발생함으로써 재정적인 여파로 1998년도 추경예산을 편성하지 않을 수 없었다. 금융분야의 구조조정과 경제구조 개혁을 추진함에 있어 실업증가와 물가상승이 뒤따르고, 재정적으로는 세입결함과 추가 세출소요가 발생할 것으로 보여 재정운용의 추가부담이 불가피하였다.

금융기관 구조조정 지원, 환율과 유가상승, 고용안정대책에 약 5조 6,000억 원의 추가적인 재정소요가 발생하였으며, 세입면에서는 소득세, 법인세, 교통세 등에서 약 6조 8,000억 원의 세수결함이 있을 것으로 예상되어 1988년도 예산의 추경은 불가피하였다.

덧붙인다면 당시 OECD에 가입하였다. 당시 우루과이 라운드의 환경 · 농산물정책의 지구화가 전파되자, 이에 대처한 전략적인 방안으로 아예 선진국 대열에 등장하여 능동적으로 대처하겠다는 야심으로 김영삼정부가 이를 실천하였던 것으로 해석된다. 그런데 OECD의 가입조건은 금융시장의 완전개방에 있으므로 금융감독체제가 전제되어 있어야 하였으나 이러한 전제의 결여는 금융위기를 자초한 원인이 되기도 하였다.

한편, 당시 강경식 장관의 이에 대한 대처를 금융체제 전환 차원에서가 아니라 시장주의적인 입장에서 하다 보니 결국 한보와 기아의 도산을 가져왔다고 보면서 관치금융과 규제의 틀 속에서 금융위기는 불가피하였던 것이다.[37] 이러

36) 국회 사무처, 「1988년도 제1회 추가경정예산안에 대한 정부의 시정연설」, 『국회 본회의 회의록』, 1988회.
37) 한국정치학회 편(2001), pp. 158~161.

한 금융위기의 발생은 과거 한국 정부의 정부주도형 개발정책인 고도성장과 재벌 중심의 금융지원정책으로서의 이른바 한국식 개발모형이 결과한 불가피한 사태였다고 지적하는 학자도 많다.[38)]

38) 유석진(2000), p. 64; Pil-Woo Rhee(1999a), p. 241.

제7장

'국민의 정부'의 재정행태 (김대중, 1998~2002)

1 들어가는 말

햇볕정책으로 유명한 민주투사 김대중은 1997년 말 한나라당의 이회창 후보를 누르고 대통령에 당선된다. 1992년 말 대통령선거에서 실패한 뒤 다시는 대통령에 출마하지 않겠다는 말을 하고 영국으로 떠났던 그는 1997년 출마하여 당선되었던 것이다. 그래서인지 김영삼 전대통령은 그를 '거짓말쟁이'라는 별명을 붙이기도 하였다. 집권 후 금융위기 대처로 바빴으며, 다행이 2년여 만에 금융위기에서 탈출함으로써 정권의 신뢰도를 높일 수 있었다.

그리하여 2000년도에는 남북정상회담이 6월 15일에 개최되었는데, 남과 북의 정상이 한국전쟁 이후 처음으로 만나 통일을 기약하였음은 누구나 기쁨을 감추지 않았다. 이때 발표된 것이 6.15선언으로, 이제 남과 북은 싸우지 않고 앞으로 통일의 길로 매진할 것을 약속하였다. 이를 계기로 해 김대중 대통령은 노벨평화상을 수상하게 된다.

그러나 6.15선언의 내용은 김일성이 주장하였던 고려연방제하의 적화통일을 뜻하는 것이었으며, 이에 대한 남한 국민의 동의하에 이루어진 선언문이 아니었음을 세상은 알고 있어 이를 비난하는 국민정서를 이해해야 할 것이다. 특히, 최근에는 핵개발에 열중하는 김정일이 독재가 아니라 이명박정부를 독재라고 하여 언론에 논란이 되고 있음은 주지의 사실이다. 그는 일생을 정치활동에 몰두해 온 정치가이다. 박정희 군사독재시 민주화투사로 현해탄의 죽음을 헤치고 살아온 불사조의 정치가이기도 하다.

정치적으로 좌파사상에 물들여진 김대중 대통령의 국정운용과 재정운용은 어떻게 나타나고 있는지를 알아보자. 특히, 그의 경제지식은 해박하며 감옥생활기간에 탐독한 독서량은 엄청난 것으로 평가되고 있는데, 그의 경제저서도 많음을 시인할 때 그것이 재정관료에게 어떻게 반영되었는지 궁금증을 이 장에

서 풀어야 할 것 같다.[1)]

2 김대중 대통령의 국정 및 경세치용 가치의 추적

김대중 대통령의 국정에 관한 가치를 우선 예산의 국회제출시 행하는 시정연설을 통해 살펴보기로 하자. 특히, 민생의 번영을 위해 과거 실학사상의 경세치용(經世致用)의 가치에서 얼마나 실용적이었나를 추적해 보고자 한다.

첫째, 그는 시정연설에서 정부를 '국민의 정부'라고 하였으며, 김영삼 대통령은 '문민정부'라고 하였다. 정확한 그 정의가 무엇인지 모르겠지만 대통령의 국정내용을 보면서 국민의 정부와 문민정부의 뜻을 추리할 수는 있다고 본다.

문민정부는 역대 과거 정권이 군출신 대통령으로 군사독재하의 정치를 반대한다는 뜻으로 무력정치가 아닌 붓으로 하는 선비정치를 한다는 뜻에서 문민정부라고 하였다. 그러나 김영삼 대통령은 밑으로부터의, 즉 민간의 말을 듣지 않고 대통령의 일방적인 독선이 많았음을 고려할 때 문민의 선비정신은 발견할 수 없음을 지적하지 않을 수 없다.

여기에 김대중 대통령은 '국민의 정부'라는 또 하나의 정부개념을 제시하고 있다. 그것은 민주주의 상징이기도 한 국민에 의한 국민의, 즉 정부의 소유자는 곧 국민임을 지칭한다. 이러한 민주개념은 모든 정책이 국민의 합의하에 시행되어야 하였으나 그의 집권기에 펼쳐진, 특히 남북협상 및 통일에 관해서 국민적 합의가 결여되고 있음을 볼 때 이를 '국민의 정부'라고 할 수 있는지 의문을 제기하지 않을 수 없다.

1) 김대중 대통령의 학력은 목포상고이다. 그 후 경희대 대학원 경제학과에서 수학하였지만 대학졸업장이 없어 수료로 끝난다. 고졸 출신으로 대통령으로 당선함은 그간에 학벌 중심의 사고를 타파한 쾌거이기도 하였다.

그는 '제2의 건국'을 산업화 이후에는 기본이 바로 선 그 기틀을 다지는 민족의 새로운 도약을 이루는 것을 제2의 건국이라고 하였다.[2)] IMF위기 극복을 국민의 단합된 힘으로 성공적으로 극복하였으며, 이제 외환보유고, 환율, 금리, 물가 등 안정세를 되찾고 국민의 합의하에 노사정위원회를 구성하여 구조조정에 들어가고 있음을 시사하였다.[3)]

그의 경제질서에 관한 주장은 '민주주의와 시장경제'였다. 이는 개념적으로 정치경제적이 아닐 수 없다. 왜냐하면 민주주의 자체는 정치적 개념이 아닐 수 없으며, 시장경제는 민간의 자율성을 중시하는 자본주의의 미시적 개념이라고 볼 수 있다. 그러나 여기에서 민주주의 개념은 우파적 개념과 좌파적 개념이 있음을 볼 때 어떤 민주주의를 의미하는 것인지 종잡을 수가 없다. 하지만 그가 정치적으로 좌파적 인상을 풍기고 있음은 세상이 다 인지하고 있어 여기에서의 민주주의란 사회주의적 정부간섭이 심한 시장간섭적인 정부형태를 민주주의로 대변하고 있는 것은 아닌지 의문을 제기하지 않을 수 없다.[4)]

그는 민주주의와 시장경제를 목표로 제시하나 이를 위한 수단이 무엇인지를 전혀 언급하지 않고 당시 상황에 맞는 구조조정, 그리고 각종 경기활성화 대책을 언급하고 있음은 그의 시장개념에 그것들이 어떻게 합치되는 것인지에 대해 일언반구 언급이 없어 궁금하기만 하다.

시정연설에 나타난 경제분야의 약속은 금융구조조정, 기업투명성, 상호 지급보증의 금지, 재무구조 개선, 규제개혁, 재정적자규모의 GDP 5%선 유지, 사회간접자본의 확대(경부고속전철, 서해고속도로, 인천국제공항 등) 등이 중심이 되고 있었다. 특히, 국방예산을 효율화하여 4% 예산을 감축하였다. 끝으로 그는 선진한국, 조국통일을 실현할 것을 강조하고 있다.

2) 제198회 국회 정기회 제17호, 1998. 10. 20, p. 3.
3) 저자는 당시 청와대에 노사정위원회를 설립하여 노사 간 배분의 민주화가 실현될 수 있음을 건의하였다.
4) 그는 어디에서도 사회주의를 주장하지 않고 있다. 그러나 그의 6.15선언 및 최근의 이명박정부는 독재정부라고 하면서도 김정일정부가 독재정부란 말은 어디에서도 찾아볼 수 없기 때문이다. 이 점에 대해서는 유영혁(1998), p. 48 참조. 그는 자본주의를 부정한 예가 없으며 그렇다고 사회주의를 주장한 적도 없다.

2000년도 예산제출시의 시정연설에서는 정치분야에서 정치자금의 모금과 사용의 합리화, 인권위원회의 설치, 국가보안법의 개정, 반부패기본법의 제정, 의문사 진상규명 등 지금까지 없었던 반보수적인 개혁작업을 서둘렀다. 이는 과거 군사독재와 싸운 운동권 투사들을 영웅시하는 시대로 전환하였음을 뜻하기도 하였다.

경제분야에서는 경제성장률이 1999년도 상반기에 7.3% 성장을 하고 물가는 6%대 수준의 상승이며 연말에는 200억 달러의 경상수지 흑자를 예상한다고 하였다. 그리고 경쟁력 향상을 위한 각 분야의 구조조정작업의 계속, 그리고 공평과세의 지속, 상속 · 증여세의 과세강화, 성장잠재력의 강화로 저금리 안정기조를 다짐하면서 규제개혁을 단행하겠다고 약속한 바 있다. 또한 2000년도에는 연구개발비로 예산의 4%를 배정하고, 정보, 통신, 생명공학에 집중투자하고 국민복지와 관련된 의료, 환경, 안전에도 큰 배려가 있을 것으로 보고되고 있다.

끝으로, 통일 · 외교 · 안보분야에 대해 남북 간 화해 · 협력을 위해 대북포용정책을 일관되게 추진해 나갈 것을 다짐한다.[5] 이 포용정책이 결국 '햇볕정책'의 상징성을 부여하였던 실제 정책이었다. 이러한 포용정책의 출범 후 그 다음해인 2000년에 6.15선언이 평양에서 발표되었던 것이다.

그의 주요 국정 우선순위는, 첫째 남북통일을 위한 국정이었으며, 둘째는 그 수단으로 남북협상을 '햇볕정책'이라는 미명하에 실천하겠다는 것이었다. 셋째, 이를 위해서는 정경분리원칙에 의해, 즉 정치는 정치로 끝나며 경제는 그와 분리된 경제로 끝나는 체제를 모색하고 있음은 잘 이해가 안 된다. 어떻게 정치를 경제와 분리시킬 것인지에 대한 구체적인 방안이 있어야 함에도 이에 관한 설명도 없을 뿐만 아니라 당시 사계의 질의가 없었음은 우리의 지성세계가 존립하지 않았음을 뜻하기도 해 유감이 아닐 수 없다.

남북경제협력은 바로 정경분리원칙에 입각해 추진해야 하며, 이는 민족경제의 복리를 도모해 '민족경제공동체'를 건설해 나갈 것을 강조한 바 있다. 그러

5) 『국회회의록』 통권 제99-125호, 제208회 정기국회, 1999. 10. 20, p. 12.

면서 대북포용정책이 강구되어야 한다면서도 북의 대남서해교전사태가 일어나고 있음을 볼 때 포용정책에는 이미 하자와 그 제한이 있음을 보아야 할 것이다.

다음에는 그의 실학사상인 경세치용과 관련한 실용적인 경제가치에 대해 살펴보고자 한다. 즉, 그가 어떠한 시각에서 한국인의 경제생활에 대해 조망하고 있는지를 알아보자.

1980년대 초 옥중생활 후 미국으로 건너가 쓴 책이 있다. 『대중경제론』이 그것이었다. 그 후 1996년에는 『대중참여경제론』을 썼다. 그 밖에 대통령선거 당시 『김대중의 21세기 시민경제 이야기』를 펴내기도 하였다. 그는 해방 후 좌파적인 색깔론에 시달렸다. 이를 방어하기 위해서도 그는 경제질서에 있어 개인의 자유로운 선택을 중시하는 시장경제를 주장하지 않았나 하는 설도 있다.[6)]

대중경제론은 근로자 서민을 위한 경제로 부유층은 배제된 경제를 말한다. 그러면서도 그는 민주주의와 시장경제를 강조한다. 민주주의는 민의에 수렴한 정치를 의미하며, 이의 경제와의 관련성은 시장에서의 개인의 자유로운 선택을 허용하는 경제이어야 하고, 민주주의는 따라서 정치적으로는 민의의 수렴이며 경제적으로는 시장경제를 내세워야 할 것이다.

그런데 대중경제론이라 함은 결국 저소득층의 소득증대를 배려하는 경제가 되어야 하며, 그렇게 하기 위하여는 분배의 공정성이라 하여 근로자 대중에 돌아가는 몫을 늘려 자본축적에 저해되는 결과를 초래할 수도 있다. 축적이 저하되면 신투자의 증대는 어렵고, 그 결과 국민경제의 발전과 성장을 저해할 수도 있다. 분배의 전제는 축적이며, 축적이 감소되면 분배도 감소될 수밖에 없는 것이다. 효율과 공정은 항시 상쇄관계(trade-off)에 있기 때문이다. 그러나 김대중 대통령은 이를 부인하고 근로자에게 더 많은 임금을 주면 더욱 힘을 내어 작업에 임할 것이므로 노동생산성 향상으로 효율이 증대될 것이라고 주장하고 있다.

하지만 현실적으로 이러한 노동자의 근면은 일시적이며 장기적으로 지속된다는 보장이 없을 경우 그러한 낙관론은 기대하기 곤란한 것이기도 하다. 따

6) 유영혁(1998), p. 64.

라서 대중경제론 자체 개념은 사회주의적인 경제이며, 특히 노동자 대중에 대한 분배를 후하게 하자면 계층 간에 합의가 이루어질 때 가능하나 그렇지 않고 정부가 일방적으로 강요한다면 이는 민주적이라기보다 사회주의의 통제경제를 의미하므로 여기에서 그가 주장하는 시장경제의 의미를 이해할 수 없는 것이다.

시장경제는 개인의 자율적인 선택은, 즉 시장의 진입과 퇴진의 자유를 보장하는 자유롭고 경쟁적인 질서이며, 이에 개인의 이기심 추구를 존중하는 질서이기도 하다. 그러나 생산과 분배를 정부가 계획하여 개인의 경제행동을 통제하고 규제해 나가는 계획경제 또는 통제경제를 지향하는 사회주의 경제체제가 곧 김대중 대통령의 대중경제인 것이다.

그렇다고 독일의 사회적 시장경제와도 다르다. 시장질서에 정부의 시장적인 개입을 허용하여 약자를 배려하는 사회적 시장경제는 이기심에 집중된 시장질서와 정부의 시장간섭이 심한 사회주의와도 다른, 즉 양 질서의 중간에 위치하였다고 보는 제3의 경제질서이다.[7)]

그런데 왜 그가 민주주의와 시장경제를 운위하고 있으며, 또 후에 나온 대중참여경제론을 주장하고 있는 것일까? 정부정책 결정에 있어 정책관련자들의 참여는 민주적으로 보면서 이를 위한 시민단체의 활성화도 무성하다. 그러나 법은 국민의 대표인 국회가 책임을 져야 하며, 그러나 정당 간의 갈등 심화로 중요한 민생문제가 타결이 안 되면 시민단체의 활동은 더욱 무성해져 그에 따른 사회적 비용은 커지므로 이 또한 사회적 제재가 있어야 할 것이다.

정치 · 경제에 대한 김대중 대통령의 사상은 이중적이다. 정경분리사상이 바로 그것을 대변해 주고 있다. 즉, 시장경제란 돈 있는 재벌기업이 자본을 투입해 생산을 증대하면 분배는 대중을 위해 분배함으로써 공평한 사회를 실현하자는 데 있다고 본다.

그러나 분배는 공평하게 이루어졌는지 몰라도 자본의 축적은 감소되고 있어 감소한 만큼 국가경제는 위축될 것이다. 기업은 축적된 자본으로 신투자를

7) Otto Schlecht(1990).

하여 국부를 증대시킬 수 있기 때문이다. 대중경제와 국부의 증대는 김대중 대통령의 경우 상충적인 역학관계하에 놓여 있음을 보고, 다시 한 번 대중경제의 시장질서에 대한 개념적인 회의를 반향하지 않을 수 없다.

한편, 그는 노동자란 어휘를 공공석상에서 사용하였다고 한다. 이는 좌파경제학의 마르크스적인 표현이기도 하다. 이를 공공연히 사용하고 있음은 좌파경제체제가 정상이라는 사고에 정착하고 있는 그의 경제질서에 대한 사고이며, 노동만이 유일한 경제의 힘이라는 마르크스의 노동가치학설 신봉자임을 다시 한 번 확인시켜 줌에 불과하였다.[8)]

그러면 그러한 좌파적 경제사상이 경세치용과 어떠한 관련성을 지니며, 또한 그의 실용성에 있어서는 어떤 의미가 부여될 것인가를 살펴보기로 하자. IMF 금융위기로 한국 경제는 붕괴일로에 있었다. 외국자본이 하루아침에 송두리째 빠져나가 외환보유가 바닥이 나고, 금리는 20%로 뛰고, 물가는 치솟아 서민대중 경제는 구사일생의 경지를 못 벗어나고 있었다.

IMF는 구제금융을 주면서 한국 경제의 개혁책을 IMF 총재 캉드쉬를 통해 추진하기에 이른다. 그 개혁의 요지는 다음과 같다. 첫째, 재벌기업의 불합리한 연결재무제표를 폐지하고 계열사를 포함하는 결합재무제표를 작성하도록 요구하였으며, 둘째 계열사 간의 관례가 되고 있는 상호 채무보증의 해소에 있었으며, 셋째 30대재벌의 자기자본에 대한 부채비율을 약 500%에서 200% 이하로 낮출 것을 요구하였다.

이러한 IMF의 요구는 재벌기업에 대한 큰 압박이었으며, 박정희 유신정권 시대의 관치적인 정책관리에 체질화된 기업으로서는 하나의 큰 변화였다. 이에 대한 김대중 대통령의 반응을 보자. 정부의 IMF위기 대책은, 첫째 문어발식 확장을 해온 재벌의 구조조정은 불가피하였으며, 둘째 파국적 상황에 있는 기업을 외국기업에 팔기로 하였으며, 셋째 한편 구조조정에서 노사정(勞使政) 합의하에 정리해고제를 도입할 것을 요구하고, 넷째 재벌기업의 재무구조를 건전화

8) 유영혁(1998), p. 61.

하기 위해 500%에 이르는 부채비율을 200%로 낮출 것을 강요하였다.

이러한 위기대책으로 결과하는 사태는 기업의 어려움도 있겠지만 그보다 더 큰 문제는 대량실업의 사태였다. 이는 노동자가 위주가 되는 대중경제의 몰락을 가져오기 때문이었다. 김대중 대통령의 대중경제는 재벌기업은 물론이지만 노동자들로부터도 큰 불신을 초래하였다고 보는 것이다.

실사구시적인 실용성은 노동자가 아니라 재벌의 자산관리와 부채 비율에 있었으며, 위기극복을 위해 노동자 대중의 자제적인 양보가 필요하였다. 이로 미루어 볼 때, 대중경제의 국민경제적인 거시적 차원에서의 실용성은 결여되고 있음을 보게 된다. 즉, 나라살리기운동이 대중을 앞서가야 하기 때문이었다.

아무튼 IMF위기는 2년 후인 1999년에 대체적인 문제해결이 끝나 다행이었다. IMF위기의 주요 해결수단은 공적 자금의 공급이었다. 무너져 가는 기업의 회생은 모두 정부에서 공적 자금의 지급으로 가능하였기 때문이었다. 수십조원에 해당하는 공적 자금은 국공채 발행으로 조달되었는데, 이는 나라빚이 되어 결국 국민이 내는 세금으로 메울 수밖에 없다. 물론 그 공적 자금이 계획대로 기업이 모두 상환해 준다면 다행이겠지만 불가능할 경우 이는 국민부담이 될 수밖에 없는 것이다.

IMF로 인해 중산층은 무너졌다. 집값이 뛰고 땅값도 올랐다. 물가는 오르고 임금은 삭감되며 내 집 마련의 꿈은 멀어져 가 햇볕정권하에 서민경제는 악화일로의 협곡을 헤맬 수밖에 없었음을 인식해야 할 것이다. 이는 크게 보아 내환에 외환(금융위기)이 끼어들어 우리의 삶은 어려웠다고 보는 것이다.

끝으로 김대중 대통령이 입후보시 행한 대선공약 중 조세정책에 대해 언급하고자 한다. 김대중 후보는 당시 기자회견에서 세제개혁을 단행할 것을 약속하였다. 즉, 부가가치세율 및 법인세율을 인하할 것을 약속하였으며 동시에 근로소득세율의 인하와 그의 분리과세를 단행하겠다고 약속하였다.[9)]

또한 원활한 자금흐름과 경제활성화를 위해 구제금융기간중 김영삼정부의

9) 매일경제신문(1977. 12. 2).

치적으로 꼽히는 금융실명제를 유보하겠다는 의사를 밝힌 바 있다. 그는 금융자산의 비밀보장 강화, 은행입출금에 대한 자금출처 조사나 국세청 통보의 금지, 금융실명제에 관한 대통령긴급명령의 폐지와 대체입법, 돈세탁방지법 등을 약속하였다.[10)]

이와 함께 간접세의 비중을 낮추는 대신 직접세의 비율을 높여 소득재분배를 도모하고, 재산세의 경우 등록세와 취득세 등 거래에 관련된 세금을 대폭 인하하는 동시에 종합토지세의 세율도 조정하겠다는 의사도 밝힌 바 있다. 이와 함께 징세절차의 간소화, 준조세의 폐지, 부가가치세의 일부를 국세와 지방세의 공동세원으로 전환하여 세무행정의 과학화와 투명화 도모 및 조세감면제와 과세기반 조정, 영수증의 복권제도 도입 등을 약속한 바 있다.

그러나 이러한 공약은 금융위기로 인한 재정부담으로 실천되지 못하였다. 오히려 재경부는 나름대로 세수확보에 전념하지 않을 수 없어 음성탈루소득에 대한 징세강화대책에 집중하였지 실질적인 세제개혁은 자제할 수밖에 없었다.

3 '햇볕'정권하의 재정관료의 정책가치

(1) 재정관료의 위상

한국의 재정관료는 행시 출신으로 이 나라 공무원 중에서도 고위층에 속하는 관료로 볼 수 있다. 왜냐하면 행시 합격자의 상위권이 아니고서는 재경부 발령이 어렵기 때문에 이들 재정관료는 엘리트 관료라 해도 좋을 것이다. 게다가 안식년 휴가에는 해외로 파송되어 선진국의 재정제도에 접하며 비교연구도 가능함으로써 실무나 이론면에서 재정운용의 전문지식을 갖춘 관료로서 나라살

10) 조세금융신문(2000), p. 4.

림을 맡게 되는 것이다. 사실상 어떤 의미에서 이들 재정관료는 국민으로부터 세금을 거두어 그 돈으로 어디에 어떻게 써 국민과 사회에 복지와 번영을 가져올 것인지에 대해 명쾌한 해답을 가지고 있어야 하며, 즉 재정에 대한 책임을 질 수 있는 경우에 우리는 재정관료에 대한 신뢰를 보낼 수 있는 것이다.

세금을 거두고 지출함에 있어 민의와 국민정서에 맞게 집행할 때 이 나라 재정민주주의가 이루어질 수 있음을 생각하면 재정관료의 일거수 일투족에 재정민주주의의 성패가 달려 있음을 생각하지 않을 수 없다. 이들 재정관료의 다수가 바쁠 때는 토요일과 일요일도 없이 불철주야로 나라살림에 집념하고 있음을 본인은 수차에 걸쳐 확인하였다. 이들 재정관료의 재정가치가 건전재정, 경제의 안정번영, 조세의 형평성, 납세자 국민의 공공욕구 충족 등 나라살림의 기본 철학을 체질화시키고 있는지에 대해 보기로 하자.

이들 공무원은 위로부터의 명령 또는 시달은 성실히 수행하는 순종형 관료로 임해야 할 것이다. 그러나 정책사안에 따라 비현실저인 정책수단도 많으며 실무자로서의 대안을 제시할 수도 있어 재정관료의 정책결정에의 참여도는 점증되고 있다. 이와 관련해서 민간전문가와의 정책토론회도 할 수 있으며, 내부적인 장차관회의 및 국장 · 과장급 검토의 포럼도 가질 수 있음을 볼 때 다수의 견해를 종합해 정책결정의 합리성을 기하고 있는 것이다.

특히나 재정관료의 나라살림 전문지식은 『2001 한국의 재정』이라는 책자에 나타나 있다. 한국 역대 정권하에서 이와 같은 재정관료의 저서는 최초의 작품으로 보아야 한다. 31명의 기획예산처 사무관 및 서기관이 집필한 이 서적은 배국환 예산제도과장의 대표집필로 출간되고 있으며, 재정의 배분 · 분배 · 안정의 제 기능에 대해 한국적인 형편에 맞는 재정실무자의 최초의 산출물이라고 할 수 있다.[11)]

11) 배국환(2001).

(2) 재정관료의 정책가치

첫째, 김대중정권은 국민의 정부라고 하면서 '작지만 효율적으로 국민에게 봉사하는 정부'라고 하였다. 국민의 정부란 정치적으로 민주주의를 말하며 작은 정부를 지향하고 민간시장기능을 중시한다고 볼 수 있다. 또한 국민을 지배하는 정치에 비해 국민에게 봉사한, 즉 국민의 뜻에 따라 심부름을 다하는 봉사정부라고 하였음은 진일보한 민주적 정부의 태도로 볼 수 있다. 그것은 최소의 세금을 거두어 이 돈을 아껴 써서 국민의 복리를 증진하자는 효율적인 정부를 구현하자는 것이었다.[12)]

둘째, 이를 위해서는 공공부문의 개혁을 요구하였다. 정부의 모든 분야에 걸친 슬림(slim)화로 기구의 정비를 통해 지출규모를 삭감하겠다는 것이었다. 중앙정부, 지방자치단체, 공기업, 정부의 산하단체인 출연기관, 위탁기관, 보조기관 등 모든 공공기관의 지출규모를 축소하자는 것이었다.

이는 지난 개발연대에 비대해진 이들 정부 산하기구를 체중조절을 해 건전재정을 도모할 수 있다고 판단되었기 때문이었다. 이러한 정책사고는 IMF 외환위기로 쓸 데 없는 정부지출이 자행되고 있는 정부의 낭비성을 자인한 결과 이와 같은 공공개혁이 나온 것으로 이해된다.

셋째, 재정건전화의 강조에서 재정가치의 원리를 찾아볼 수 있다. 재정관료의 건전재정의 가치를 한국 경제 최후의 안전판으로 보는 견해는 지극히 바른 재정관으로 볼 수 있다. 이러한 재정건전화의 정책은 사실상 IMF위기 극복을 위해 실업대책, 중소기업 지원, 금융구조조정, 공공투자 확대 등 각종 정부사업의 추진과정에서 국채발행을 통한 재정적자가 발생하였으며, 이에 따라 1999년 말에는 107조 원에 달하는 국가채무를 안게 되었다. 그래도 건전재정의 기반은 5공 시절 전두환 대통령 집권기에, 그리고 1990년대 전반기에 닦아 놓은 안전기반이었다.

12) 기획예산처, 2000년도판, p. 128.

그러나 IMF사태 수습으로 인해 야기된 김대중정부하에 재정적자는 눈덩이처럼 자라 국민부담을 가중시킴으로써 이와 같은 건전재정의 목소리가 높아지지 않았나 생각되는 것이다. 특히, 이러한 재정적자가 국제비교상 큰 문제가 아니라고 하지만, 그 적자재정규모는 아마 역대 재정사상 처음 있는 엄청난 국민부담으로 다가와 문제가 되고 있다고 보아야 한다. 당시의 국채발행이 미래 납세자의 부담이 됨을 저자는 국제학회에서 발표한 바 있으며, 2020년대의 미래세대의 세부담으로 전가되고, 정부와 납세자 간의 재정교환관계는 납세자가 정부로부터 받는 편익은 낸 세금보다 작다는 불균등한 재정교환이 발생함을 논증한 바 있다.[13)]

이러한 국채발행으로 인해 정부규모는 확대되어 국민부담을 더해 주고 있는데, 당초 IMF사태 이후 제시된 재정목표인 작은 정부로 최소의 세금으로 최대의 지출효과를 실현하겠다는 정부의 약속은 한낱 말장난에 불과한 위선이었기에 이에 김대중정부의 재정적 치부를 지적하지 않을 수 없다.

넷째, 구조조정을 마무리하면서 일하는 사람을 위한 복지사회를 열어가겠다고 제시하였다.[14)] 이를 위한 재정수단은 성숙한 경제운영이라는 제목하에 그 내용은 각 계층의 고통분담, 향락적 소비풍조 배제, 일하는 사람을 위한 복지사회를 지향하는 것이 성숙한 경제운영으로 표현되어 있다.[15)]

그런데 일하는 사람은 저소득층에서 고소득층에 이르기까지 국민 전원을 포함하며, 일하지 않고 사는 사람들은 옛날의 지주, 임대소득자, 고리대업자 등 비생산적인 계층을 말한다. 정부가 공급하는 복지란 연금 등 사회보장적인 이전적 수입과 근로자 서민들의 세금부담 경감, 농어민 지원대책, 노인 · 장애자의 복지시설 지원 등으로 정부에서 늘 하는 일상적인 대민사업이며, 이에 더욱 열중하겠다는 것으로 이해가 가지만 이를 묶어 복지사회란 표현은 좀 걸맞지

13) Pil-Woo Rhee(1999b).
14) 재정경제부, 「1999년 하반기 경제정책 방향, 구조조정을 마무리하고 일하는 사람을 위한 복지사회를 열어 가겠습니다」.
15) 여기서 성숙이란 표현은 어울리지 않으며, 차라리 도의적 경제운영으로 대체함이 더욱 자연스럽다.

않는다.

한편, 서구 사회에서의 복지사회(welfare state)란 개념은 이미 1980년대 초에 실패로 돌아간 개념이며, 이를 한국에 옮기는 작업은 시대적으로 뒤지는 인상을 주고 있어 아쉽다. 다만 그것이 김대중 대통령의 대중경제의 명제로서 일하는 사람, 즉 노동자를 위한 경제체제의 구축을 뜻하는 것으로 이해가 되는 것이다.[16]

다섯째, 2001년에는 앞에서 본 바와 같이 재정건전화의 정책가치를 채택하고, 그 해 말에는 경기활성화를 위해 적극재정론인 재정의 경기대응기능을 강화하는 정책가치를 채택하고 있다. 이는 정부가 주로 공기업을 중심으로 예산에 포함된 주요 사업에 대해 집중투자하는, 즉 정부발주사업을 늘림으로써 민간경제의 활성화를 도모한다는 것이다. 이는 주지하는바 재정자금의 증대를 뜻하는데, 결국 그것이 정상적인 세수로 조달이 안 될 경우 이로 인한 국공채 발행은 불가피하여 납세자 부담 또한 증가하지 않는다는 보장이 없는 것이다.

지금까지 김 대통령 집권기에 전개된 재정관료의 정책가치를 살펴보았다. 그것은 해마다 다른 재정운용의 정책가치를 표명하고 있어 일관성이 결여된 것으로 비추어지고 있어 좀 아쉽다. 예를 들어, 건전재정을 목표로 한다면 그에 적합한 정책으로 일관성 있게 재정운용을 시행할 때 그 효과를 볼 수 있다고 생각된다. 그것은 지출을 억제하는 긴축예산 속에서, 그리고 세수의 착실한 확보를 하면서 적자요인을 제거해야 하는 것이다. 이런 점에서 공공부문 개혁에 있어 정부 산하기구의 비대화를 줄이는 슬림화 정책은 바르다고 생각하나, 경기활성화나 일하는 사람을 위한 복지정책은 모두 정부지출규모를 증대시키는 재정운용으로 건전재정의 길과는 거리가 멀다고 할 것이다.

금융구조조정으로 재정지원은 불가피하였으며, 이로 인한 적자재정으로 건전재정의 목소리를 내야겠지만 그것은 일관성 있는 수단으로 조화적인 재정운용의 모습으로 중도적 나라살림의 길을 추구하는 것이 더욱 실용적이 아니었

16) G. Schmoelders(1963).

나 하고 다시 한 번 지난날의 재정가치 개념을 음미하며, 이에 전문가들은 성찰의 기회를 가져야 할 것 같다.

4 '햇볕'정부의 재정행태

(1) 재정운용체계의 이원화

1998년 김대중정권이 들어서자 재정면에서의 변화는 경이적인 것이었다. 재정운용의 이원적인 체계는 경제기획원의 재경부 통합의 결과 일원화 체계로 김영삼정부가 과감한 재정개혁을 단행한 바 있다. 무엇보다도 그런 일원화 체계는 정부의 수입 · 지출의 연계성 기능이 제고되어 재정운용의 정통성을 되찾아 다행으로 생각하였다.

그러나 예산기능과 지출기능을 재경부라는 한 곳에서 도맡으니 행정적으로 지나친 권한이 부여되어 부처 간 힘의 불균형이 성립되어 불공평하다는 것이다. 그리하여 기획예산처라는 예산편성기구를 설치하였으며, 이는 재정운용면에서 비효율적이라는 학계에서의 견해는 완전 무시된 재정행태였음을 재정학자로서 지탄하지 않을 수 없다. 그것도 재경부 산하가 아닌 대통령 직속 전담기구로 설치하여 나라살림의 돈쓰는 지출의 권한을 대통령이 장악한 것은 재정민주주의의 미덕을 침해한 재정행태로 평가할 수밖에 없는 것이다.

한국보다 앞서 가는 서구의 독일, 영국, 프랑스는 물론이고 심지어 가까운 일본도 재정기능은 일원화해 운용되고 있다. 그렇다고 그런 선진국가에서 일원화된 재정운용체계가 행정권한이 과다배분되어 비효율적이라는 말은 들어보지 못하였다.

결국 김대중 대통령의 좌파적 경제사상이 나라살림에도 그대로 반영되는 예산편성의 독점을 시도하는 인상을 주고 있어 납세자에게 일종의 '재정적 불안감'을 주고 있는 것으로 보인다.

(2) IMF위기와 국채발행

1997년 말 외환위기로 인한 극복대책은 재정운용에 큰 변화를 가져왔으니, 그것은 막대한 규모의 국채발행이었다. 이는 재정수지를 적자로 가져와 국가채무가 증가하였는데, 2000년도 국가채무는 119조 원으로 GDP 대비 23.1%를 시현하였는데, 그 재정적자 추이는 〈표 7. 1〉과 같다.

1980년대와 1990년대에 착실하게 다져놓은 건전재정의 기반은 1998년의 IMF 금융위기로 완전히 그 와해의 길로 접어들었다. IMF위기 후 4년째인 2000년에 가서는 국가채무가 약 120조 원으로 늘어나, GDP 대비 비율은 23.1%가 되고 있다.

이러한 국채비율은 선진외국에 비하면 걱정할 것 없다고 한다. 왜냐하면 미국은 GDP 비율이 약 60%이며, 일본은 무려 132.6%(2001년 기준), 영국이 50.7%, OECD 국가의 평균비율은 73.0%로서 한국은 오히려 건전재정이라고도 평할 수

〈표 7. 1〉 국가채무와 재정적자 추이 [단위: 조 원]

구분	1996년	1997년	1998년	1999년	2000년
1. 국가채무(2+3)	49.7	65.6	87.6	107.7	119.7
(대 GDP비율)	(11.9%)	(14.5%)	(19.7%)	(22.3%)	(23.1%)
2. 중앙정부 채무	26.5	50.5	71.4	89.7	100.9
국채	25.7	28.6	46.6	65.8	76.3
해외차입(차관)	5.0	15.3	18.8	18.9	20.0
국내차입	3.0	3.2	3.0	2.5	1.9
국고채무부담행위	3.1	3.4	3.0	2.5	2.7
3. 지방정부 채무	12.9	15.1	16.2	18.0	8.8

자료: 배국환(2001), p. 99.

있다는 것이다.

이러한 국가채무의 증대는 주지하는 바와 같이 IMF 금융위기로 인한 금융기구의 구조조정, 실업대책, 경제활성화 등 정부의 대민간 재정지원이 불가피하였던 것으로 풀이된다. 여기에서 빠져서 안 될 사항은 아주머니, 할머니 그리고 많은 아저씨들이 가지고 있던 금부치를 안고 한국은행으로 와 나라에 바치겠다는 이 갸륵한 애국심은 대한민국의 유식하지도 않고 열심히 제 밥벌이에 열중하였던 국민들로부터 나오고 있음을 확인하고 나라의 주인은 역시 권력 없는 소시민들임을 대변해 주었다.

나라의 위기가 닥쳐와 너도나도 살 수 없는 일종의 세상의 대난리가 나면 한국 국민들은 뭉치며 나라를 지키겠다는 의지는 이 나라 국민의 힘이라는 것을 알려 준 바 있다.

(3) 재정적자 발생과 건전재정 의지: 재정적 격물치지

IMF 금융위기의 대처방안은 정부의 대민간기업에 대한 금융지원으로 이는 막대한 국채발행으로 그 재원이 조달되었다. 예를 들어, 1999년에는 무려 13조 원의 국채발행을 계획하여 GDP의 2.5%나 되었다. 그러나 실제 집행실적은 10조 4,000억 원이었다. 2000년에는 당초에 10조 9,500억 원의 국채발행을 계획하였으나 실제로 3조 5,700억 원의 발행을 단행하였다. 그런데 이 해에는 세수실적이 좋아 세계잉여금으로 국채를 상환하였다. 세계잉여금의 국채상환액은 무려 1조 6,098억 원이었다. 2000년의 국가채무는 약 22조 원이었다.[17)]

이러한 국가부채액은 국채발행액이 감소해도 줄지 않고 계속 늘어나는 것은 국채이자의 지급액이 누증되기 때문이다. 그래서 한 번 빚을 지고 이자를 복리로 지불하면 가계나 기업의 경우 파산과 부도로 끝이 나나, 국가의 경우 민간과는 달리 납세자를 담보로, 즉 앞으로의 세금으로 그 일부가 상환될 것이므로

17) 배국환(2001), p. 97.

영구적인 적자재정이 가능할 수도 있는 것이다.[18)]

한국의 경우 세계잉여금으로 국채만기 이전에 조기상환하였음은 국가채무액을 감소시킨다고 볼 수 있다. 이런 점에서 세계잉여금의 국채상환은 건전재정의 현실화에 호재였다고 볼 수 있으며, 이는 역시 한국 재정관료의 건전성을 확인할 수 있다. 이는 5공 당시 김재익 수석비서의 긴축예산의 근검절약정신이 유산으로 이어져 나온 미덕으로 평가할 수도 있는 것이다.

그런데 2001년 예산에서는 원래 국채발행계획은 35조 124억 원인데, 실제로 일반회계에서의 적자보전용 국채발행은 2조 4,300억 원이었다. 그렇지만 특별회계 및 기금사업에서의 국채발행은 얼마였었는지에 대해 알 수 없어 답답하다. 이렇게 해서 상환용 국채발행액을 제외한 국채 순증가규모는 18조 3,838억 원이었다. 그러니까 약 7조 원의 국채상환이 이루어지고 있음을 말해 주는데, 회계별 상환액은 얼마였었는지 궁금하기 짝이 없다.[19)]

외환위기 이후의 재정운용(1997~2002)은 '재정지출 확대를 통한 경기대응기능 강화'(1998~1999)와 '재정건전성 강화를 위한 노력'(2000~2002)으로 제시하고 있다. 외환위기로 인한 민간경제의 침체를 대처하기 위해 실업대책, 고용창출, 기초생활보장제도, 사회안전망의 강화, 중소기업 지원, 금융기구 지원 등 이를 위한 지출은 세수로는 부족하여 적자재정이 불가피하였던 것이다.

여기에서 건전재정 운용의 필요조건에 대해 이야기해 보자. 무엇보다도 빚이 없는 나라살림이 건전재정이라면, 먼저 해야 할 일은 국채를 상환해야 할 것이다. 국채상환의 수단은 크게 보아 두 가지가 있을 수 있다.

그것은 직접수단과 간접수단이 있을 수 있다. 그런데 직접수단에는 먼저 세

18) 이제 민간금융의 거품경제는 나라살림으로 번져 세금 없이 당장 공짜로 공공재를 소비할 수 있는 미래세대의 부담이 국채라고 하지만 그때 가서 또 다른 국채를 발행해 소위 '재정적 거품'은 계속될 것이다. 종국에 가서는 국가파산이 올 것으로 보는 견해도 있다(B. Bonner and A. Wiggin, 2006, p. 337).

19) 잘한 것만 재정통계로 발표하고 있으며, 부정적인 재정통계는 아예 기피하고 있는 인상을 주고 있음이 정부의 간행물이다. 못한 것은 솔직히 공표하여 이런 것이 앞으로 시정되어야 할 사항으로 문제의식을 제시하여야 바르고 합리적일 텐데 이를 피하고 있음은 현명한 재정의 격물치지가 아님을 인식해야 할 것이다.

금을 많이 거두어 빚을 갚는 것이다. 즉, 징세강화에 있다. 또 다른 직접수단에는 지출을 긴축하여 재정확대의 길을 억제하는 것이다. 특히, 여기에서는 경직성을 띠는 일반경비의 긴축을 의미한다. 최종적인 직접수단은 세계잉여금에 있다. 일반회계에서 근검절약한 결과는 의회의 의결 없이 행정부의 독자적인 재정권인 세계잉여금으로 국채를 상환해 건전재정의 길을 허용하였다.

다음으로 건전재정의 간접수단에 대해 이야기해 보자. 여기에는 경기회복대책으로 정부발주를 확대하여 민간경제를 활성화시킬 수 있다. 이는 국채상환과는 직접적인 효과는 없지만 간접적으로 민간경제가 좋아지면 소득이 증가되어 세수도 늘어날 것이다. 결국 간접적인 국채상환효과가 있음을 알아야 한다. 경기회복 자체는 정부발주의 강화로 경비지출이 늘어날 것이며, 특히 정부발주의 재원이 부족하면 국채를 발행할 수도 있는데, 이는 국채상환과는 역의 관계를 노출하여 (-)효과를 가져올 것이다.

그러나 이러한 정부발주 후 6개월부터는 그 효과가 나타날 것이다. 즉, 기업의 수익도 늘어나 그에 따른 사업세 내지 법인세를 더 많이 납세할 수 있어 정부는 세수확보의 기회를 갖게 되어 추가적인 세계잉여금의 창출이 가능할 것이다. 이는 국채상환의 긍정적인 효과로 볼 수 있어 (+)효과로 처리할 수 있다. 하지만 이러한 논의는 일면 허구적인 데가 있다. 왜냐하면 국채를 재원으로 한 정부발주는 민간경제의 활성화에 자극을 주겠지만, 그 결과 기업으로부터 징수되는 세수의 증가분은 계속 늘어나는 국가부채의 이자를 상환할 수 있는 크기에는 못 미쳐 정부발주의 국채상환효과는 (-)효과로 보아야 할 것이다.

이상 건전재정의 최종적 메커니즘에 대해 논술해 보았다. 1999년의 국채발행액은 10조 4,000억 원이었으나, 2000년에는 10조 9,000억여 원을 계획하였다가 실제로는 3조 5,700억 원의 국채를 발행하였다. 그런데 2000년에 계획된 액수보다 3배나 덜한 3조여 원의 국채를 발행하였는지에 대한 설명이 없어 답답할 뿐이다.

그리하여 재정당국의 발표에 의하면 “2000년 이후 일반회계 적자국채 발행

〈표 7. 2〉 국가채무와 재정적자

구분	1997년	1998년	1999년	2000년
국가채무(조 원)	65.6	87.6	107.7	119.7
(GDP 대비 비율, %)	(14.5)	(19.7)	(22.3)	(23.1)
중앙정부 채무	50.5	71.4	89.7	100.9
지방정부 채무	15.1	16.2	18.0	18.8
재정적자(조 원)	-7.0	-18.8	-13.1	5.6

자료: 기획예산처, 2001년도판, p. 62.

규모를 감축하여 2000년 통합재정수지가 흑자로 전환되어 2003년 예산부터는 1998년에 시작된 일반회계 적자국채 발행을 중단하여 균형재정 달성이라는 국민적 약속을 이행하고 건전재정 회복의 의지를 표명하였다."[20)]

2001년에 국채발행은 2조 4,300억, 2002년에 1조 9,000억 원 규모를 시현하였다. 이로 인한 통합재정수지는 1999년에 GDP 대비 재정적자 비율이 2.5%였으며, 2000년부터는 재정흑자로 돌아서 1.1%의 흑자를 나타냈다. 이후 2001년에 1.2%, 2002년에 3.3%, 2003년에 1.1%의 재정흑자를 시현해 건전재정으로 회귀할 수 있었다.

그럼에도 불구하고 정부의 국가채무는 해마다 늘어나고 있어 문제가 되고 있다. 우선 국가채무는 국채와 어떻게 다르며 재정적자와 어떤 관계를 지니고 있는 것일까?

〈표 7. 2〉에서 보는 바와 같이 국가채무는 매해 늘어만 가는 모습을 볼 수 있다. 2000년에 재정적자는 흑자로 돌아서 5조 6,000억 원의 재정흑자를 시현한 바 있다. 그러나 국가채무는 약 120조 원을 나타내고 있음은 흑자재정이라고 해서 나라빚이 전혀 없는 것이 아님을 나타내고 있는 것이다. 이는 왜 그럴까? 국가채무는 국내외 차입의 합산이다. 국채발행은 채무에 포함되고 있으며, 국가채무액이 국채발행액보다 큰 것은 당연하다. 그런데 재정적자와 재정수지 적자란

20) 재정경제부, 2003년도판, p. 75.

무엇인가? 수입 · 지출의 격차가 재정수지이며, 다만 중앙정부와 지방재정의 수지를 포함하여 통합재정수지라고 하고, 재정적자라 하면 일반회계와 특별회계의 수지만을 계상하여 나타내고 있다. 이에 기초수지는 사실상 국채이자로 인해 늘어난 부채는 제외되고 있는 것이다. 따라서 국가채무는 이러한 국채이자부담으로 늘어난 국채를 포함해 계상되어 항시 국가채무나 재정적자는 재정수지 적자보다도 큰 규모로 나타날 수밖에 없는 것임을 알아야 한다. 즉, 이러한 이자부담 국채부담을 제외한 세입 · 세출수지의 격차만을 나타낼 때 이를 기초수지라고 하는 것이다.[21] 한편, 여기에서의 통합재정수지는 국가재정법 이전의 개념으로 관리대상수지라는 사회보장성 기금의 흑자분을 제외한 재정지표는 도입되지 않고 있었다.

특히, 정부는 2000년 예산안에서 재정규모 증가를 경제성장 전망치인 8~9%보다 훨씬 낮은 4.7%로 편성하였고, 같은 해 추경규모도 7.3%에 지나지 않았다 한다. 이러한 긴축재정의 사례는 재정사상 최초였음을 눈여겨보아야 할 것이다.

이에 더하여 경제회생에 따른 세수증가는 전부 국가채무 상환으로 전용하여 1999년 세계잉여금 2조 4,000억 원 중 1조 6,000억 원을 투입하였다. 그런데 2000년에 세입증가분으로 당초 국채발행액 11조 원을 3조 6,000억 원으로 줄였음은 당시 세입증가액이 8조 원으로 상당한 세수증가였음을 알 수 있다.[22] 이 밖에도 신용카드 소득공제, 신용카드 영수증 복권제 등 과표양성화, 음성탈루소득에 대한 과세강화 등 세입기반의 확충은 재정건전화에 도움을 주었다고 본다.

따라서 재정적자는 흑자로 나타나지만 국가채무는 엄청난 규모로 늘어났다고 할 수 있다. 재정건전화는 재정수지만을 기준으로 볼 것이 아니라 국가채무를 기준으로 보아야 하지 않을까? 실질적인 재정건전화의 길은 아직도 멀기만 해 납세자도 빚더미 위의 앉아 하루하루의 삶을 헤쳐 나가고 있음을 생각할 때, 즉 개인의 근검절약정신의 결과가 국가적으로 빚더미 위에서 살게 함은 국

21) 배국환(2001), p. 67.
22) 하기야 케인즈적 재정승수는 소비성향이 0.8일 경우 5배로 나타나고 있음을 적용해야 할 것 같다.

가재정의 역설적인 기능을 언제 헤어날 것인지 궁금하기 짝이 없는 것이다.[23)]

(4) 기금의 통폐합

햇볕정부는 IMF 금융위기를 국채 및 공적 자금으로 극복 노력하면서 동시에 적자재정에 이모저모로 기여하였던 기금을 정리하기로 하였다. 기금운용의 효율성과 투명성을 제고하여 방만한 운용으로 적자요인만 발생시키는 부분을 가려내어 1999년 6월에 시정하고자 하였다.

당시 총기금수 75개를 55개로 감축하였음은 하나의 재정개혁작업으로 인정할 수 있으며, 특히 재정건전화의 진일보에 기여를 하였다고 평가할 수 있다. 그간 나라살림의 방만성을 개선해 보겠다는 노력의 일환으로 보아야 할 것이다.

이에는 공공건설사업의 효율성 제고방안, 건설사업의 타당성 검토, 철도, 노선, 차종, 노선의 지하화 등 정밀하고 투명성 있는 계획, 민자의 유치제도, 재정지원방식의 재검토 등 기금운용의 효율화에 노력한 바 있다.[24)]

특히, 중앙정부 장이 관리하지 않는 기금은 그 재원이 민간부담금으로 되어 있어 민폐가 되고 있는 것이다. 즉, 이것이 준조세라는 이름으로 기업에 부담을 주고 있어 이의 폐지는 시급을 요하고 있다.

(5) 안보기능 무력화와 '친북예산'

김대중 햇볕정부의 재정행태에 있어 가장 특징적인 측면은 바로 정치와 예산이 결합된, 그러니까 정(政)과 재(財)가 한데 묶인 재정의 의미를 음미할 수 있어 흥미롭다. 즉, 정치목적을 위한 나라살림을 운용하였음은 어떤 의미에서 성공적인 재정운용이었다고 볼 수 있다. 그러나 그러한 재정행태의 정치문화적

23) 손원일 옮김(1994), pp. 113~124.
24) 재정경제부, 1999년도판, pp. 210~220.

귀결은 부정적일 수도 있음을 시인해야 할 것이다. 이야기인즉 김대중 대통령의 좌파친북적인 사상은 북에서 파견된 남파간첩을 체포·검사하여 처벌하는 국가보안법을 무시하고, 그러한 기구의 축소 및 행정요원의 감축을 단행하였다는 것이다.

즉, 햇볕정부 집권기간에 전개된 보안관계 행정은 이 나라 안보유지기능을 저하시켰다. 예로서 1997년에 국보법 위반으로 검거된 사람은 877명이었으나 그 후 그 수는 점감하였다. 보안기능의 무력화, 국정원의 공안기능 축소, 군복무기간 단축, 대북방송 중단과 함께 검찰 내에 이적단체를 수사할 수 있는 전문수사검사는 전무한 실정에 있다는 것이다.[25)]

그러한 국가적인 안보기능의 해체정책은 검찰·경찰 및 국정원의 보안인력을 감소시키며, 이는 안보예산을 절반으로 감축하게 되는 것이다. 유동열 치안정책연구소 연구원에 따르면, "보안경찰의 숫자가 국가안보대응 능력에 필요한 최소한의 인원조차 되지 않기 때문에 사실상 국가안보 시스템이 불구가 된 것이나 마찬가지"라고 하였다.

현재 지방경찰청에 보안수사 평균인력이 10명 정도인데 이는 15명 정도가 정상이며 2개의 수사팀이 있어야 한다는 것이다. 또한 국정원의 경우 지난 10년 사이 안보수사인력의 46%가 감축되었고, 좌익전담수사부서는 폐지되었다. 기무사도 그 인력이 1/3로 축소되었다.

지난 10년간 김대중정부 출범 후 군대 내의 좌익사범 검거현황은 54건에 불과하였다 한다. 김대중정부 이전에 기무사의 인원은 560명이었으나 오늘날 그것은 370명에 불과하다는 것이다.[26)]

이로 인한 예산감축은 안보예산에 반영될 것이지만, 즉 그 감축효과를 확인할 수 있을 것이지만 안보관계 예산은 국정원의 비공개예산으로 알 도리가 없다. 하지만 총체적인 예산의 감축효과를 주고 있음은 확실하다. 어떤 의미에서

25) 이상훈(2008).
26) 이상훈(2008).

이러한 친북안보예산의 감축은 한국의 긴축예산의 '효자예산'으로 기여하였다고도 볼 수 있는 아이러니컬한 역설적인 재정패러다임이 아닌가 해서 부기하는 바이다.

5 국민의 정부의 재정행태: 정치 · 경제적 귀결

(1) '친북예산'과 국가안보기능의 무력화

햇볕정부의 가장 특징적인 재정행태가 있었다면 그것은 이 나라의 국가안보기능을 무력화시킨 '친북예산'이라고 해야 할 것이다. 김대중 대통령이 취임 후 첫 번째로 착수한 작업이 바로 1998년 3월에 시행한 정부기관의 대공수사팀 요원을 절반 이상으로 감축하라는 지시였다.[27] 그는 대공수사팀 851명을 줄이고 검찰, 경찰, 보안팀 요원을 대폭 감축하였다. 그 결과는 남파된 간첩 내지 남한의 친북세력이 종횡무진으로 날뛰는 양상이 전개되지 않을 수 없었다.

이 밖에도 김 대통령은 6.15선언 이전에 북에 5억 달러를 몰래 송금하였는데, 이는 핵개발에 이용되었다고 보도되었다. 그 결과 남북 정상의 만남이 실현되었으며, 이를 계기로 김 대통령은 노벨평화상을 수상하게 되었다는 것이다.[28]

그리고 6.15선언의 내용은 위에서 지적한 대로 그것은 김일성 주석의 고려연방제 통일안이었으며, 이는 남한 국민의 합의하에 결정될 사항으로 위헌적인 요소가 내포된 선언임을 지적하지 않을 수 없는 것이다.

그러한 국가안보기능을 약화시킨 김대중 대통령의 의지는 어떤 것이었나를 나름대로 판단하고자 한다. 아마도 그의 정치적 목적은 남북통일에 있다고

27) 「부끄러움 모르는 망발, DJ 노욕이 무섭다」, 『월간 경제풍월』(2009. 7), p. 36.
28) 『월간 경제풍월』(2009. 7), p. 37.

본다. 그 목표를 위해서는 우선 남북갈등과 긴장을 해소시켜 서로의 이해와 협조가 필요하다는 것이다. 그래서 남북의 상호 협력은 남한의 발전된 경제력으로 북한을 도아야 하며, 그 일단은 식량을 공급하고, 비료의 공급, 기타 금강산 관광사업, 개성공단의 설치 등으로 남북 간 경제교류를 터 북의 생활수준을 높이자는 데 있는 것이었다. 여기까지는 좋다고 생각한다. 넉넉한 남이 살기 어려운 북을 돕는 것은 너무도 인도적인 사안으로 받아들여야 할 것이기 때문이다.

이렇게 남북이 화합하자면 서로의 상극적인 이념이나 사상을 위축시켜 남북이 융합 · 조화하는 가치로 접근하기 위해서는 지금까지의 반공적인 제도와 사상을 불식시켜야 남북이 통일의 길로 나아갈 수 있다고 생각한다. 그러기 위해서 우선 문화적으로 운동경기 행사의 확대 등으로 상호 이해를 도우며, 동시에 경제협력을 도모하여 정치적인 사회구성원의 정서통합이 이루어져 통일로 가야 할 것이다.

그러나 이러한 과정은 어디까지나 국민적 합의하에 수행되어야 하며, 또 북측과 남측의 상호 협의하에 이루어져야 할 것이다. 우리의 귀한 가치는 상호 이해와 선호의 자유와 전체론적인 개인주의와 민주주의에 있기 때문이다. 이런 절차를 거치지 않은 6.15선언은 위헌적임이 분명하다.

어쨌든 남북의 상호 이해를 도모하기 위해서는 서로 비방하고 반공적인 언행을 덜 해야 할 것이고, 그래서 용공적인 사상을 반대할 것이 아니라 오히려 북을 이해하기 위해 북한에 대한 모습들이 남한에 유포되고 확산될 때 북과 융합되어 통일이 앞당겨질 것이라는 생각이 김대중 대통령의 설득적인 사상일지도 모르겠다.

그렇다면 남이 이와 같이 간다면 북도 자유민주사상을 허용 남의 이해의 확산에 노력해야 한다는 남북의 협약이 있어야 한다. 그러나 이러한 협약도 없이 남에서만 이러한 안보기능의 무력화 정책은 남한의 공산화 내지 친북세력의 강화를 의미할 뿐 남북의 융합적인 조화는 찾아볼 수 없는 것이다. 북은 사상적으로 절대 봉쇄된 체제이나 남은 사상적으로 개방되어 있는 자유체제이며, 이를 역으로 남에 좌파적 친북사상도 허용되어져야 한다면 사상체제적으로 불공평하기 짝이 없는 것이다.

이러한 상황에서 남한에서 국가안보기능의 무력화 정책은 대한민국의 기틀을 붕괴시키는 반국가적인 사건이 아닐 수 없다. 안보담당 행정요원의 감축으로 해당 예산이 감축을 가져올지는 몰라도 그러한 감축은 국가의 기틀을 붕괴시키는 망국적인 재정행태임을 인식하면서 재정은 모름지기 국가기능의 활력소가 되어야 할 것이기 때문이다.

따라서 여기에서 저자는 '친북예산'이라 칭하였음은 남북의 융합이 아니고 북한에 일방적인 이해라는 좋은 의미보다 우리의 안보기능을 붕괴시켜 북의 적화통일을 돕는 안보기능 무력화의 예산이기 때문에 '친북예산'이란 표현을 사용하였다.

여기에서 잠시 국가안보의 책임은 대통령이 지고 있는데 '햇볕'정부의 국방비 비중을 알아보자. 방위비의 예산상 비중은 전두환 대통령 집권기에는 약 30%대 수준이었으며, 노태우 대통령 시절에는 25%대, 김영삼 문민정부시대에는 22%대 수준이었다. 그런데 김대중 '햇볕'정부시대에 오면 불과 17%(2001)대 수준을 보여 주어 아주 미약함을 알 수 있다.[29)]

아무튼 김대중 대통령 시절의 예산은 금융위기 극복 후 건전재정으로 진입하였다고 정부는 재정건전성의 회귀를 설명하고 있지만, 당시의 긴축예산은 반국가적인 안보기능의 약화를 통한 결과였음을 인정할 때 그것은 '반국가적인 재정불건전성'이 아니었는지를 검토해야 할 것이다.

김대중 대통령은 적이 쏘더라도 대응해서 쏘지 말라는 명을 내림으로써 서해안 교전에서 우리 측 병사의 희생을 감수하였으며, 그러한 친북적인 국가안보로, 즉 안보를 팔아 친북적인 정치이득을 보아 노벨평화상을 받았던 것이다.[30)]

29) 배국환(2001), p. 84.
30) 『월간 경제풍월』(2009. 7), pp. 26~30.

(2) 재정운용의 권위주의적 체계

재정운용체계는 문민정부시대에 일원체계로 회귀하여 국가의 수입과 지출을 총괄하는 재경부가 있었다. 기획원을 없애고 예산실이 재경부로 들어와 일원론적인 재정운용이 이 나라에 처음 도입되었던 것이다. 그런데 김대중 대통령은 이를 다시 예산기능을 분화하여 이원적인 재정운용을 시도하였다. 즉, 기획예산처라는 기구를 대통령 직속으로 설치하여 우선 나라 예산의 씀씀이는 모두 대통령이 재량껏 지출할 수 있는 예산권의 독점을 시도하였다고 본다. 공공선택이론에서 보아 일종의 재정독점이라고 표현해도 큰 틀림이 없을 것이다.

국가안보기능의 위축이 축소예산을 편성하는 데 도움이 되었을 것이다. 혹자는 재정운용의 일원화는 지출예산과 수입예산의 통합인데, 이는 기능면에서 너무 크며 권한이 집중되어 불공평해서 둘로 분화하는 것이 합리적이라고 설명한다. 그러나 이것은 재정독점을 위한 하나의 변이고 지출의 재량권으로 김대중 대통령이 친북적인 예산운용을 재량껏 최대한 활용하겠다는 저의에서 기획예산처가 설치되었다고 보는 것이다.

당시 재정권 행사에 나설 야당은 한나라당이었음에도 이에 대해 재경위원회에서 반론을 제기하는 야당의원은 한 명도 없었음을 생각할 때 아직도 우리의 민도는 지극히 낮다고 할 수 있다.

국가의식이 잠재된 예산편성인지를 가름하는 검토능력이 있어야 하는데, 그래서 PC교육에만 열중할 것이 아니라 이제는 우리의 세금이 어디에 어떻게 쓰이고 있는지를 알 수 있도록 국민의 재정교육이 절실히 필요한 것이다.

특히, 1999년 말 현재 국가직접채무는 108조 원, 보증채무는 82조 원으로 나타나고 있으며, 국민연금 등과 관련된 암묵적 채무는 202조 원, 한국은행 외화차입금 8조 원, 통화안정 발행잔액 58조 원, 13개 정부투자기관 부채 80조 원, 공공기금 채무 44조 원 등을 합한 총국가채무는 582조 원에 달한다. 국가채무만 하더라도 GDP 대비 약 23% 수준이 되고 있으며, 이자액만 매년 7조 내지 10조 원이 지급되었는데, 이는 국가예산의 10% 정도가 된다.

그간에 누적되어 온 국가부채와 그 이자부담은 미래세대의 납세자에게 돌아갈 것이므로 이에 대한 액수를 정확히 납세자에게 알려 주어야 할 것이며, 이는 재정당국의 재정공개가 의무사항임을 인식해야 할 것이다.

(3) 재정관료의 긍정성과 부정성

사실상 재정운용의 실질적인 책임은 재경부 장관 및 재정관료라고 할 수 있다. 명분상의 최종책임은 대통령이 지게 되어 있지만, 예산의 편성에서부터 집행에 이르기까지 그 재무행정을 전담하는 재정관료이기 때문이다.

그러나 김대중정부의 경우는 좀 다르다고 할 수 있다. 왜냐하면 기획예산처는 대통령 직속기구이며, 예산의 편성에 관한 한 대통령의 정책의지에 따른 내용만이 예산안으로 성립될 수 있어 재정관료의 책임은 여기에서 배제될 수 있기 때문이다. 결국 김대중정부에 있어 재정책임은 세법과 세정에 관한 한 재경부의 관료가 책임을 지며, 예산안 편성에 있어서는 대통령이 그 책임을 져야 할 것이다. 재정책임도 이원화되어 있다고 볼 수 있다.

그렇다 하더라도 대통령이 예산안 편성에 일일이 신경을 쓸 수는 없을 것이며, 대통령은 특정 정책에 관심을 둘 뿐(예를 들어, 안보관계 예산) 나머지 사안은 거의 재정관료에 전담시켜 예산이 처리되고 있다 하겠다.

이렇게 볼 때, 이 나라 재정의 모습은 재경부 관료의 재정의지에 의존하고 있다 하겠다. 즉, 국민으로부터 어떻게 세금을 거두어 어디에 얼마를 쓸 것인가를 예의검토하여 집행할 것이다. 재정의지는 세금을 내는 납세자 국민의 재정선호에 수렴하는 것이어야 한다. 그렇다고 납세자의 선호에만 의존할 수는 없는 것이며, 재정제도의 발전을 위한 규범적인 재정원리에 수렴해야 할 것이다. 그렇다면 우리의 재정관료가 규범적인 재정운용의 원리를 어느 수준에서 갖추고 있는 것일까? 이런 의문에 재정관료에 접한다면 그래도 이론적으로 최상의 재정원리를 수용하여 한국 실정에 적합한 원리만을 현실에 적용하고 있다고 답할 것이다.

저자로서는 한국 재정관료의 행태는 위와 같이 규범적으로 합리적이라고 생각하고 싶다. 재경부의 고위층 간부급 관료들의 대부분은 행시 출신으로 미국에서 연수교육을 받은 이 나라 재정엘리트들이라고 생각하기 때문이다.[31] 교육 도중 학위를 위해 공부하는 관료도 있으며, 영국·미국의 대학 출신도 재경부에 들어와 일하고 있다.[32]

그리하여 2001년에는 재경부 간부급 재정관료 약 30여 명이 집필한 『한국의 재정』은 현대재정이론에 기초하여 한국적인 여건에 적용한 실용적인 재정운용의 지식을 선보이게 되어 납세자의 재정교육에도 큰 도움이 된다고 생각한다. 이는 실무면이나 이론면에서, 즉 재정의 실제와 이론을 적절하게 잘 파헤친 한국 재정의 해설서이기도 하였다. 재정관료의 긍정성은 바로 여기에서 찾아야 하지 않나 생각하는 것이다.[33]

특히, 재정건전화는 국가경제의 최종 안전판 역할을 인식하고 재정건전화법을 제정할 것을 제시하고 있음은 하나의 좋은 재정적 미덕을 보여 주고 있는 것이다. 그러나 그러한 합리성은 그 정책적 한계성에 부딪쳐 손상되고 있는 것은 아닌지 의문이 앞선다. 특히, 베버적인 관료의 복종은 관례적인 미덕으로 치부되어 밑으로부터의 개혁은 봉쇄되고 있는 것이 관료사회의 현실이다.

그러나 다원주의적인 실용성이 중시되는 새 시대에 와서는 밑으로부터의 개혁이 요구되며, 특히 납세자 국민의 재정선호 파악에 기초한 재정의지를 아쉬워하는 재정관료가 정책에 주축이 되어야 재정민주주의가 실현될 것이라고 확신하는 바이다.[34]

이런 측면에서, 다시 말해 납세자 국민의 세금정서에 수렴하는 재정운용이

31) 배국환(2001), p. 316.
32) 30여 명의 집필자 중 15명이 영국과 미국에서 수학한 유학생이었다.
33) 그리하여 재경부가 발행하는 『경제백서』의 재정부분은 2000년도판부터는 재정분야별 전담자인 사무관급 재정관료가 집필하고 있음을 볼 수 있다.
34) 이필우(2009), p. 69.

어느 수준에서 실천되고 있는지 묻고 싶다. 누구를 위한 세제이며 세정인가? 그것은 백성을 위한 세금을 내는 납세자 국민일 것이며, 이 나라 백성일 것이다. 백성을 위한 나라살림 그것은 곧 민본주의적인 재정민주주의일 것이다.

이런 민본주의적 관점에서 우리의 재정운용이 어느 수준에 처해 있느냐를 위해 노력하였는지 재경부 장관은 성찰해야 할 것이다. 특히, 국가안보기능 행정요원의 감축으로 인한 예산감축은 나라의 안전을 위협할 것이므로 이에 대한 국민적 재정선호를 예산편성시에 제시하였어야 마땅함에도 이에 반응조차 않은, 아니 국민적 재정선호를 망각한 예산편성에 임하였음은 하나의 심대한 재정관료의 부정적인 측면이었음을 지적하는 바이다. 당시의 국민적 재정선호로 한국경제연구원이 제시한 정부조직 개편안을 소개한다.

전경련 부설 한국경제연구원은 김대중정부 말기에 정부기관의 약 30%는 감축시켜야 할 것을 건의한 바 있다. 여기에서 기획예산처는 재정경제부로 통합할 것을 제시하였다. 그리고 특이한 개편은 여성부, 노동부, 보건복지부 등은 사회복지부로 확대통합할 것을 제시하였음은 매우 혁신적이었다.[35)]

(4) 재정건전화에 대한 여 · 야당(한나라당)의 논쟁

당시 야당인 한나라당의 정책위원회(의장 목요상, 제2정조위원장 이한구)는 재정개혁 3대 법안을 제시 건의한 바 있다. 이 내용을 참고로 소개하겠다.[36)]

1) 국가채무 감축 및 세계잉여금

먼저 국가채무 감축법을 제시하였다. 그 내용은 채무관리위원회에서 국회보고를 하게 되어 있는데, 그 대상은 중기재정계획에 국한하자는 안이 여당의 견해였다. 이에 대해 한나라당은 중기재정 외에 정부투자, 출자, 4대 연금에 이

35) 한국경제(2002. 12. 24), p. 1.
36) 한나라당 정책위원회, 「정책성명」, 2000. 7. 15, 별첨, p. 5.

르기까지 국회에 보고할 것을 요구하였다.

한편, 세계잉여금에 대해 합의된 내용은 국회 결산 전에 대통령 승인만으로 집행하되 국채상환보다 추경재원에 우선 사용을 허용하였으며, 교부금 추가정산분은 예산 외로 사용할 수 있다는 내용에 양당은 합의하 바 있다. 그러나 한나라당은 세계잉여금을 우선적으로 국채상환에 사용할 것을 건의하였다.

2) 추경편성과 예산규모

또한 추경편성요건을 야당은 강화하였다. 경기침체, 대량실업 등 재정지출이 필요한 경우를 여당이 제시하였으나 한나라당은 대량실업 등 비상사태시로 조문을 바꿀 것을 요청하였다.

예비비에 대해 여당은 총예산의 1%에 한할 것을 제시하였으나 한나라당은 목적예비비를 추가하여 총예산의 1.5%를 제시하였다.

예산규모 증가율의 한도는 잠정성장률로 하고, 초기의 3개년간은 5% 수준을 고수하는 것으로 야당은 건의하고 있다.

3) 국가채무 상환

가장 중요한 국채상환에 대해서는 여당은 균형재정 후 2조 이상을 국채 원금상환에 충당하자는 안에 야당은 잠정합의하면서 실제로는 법시행 후 균형재정과 관계없이 예산편성에 반영할 것을 주장하였다. 이에 더해 국가채무의 범위는 여당의 경우 국가채무에 국한하였으나 한나라당은 정부의 직접채무+보증채무를 포함한 넓은 범위로 정하자고 건의하였다. 왜냐하면 직접채무만 정의시 실제로 심각한 보증채무(공적 자금 등)의 철저한 관리의식이 약화될 것이며, 결국 국가채무규모를 축소해야겠다는 경각심이 약화되어 정부의 국가채무에 관한 도덕적 해이현상이 발생할 수 있기 때문이었다.

총액사업비는 총예산의 4% 이내로 제한하는 내용에 합의하였으며, 이 밖에 합의된 내용은 국가채무관리위원회를 설치하자는 것이었다.

4) 기금관리기본법

여당은 우선 기금의 법적용범위에 대해 금융성 기금은 현행대로 제외하자는 것이었으나, 야당은 금융성 기금도 포함시킬 것을 주장하였다. 왜냐하면 금융성 기금의 손실시 재정에서 부담할 가능성이 높아지기 때문이었다. 기금에 대한 국회 심의는 현행대로 국회가 심의 · 의결함에 합의하였다.

한편, 폐지해야 할 기금은 국제교류기금, 법률구조기금 등 7개였으며, 통폐합하는 기금은 산업기반진흥기금 등 6개 기금이며, 공공기금화의 기금은 문예진흥기금, 체육진흥기금, 신용보증기금 등 17개의 기금이었다. 이에 더해 여당은 기금의 주식투자를 허용하는 안은 미합의되었다. 이유는 연기금의 부실이 우려되었으며, 국민연금 주식투자는 큰 손실(1999년 손실률 50% 이상)을 가져왔기 때문이었다.

5) 예산회계법

예산안 국회제출 시기에 대해 여당은 현행대로 회계연도 120일 전을 주장하였으며, 야당은 120일을 건의하였다. 또한 특허권 사용에 대한 기술료는 세외수입으로 처리되고 있으나 야당은 이를 국가세입으로 편성해야 예산총계주의가 지켜질 것임을 주장한 바 있다.

6) 특허권 기술료

특허권 사용에 대한 기술료는 세입 외로 처리되나 이는 잘못이며, 당연히 국가세입으로 계상할 때 예산 · 총계주의가 지켜질 수 있음을 야당은 주장하였다.

7) 결산서 제출시기 및 분기별 예산집행 상황 국회보고

한나라당은 결산서는 회계개시 180일 전에 제출하여 결산심사를 강화할 수 있다고 주장하였고, 여당은 현행대로 150일 전까지 제출하는 것으로 제시하였다. 이는 미합의 되었는데, 야당은 분기별 예산집행 상황을 국회에 보고할 것을 주장하였으나 여당은 이에 반응이 없었다.

8) 예비타당성 조사대상

여당은 현행대로 대통령으로 정하는 사업을 주장하였으나, 야당은 총사업비 300억 원 이상 국회가 요구하는 사업을 포함시킬 것을 요구하였다.

9) 통합재정의 범위

한나라당은 중앙정부+지자체+기금(금융성 기금까지 포함)+공기업으로 그 범위를 확장하자는 안을 제시하였으나, 여당은 야당의 금융성 기금과 공기업의 포함은 반대하였다. 이는 미합의 처리되었다. 이유는 금융성 기금은 예로서 신용보증기금은 국가재정과 명확한 분리가 안 된 상태이므로, 이는 국가재정에 포함시켜 통합재정으로 처리되어야 할 것이다. 금융성 기금의 손실시 재정에서 부담가능성이 높기 때문이다.

10) 현물출자, 전대차관, 국유재산의 무상사용

한나라당은 이를 예산으로 포함할 것을 주장하였다. 예산외로 처리되면 국회에서의 심의가 배제되기 때문이다. 그러나 여당에서는 현행대로 예산 외로 할 것을 주장하면서 예산외 자체가 최소한의 국회 동의임을 주장하였다. 이는 미합의되었다.

11) 복식부기 및 예산의 이용 · 이체시 국회보고

여당은 복식부기는 제정 · 운용할 수 있다고 주장되었으나, 야당은 제정 · 운용하여야 한다로 못박았다. 또한 예산의 이용 이체시 국회보고는 기획예산처 승인대로 할 것임을 현행대로 주장하였으며, 한나라당은 미리 사전에 국회에 승인을 얻어야 할 것을 주장하였다.

한편, 국민의 정부는 이 나라에 최초로 사회안전망을 구축함으로써 시행상의 많은 어려움을 겪고 있지만, 그 사회정책적인 의미는 큰 것으로 보아야 한다는 주장을 하는 정치가도 있다.[37)]

37) 홍사덕(2009).

제8장

'참여정부'의 분배 위주 시대의 재정행태(노무현, 2003~2007)

1. 들어가는 말
2. 노무현 대통령의 정치규범 단상
3. 참여정부 재정관료의 정책가치
4. 참여정부의 재정행태 단상(斷想)
5. 참여정부의 재정행태 귀결의 재정심리론적 의미

1 들어가는 말

노무현이 대통령이 된 것은 투표 전 날 경선상대인 정몽준의 사퇴로 인해 극적으로 당선되었다. 이렇게 극적으로 대통령으로 당선된 그는 생의 마지막을 역시 드라마틱(dramatic)하게 마무리한 극적인 정객(政客)으로 평하고 싶다.

노무현정부는 대체로 '참여'정부로 대변된다. 정책결정에 시정의 민(民)이 참여해 정치적으로 민주적인 질서를 표방하였던 것이다. 그는 특히 전정부체제의 유지와 나아가 전체제의 확대재생산을 위해 최선을 다하는, 좋게 표현하여 사회주의적인 정의실현을 위한 좌파적 개혁의 정치노선을 표방하였던 것이다.

여기에 노사모라는 사조직 정치단체가 있는가 하면, 참여연대라는 시민단체가 있어 사조직의 정의를 시중의 정치 · 경제의 시민적 정서인양 사회적 규범으로 대변하기에 이른다. 여기에는 전대통령 집권기의 정치문화를 계승하여 더욱 좌경화 정책의 흐름을 연장하고 있는데, 이런 좌파적 정치질서 속에서의 경제정책은 약자 중심의 분배 위주 정책으로 중산층 이상의 소득계층의 몰락을 초래하고, 가진 자에 대한 고과세정책은 집값과 땅값의 등귀로 모두 못 살게 되는 경제위축을 가져왔다.[1)]

특히, 참여정부라고 해 놓고 정부 요소요소에 민간자문기구를 두어 기구확장을 단행함으로써 예산이 팽창하는 큰 정부를 지향하여 그 부담은 납세자에게 돌아왔다. 또한 시장기능이 분배정의로 위축되어 활성화가 저지되면서 국민경제의 축소과정을 걷지 않으면 안 되었다.

분배정의와 참여정부의 좌파적 사상은 결국 큰 정부와 작은 시장을 가져왔

1) 이러한 평은 「2004년도 예산안에 대한 정부의 시정연설」, 2003. 10. 13, 국회본회의 회의록 제6호; 「2005년도 예산안에 대한 정부 시정연설」, 2004. 10. 25, 국회본회의 회의록 제4호; 2006년도 예산안에 대한 정부 시정연설, 2005. 10. 12, 국회본회의 회의록 제3호; 대통령비서실(2003, 2005, 2006, 2007a, 2007b).

으며, 이러한 정치 · 경제 분위기 속에서 우리의 나라살림은 어떻게 꾸려 왔는지를 살펴보고, 끝으로 그런 재정행태가 한국의 재정질서와 납세자의 재정적 정서에 어떤 변화를 초래하였는지 전체론적 시각을 통해 조명하고 통찰(perspective)해 보고자 한다.

2 노무현 대통령의 정치규범 단상

(1) 가치의 불확실성

노무현 대통령의 정치규범의 가치는 긍정적으로 보면 광범위하고 다양하다고 평할 수 있으나, 부정적으로 보면 예리하게 이것도 찔러 보고 저것도 찔러 보는 '중구난방형의 허둥댐'이 감지된다. 근본이 되는 핵심 개념철학이 없는 슈퍼마켓식 잡화상을 연상케 한다는 점에서 중구난방형이며, 역설적 논리와 논리의 비약은 앞뒤가 맞지 않아 허둥댐을 보이지 않았나 생각이 드는 것이다.

우선 경제정책의 문제만 보더라도 앞뒤가 맞지 않는 논리가 많다. 예를 들어, 경제를 살리자면 시장질서가 주축이 되어 기업의 자율적인 투자선택에 간섭하지 말아야 국제경쟁력도 제고될 것이라고 한다.[2] 그런데 결정적인 요인은 경쟁력이라고 하면서 독과점을 통제하여 공정한 경쟁을 해야 한다고 주장하고 출자총액제한제도를 도입하였다.[3]

경쟁력은 혁신의 축적으로 제고되는데, 슘페터(J. Schumpeter)는 자본이 적은 중소기업보다 자본을 많이 소유하고 있는 대기업이 혁신에 유리하므로 경제발전의 동력은 역시 대기업일 수밖에 없음을 설파하였다.[4] 물론 최근에 와서는 중

2) 대통령비서실(2005), p. 47.
3) 참여정부 4주년 기념 국정과제위원회 합동심포지엄 특강, 2007. 1. 31, p. 605.

소기업도 혁신에 기여하고 있지만, 그래도 자금의 여유를 지닌 대기업이 보다 유리할 것이므로 대기업에 대한 제재는 바람직하지 않을 수도 있는 것이다. 중소기업의 기술혁신 촉진은 바람직하나 문제는 시설의 열악 및 자본부족 등이 제기되고 있어 대기업과 정부의 제도적 지원이 요구되며, 대기업과 중소기업의 협력체제로서 기술융합이 필요하다는 것이다.

이렇게 볼 때, 공정한 시장경쟁을 위해 대재벌기업을 축소 또는 제거해야 된다는 재벌해체 명제를 적용한다면 혁신은 더디고 어려워질 것이다. 따라서 경쟁력과 출자총액제한제도는 효과면에서 상충적인 역관계하에 있음을 인식한다면 노무현 대통령의 역설을 확인할 수 있다. 여기에 경제가치는 우왕좌왕하고 있어 불확실성을 더해 주고 있는 것이다.

시장경제의 자율성을 강조하면서 양극화 해소와 동반성장을 수반하는 복지국가라 해 놓고, 실제로는 반시장적 규제와 고과세정책을 펼쳐 목표와 수단이 합치하지 않는 불합리성을 노정하고 있다.[5)]

이러한 사례는 연설의 여러 곳에서 찾아볼 수 있다. 아무튼 노무현 대통령의 연설에 있어 특징은 전반적으로 담론적이고 수사학적(rhetorical)이다. 그러니까 냉엄한 논리 속의 정책안을 정리한 앞뒤 논리가 딱 들어맞는 논설이 아니고 생각나는 대로 느낌의 흐름을 타고 전개되는, 듣기 좋게 넘기는 화술로 엮어 가는, 담론적으로 오가는 이야기의 묶음이라고 할 수 있지 않나 생각이 드는 것이다.[6)]

좌파적 사상으로 물든 노 대통령으로 알고 있는데, 자본가적 시장질서와 자유제도 숭상의 표현을 여러 곳에서 볼 수 있음은 역시 한국적 현실을 부인할 수 없으며, 한국의 대통령임을 확인시켜 주고 있다.

---

4) J. Schumpeter(1911(1964)), S. 89~99.
5) 대통령비서실(2007), p. 292.
6) 대통령의 연설문은 비서실에서 작성하여 제시되는 것으로 알고 있는데, 노무현 대통령은 이를 부인하고 자신이 직접 쓰고 있다고 보아야 한다. 문장의 글투는 노 대통령 특유의 토속적인 표현, 자극적인 표현, 역설적 논리, 직감적인 회화체적 표현, 어떤 면에서 사회 · 문화 · 심리적으로 심도 있고 이해가 다양한 이웃집 아저씨의 이야기와도 같다.

생각이 좌면 행동도 좌일 것이다. 그러한 좌파적 행태는 우파적 미덕으로도 볼 수 있는 관용, 상생, 공존문화, 신뢰, 화합, 포용 등의 정책가치는 남북협상과 통합의 개념으로 적용되고 있어 결론적으로 그의 좌파적 사상의 수용을 뜻하는 것은 아닌지? 우파적 관용에 회의할 수밖에 없다.[7)]

'뚝배기보다 장맛', '위원회공화국', '봄 꿩 제 울음에 놀란다', '친구 같은 대통령', '국민이 대통령' 등 사회문화적으로 원색적이고 토속적인 표현은 모두 민속적 수사로서 친근감을 줄 수 있으나 그런 어휘 뒤에 뒤따르는 귀결은 좌파 사상으로 특징지어 주고 있는 것이었다.

한편, 도전과 비전이 개념적으로 상충되는 역기능적 개념으로 비추어지고 있는 것이 바로 한미 FTA와 양극화 해소 및 동반성장이다. 즉, FTA는 도전이며 양극화 해소는 비전이라고 하였는데, 이 두 목표는 정책효과면에서 상충적이지 상생적이 아니기 때문에 이해가 되지 않는다.

그러니까 하나의 일관된 논리로 주장되는 그가 늘 쓰기 좋아하였던 투명한 표현으로, 담론적이 아니고 듣기 좋은 지나가는 말이 아닌 앞뒤가 맞는 주장을 분명히 설명해 준다면 그러한 규범적 가치의 불분명성 내지 불확실성은 없었을 것임을 지적하면서 다음으로 넘어가자.

(2) 정치부문의 국정운용가치

1) 남북관계: 화해와 관용 그리고 공존

역사발전의 장애요소는 남북분단의 분열적 사고라고 하면서 좌우의 이념대결 또한 독재시대에 축적된 남북 간의 대립과 갈등이 사회문화적으로 남북통합을 어렵게 하고 있다. 우선 남북 간에 평화를 유지하자면 서로 적대적 감정을 자극해서는 안 되며, 남북 간에 믿음과 신뢰를 쌓아야 할 것이다.

그러자면 남은 북에 대해 관용과 인내로서 좋은 관계를 맺어야 하며, 북한

7) 대통령비서실(2007), p. 288.

을 설득하여 개방과 개혁의 길로 유도해야 할 것임을 주장한다. 개성공단을 비롯한 경제협력사업을 촉진하여 남북이 동시적으로 번영 · 발전하는 길을 모색해야 할 것이다.

북한의 납치, 서해안 침공 등 섭섭한 일이 많지만 더 큰 남북의 통합은 어려워지므로 참고 인내와 관용으로 우리의 후손들을 위해 지난 날을 용서하고 화해와 협력으로 나가야 할 것이라고 주장한다.[8)]

이러한 관용의 자세는 북한의 행동 때문에 위축되고 있다. 최근 북한이 핵무기 보유국으로 국제적 인정을 받기 위해 핵미사일의 발사를 수차에 걸쳐 시행하였으며, 이 때문에 남에 대한 무력적인 위협은 날로 커지고 있다. 그리고 개성공단의 철수, 개성공단 직원의 납치, 동해안 어선납치 등 오히려 6.15선언 후 남북갈등과 위협은 날로 확대되고 있다.[9)]

2) 주한미군의 배치와 작전권 환수

노무현 대통령은 우리나라의 방위는 우리의 힘으로 지켜야 한다면서 한미안보협력도 미래지향적으로 발전시켜 나가야 함을 중시하였다. 그 결과 주지하는 바와 같이 미8군의 용산기지를 평택으로 이전시키는 데 성공하였으며, 동시에 작전통제권도 환수하였다.[10)] 이는 국군통수권을 국가가 지닐 때 나라의 주권이 바로 설 수 있기 때문이었다.[11)] 국군통수권의 포기는 헌법정신에도 맞지 않으며, 비정상적인 상태를 바로잡는다는 의미에서 작전통제권의 환수는 실현되어야 함을 주장하였다.

철수와 작전권 환수는 한미동맹의 토대 위에서 이룩되었다. 그러나 이는 통일을 전제로 통일이 다가올 시기를 대비하기 위한 것으로 이해된다. 하지만 대

8) 대통령비서실(2007), p. 288.
9) 물론 이명박정부의 대북정책의 변화에도 기인하고 있지만, 그것은 관용과 화합이 아니라 퍼주기식의 남북협력은 부당하며 북의 개방이 와야 하나 이는 절대로 금기시되고 있어 남과 북의 화합은 더욱 어렵게 진전되고 있다 하겠다.
10) 참여정부 4주년 기념 국정과제위원회 합동심포지엄 특강, 2007. 1. 31, p. 598.
11) 대통령비서실(2007), p. 290.

결구도에서 본다면 군사적으로 약세에 있는 한국이 강세의 미군철수는 한국에게 불리함을 노정시킬 것으로 생각되기도 하지만 유사시 핵사용은 거리차이의 불리함은 없는 것으로 보아 무난한 것으로 보아야 할 것이다.

3) 집단은 타도의 대상이 아님

노무현 대통령은 타협과 화해와 동반성장을 내세우면서 목적을 위해 성립하는 이익단체, 아니 법적인 형태 이전의 임의적인 사회집단의 외침에 귀기우려 화해와 공동체적인 화합을 가져올 수 있음을 강조한다. 그리하여 집단을 제거해서 사회의 화합을 추구함은 또 하나의 갈등요소를 발생시키므로 부당하며, 오히려 그러한 사회집단의 목소리를 존중하여 참여정치의 효율성을 제고할 수 있다는 것이다. 따라서 과거 독재정권의 타성은 바로 이런 비정규적인 노동자집단을 비롯한 각종 사회이익단체의 주장을 제거하는 데 전념하였는데, 이와는 반대로 임의적 집단의 목소리를 중시할 때 사회는 통합과 조화와 평화를 가져올 수 있다고 믿어 집단은 결코 타도의 대상이 되어서는 안 된다는 것이다.[12)]

이 밖에도 정치자금법의 공소시효를 연장하여 법적용을 강화하였음은 정치적 고정성의 개혁을 뜻한다고 볼 수 있다.[13)]

4) 초법적 권력행사 배제와 안보기능

노무현 대통령은 취임 직후 참여정부의 대통령은 제왕적 독선으로 포장된 절대존재가 아님을 천명하면서 초법적인 대통령의 권력행사는 없을 것임을 언급하였다. "국가정보원, 검찰, 경찰, 국세청 이른바 권력기관을 더 이상 정치권력의 도구로 이용하지 않겠습니다. …… 더 이상 정치사찰은 없을 것입니다. 도청도 …… 세무사찰도 없을 것입니다. 이제 권력기관은 국민을 위한 봉사기관으로 거듭날 것입니다."[14)]

12) 대통령비서실(2004), p. 105.
13) 「2004년도 예산안에 대한 정부의 시정연설」, 2003. 10. 13, 국회본회의 회의록, 제6호, p. 5.
14) 대통령비서실(2003), p. 101.

여기까지는 다 좋다. 이러한 권력행사의 범위에 안보기능도 포함된 것으로 추리된다. 즉, 사상적으로 남북갈등을 가져오는 간첩활동 내지 이적단체로 간주하였던 모든 수사기능은 이미 김대중 집권기에 축소 · 제거되는 정책에 뒤이어 참여정부시대에 오면 더욱 강화되었다. 즉, 노 대통령의 이와 관련된 언급은 이 나라 안보기능의 제거에 강자로 나타났으며, 이는 새로운 권력행사로 볼 수 있다. 그는 과거의 권력행사는 배제하나 새로운 권력행사는 남북의 화합을 위해 필요하다고 생각하였던 것이다.

그에 따르면 "국가보안법은 박물관에 보내야 한다"라고 하면서 4대 악법으로서의 국보법은 폐지되어야 할 것을 주장하였다.[15)]

(3) 공공부문의 국정가치

1) 복지사회, 분배정의 및 양극화 해소

노무현 대통령은 복지사회를 국정목표로 제시하면서, 다음처럼 개념화하고 있다. " …… 함께 가는 복지사회입니다. 쾌적한 환경과 안정된 주택에서 문화와 여유를 누리는 나라, 자녀교육, 질병과 노후에 대한 불안이 없는 나라, 건강하고 밝게 자라면서 좋은 교육을 받을 수 있고, 일자리는 구하기 쉽고, 실업과 고용지원, 직업훈련, 평생교육이 잘 정비되어 있어서 모두에게 능력향상을 통한 성취의 기회가 열려 있는 나라가 좋은 나라이고 지속적으로 발전할 수 있는 나라 ……."

복지사회에 대한 그의 정의는 질병과 노후대책에 불안이 없는 나라까지는 복지사회의 개념 해설로 족하다고 생각한다. 그런데 그 나머지는 모두 복지사회가 가져올 수 있는 사회적 편익이며, 그것도 개인의 경쟁력에 의존하는 내용을 복지사회 정의에 내포시킴은 부적합하지 않을까?[16)]

15) 이상훈(2008b).
16) 참여정부 4주년 기념 국정과제위원회 합동심포지엄 특강, 2007. 1. 31, p. 607.

또한 "복지지출은 지출이 아니고 투자다. 복지야말로 성장을 위한 인적 자본의 확충이다." 즉, 경제정책과 사회정책을 통합적으로 설명하는 일원론적 논리에 서 있는 것이다. 또한 이는 동반성장을 위한 새로운 전략과 비전이라고 하면서 역시 경제정책과 사회정책의 융합적 공동체적 일원론을 주장하였던 것이다.

이러한 논리는 이미 김대중 대통령의 대중경제이론에서 균등분배와 경제성장은 상충적 관계가 아니라 오히려 상생적인 융합적 관계라는 논리와 유사함을 발견하게 된다. 어쨌든 노무현 대통령의 사회 · 경제적인 통찰력은 다양하며 설명방식에 특이한 사회주의적 사상의 시장적 논리로도 볼 수 있다.

그런데 이러한 복지사회는 더불어 사는 동반성장을 하는 사회이며, 구체적으로는 계층 간 소득분배를 균등화해야 할 것을 요구하고 있다. 그러면서 지니계수를 이용한 스웨덴과의 비교는 한국의 재분배를 위한 재정변수의 힘이 약하다는 것을 지적하고 있다.[17)]

한편, 복지사회는 복지지출을 크게 증대시킬 때 이루어지는데, 이는 경제정책만으론 부족하고 사회자본의 확충을 도모하는 사회주의적 정책이 필요하다는 것이며, 이를 그는 '비전 2030'이라고 하였다.[18)] 인적 자본의 확충은 보육정책, 직업교육, 평생교육, 고용지원 등 노동시장의 확충을 의미하였다. 이런 투자가 모두 사회자본의 형성이고 사회투자라 하였다. 이것이 동반성장과 균형성장을 도모하여 민주사회를 성취하는 것으로 보았다.[19)]

2) 법치적 노사관계: 노사정의 대타협

노 대통령은 노사의 갈등은 신뢰 속에서 타협을 통해, 특히 정부, 기업 및 노

17) 과세 후의 지니계수는 스웨덴이 0.230인데 한국의 경우 0.301을 시현하고 있다. 이는 소득의 60%를 과징당하는 사회주의 국가와의 비교이고 보다 의미 있는 비교는 OECD 제국과의 비교에서 발견할 수 있다고 본다.
18) 이러한 아이디어는 청와대 비서관 또는 노사모 시민단체들로부터 제시된 아이디어일 것으로 추정하면서 소개한다. 아니면 비서실에서 제시된 원고내용일 수도 있을 것이다(참여정부 4주년 기념 국정과제위원회 합동심포지엄 특강, 2007. 1. 31, p. 608).
19) 대통령비서실(2007), p. 292.

조 사이에 이루어지는 대타협을 추구해 나갈 것임을 강조한다. 그러면서 노사관계는 법치적이어야 함을 강조하면서 도시민 전체의 후생을 침해하는 노동운동은 불법적인 운동으로 제거되어야 하지만 적법한 파업은 보호되어야 함을 주장한다.[20]

그러면서도 노동의 유연화를 지적한다. 즉, 임금인상은 궁극적으로 국제경쟁력 저하로 자멸을 의미한다는 사실을 인식해야 하고, 그러나 기업 간 임금격차가 심각한데 이에는 노사 간에 무릎을 맞대고 솔직한 심정으로 이해와 타협을 통해 노사정의 평화가 이루어질 수 있다고 믿었다.

이와 관련해서는 사회안전망 구축의 필요성을 강조하고 있다. 연금제도의 확산, 실업자 지원의 제도화, 재난에 대한 보험 및 지원의 제도화 등 정부가 해야 할 일은 많다. 수혜범위와 급여수준의 확대, 기초생활수급자의 선정, 취약계층에 대한 의료급여, 긴급생계지원 등 실천해야 할 과제는 많다.

특히, 그는 참여정부 집권 후 노사분규로 인해 발생하는 사회적 비용은 오히려 감소되고 있어 노동운동의 유연성이 증대되고 있음을 강조한다.[21]

3) 행정중심복합도시와 국가균형발전

참여정부는 지방분권과 국가의 균형발전을 촉진하기 위해 행정수도를 서울에서 충남으로 이전하는 행정 중심의 복합도시 건설을 추진할 것을 특별조치법을 만들어 추진하였다. 그것은 서울을 중심으로 하는 수도권 과밀현상을 억제하면서 지방의 소원한 빈곤농촌지역을 개발시켜 국가균형발전을 도모한다는 취지에서 추진되는 것이었다.[22]

이러한 참여정부의 수도권 이전문제는 헌법재판소에 제소되어 결국 이전안은 패소의 길을 걷게 된다. 그러나 행정적으로 그것은 지방도시의 육성으로

20) 대통령비서실(2005), p. 51.
21) 2003년에 노사분규로 인한 노동손실일수는 전년에 비해 18%가 줄었으며, 불법파업은 60%가 줄었다고 한다(대통령비서실, 2005, p. 43); 「2005년도 예산안에 대한 정부시정연설」, 2004. 10. 25, 제250회 국회본회의 회의록, 제4호, p. 5.
22) 「2004년도 예산안에 대한 정부시정연설」, 2003. 10. 13, 제243회 국회본회의 회의록, 제6호, p. 5.

계속 집행되는 것이었다. 그 결과 해당 지역의 지가는 엄청 상승하였으며, 농민들은 농토를 잃고 도시의 소외층으로 헤매는 도시한계인집단을 생성시켰다.

4) 큰정부론 선호: 정부의 개혁과 생산성

노무현 대통령은 정부규모에 대해 다음처럼 언급한다. "…… 작은정부론이 있습니다. 공무원 숫자가 줄면 작은 정부가 된다고 저는 생각하지 않습니다. 필요한 만큼의 공무원 숫자를 가지고 그 들이 쉴 때는 쉬고 일할 때는 열심히 일하고 그렇게 해서 생산성을 향상시키는 것이 저는 정부의 올바른 길이라고 생각합니다. …… 최소한 법질서, 치안, 사회안정, 문화, 환경 등 국민을 위한 서비스는 확대해 나가야 합니다."[23)]

고전적인 서구의 재정이론은 작은 정부가 최량의 정부라고 한다. 국방, 치안을 중심으로 하는 정부기능을 수행해야 하며, 나머지 사회자원은 시장에 맡겨 민간부문이 커야 국민이 잘 사는 시장질서를 육성할 수 있다고 하였다. 왜냐하면 무엇보다도 국가라는 최고의 조직도 결국 시장 위에 존립되는 것으로 보았기 때문이었다.[24)]

특히, 공공선택이론에서 정부지출은 지출의 케인즈적 지출승수로 정부지출이 클수록 국민경제는 확대된다는 가설을 부인하며, 이는 정치가의 지출확대 선호만을 유발시켜 국민 납세자만 과부담시키는 불건전한 재정운용임을 지탄하면서 절제를 모르는 정치가의 자제와 교육을 요한다고 설파하고 있음은 귀감이 아닐 수 없다.[25)]

국가의 기틀을 바로잡고 범정부적인 혁신운동을 하자면 큰 정부가 되어야 한다는 것이다. 뿐만 아니라 참여정부로서의 기능을 다하자면 정책결정에 많은 사회구성원이 참여해야 한다며 많은 시민단체의 참여를 요구하고 정부 내에는

23) 대통령비서실(2005), p. 53.
24) 뷰캐넌은 이를 보호국가라고 하였다(J. K. Buchanan, 1975, p. 68; 이필우, 1996, p. 12).
25) 이필우 역(1981), p. 46f. 이는 부동산투기를 억제할 것으로 기대되었다. 한편, 부동산거래로 차익을 노리는 투기소득에는 역시 고과세하자는 것으로 제시되었다.

많은 정책자문을 위한 위원회가 설치되었던 것이다.

국민의 정부, 참여정부는 큰 정부이어야만 공정하고 투명한 정치를 해 나갈 수 있다고 생각하였다. 작은 정부가 아니라 효율적인 정부가 되어야 하며, 공무원이 개혁의 주체가 되어 공직사회의 효율성을 높여 나가야 한다면서 새로운 사업신청을 다 수용하여 정부규모는 확대일로에 있었다.[26)]

5) 부동산투기 억제와 고과세정책

"서민생활을 위해서도 그리고 우리 경제를 위해서도 부동산투기는 결코 용납하지 않겠습니다"라는 문구로 부동산가격의 안정화를 목표로 하는 정책이 구사된다. 주택가격은 서민생활 그 자체이며, 한편 기업에 주는 효과는 경쟁력 저락을 가져오는 국민경제 성장의 악재인 것이다.[27)]

또한 참여정부는 2005년도에 부동산투기 억제라는 명분으로 고과세할 것임을 언급한 바 있다. 즉, 무엇보다도 부동산을 과다소유하고 있는 자에게는 보유세를 강화하여 세금을 많이 내도록 세법을 바꾸고, 양도차익과세도 사업용과 비사업용을 구분하여 차별과세하여 비사업용은 무조건 투기행위로 간주하였다.

6) 재정개혁

참여정부는 2004년도에 재정개혁과제를 구체화한 바 있다.[28)] 우선 중장기적 국정운용의 비전제시와 우선순위를 결정하고 개별 사업 위주로 예산을 편성하였으나 앞으로는 각 부처가 자율적으로 운용하는 top-down방식의 총액배분제도를 도입할 것을 계획하였다.[29)]

이러한 재정개혁은 예산안 제출시 시정연설에서 언급된 내용으로 실은 재정운용의 전담자인 재정관료에 의해 제시된 안으로 보아야 할 것이다. 정치일

26) 대통령비서실(2004), p. 101.
27) 「2004년도 예산안에 대한 정부의 시정연설」, 2003. 10. 13, 제243회 국회본회의 회의록, 제6호, p. 4.
28) 재정경제부, 2004년도판, pp. 76~87.
29) 「2005년도 예산안에 대한 정부 시정연설」, 2004. 10. 25, 제250회 국회본회의 회의록, 제4호, p. 7.

정에 바쁜 대통령이 나라살림의 세부적인 측면을, 그것도 전문적인 내용을 대통령 홀로의 힘으로 이룰 수는 없는 것이기 때문이다.

3 참여정부 재정관료의 정책가치

(1) 재정관료의 위상

참여정부의 재정관료는 부처 중 으뜸가는 부에 속하는 공무원으로 볼 수 있다. 나라살림의 주축을 이루는 대들보 역할이 주어졌기에 재경부 장관에 부총리라는 직함의 격상을 부여하였던 것이다. 그런데 예산편성의 권한은 김대중 대통령 집권기에 독립화하여 대통령 직속기구로 정한 기획예산처에 있었다. 이러한 재정체계를 그대로 이어받은 정부가 참여정부였다. 따라서 어떤 면에서 참여정부 대통령은 김대중 대통령과 똑같이 이 나라 재정권을 임의로 편성할 수 있는 지출재량권을 소유한 나라살림의 절대지배자이기도 하였다고 평할 수 있다.

이원적인 재정운용체계하에서 기획예산처 관료는 이 나라 자원배분의 힘을 지니고 있어 실질적으로 재경부에 속하는 기구이지만 재경부 관료에 비해 그 위상이 우위에 있다고 생각하여 일종의 차등의식이 오갔을 것으로 추측된다.

한국 재정관료의 성격을 논한다는 것은 일종의 모험일 수도 있다. 왜냐하면 재정운용은 어떤 의미에서 이 나라 치민(治民)의 철학과 정치사상이 내포된 돈과의 싸움이기에 힘과 지혜가 상충되는 장(場)이기 때문일 것이다.

재정관료로서의 임무는 위에서 결정된 정책가치를 효율적으로 정확히 집행하는 것으로 본다. 재정정책에 있어서 재정관료의 자율성은 원칙적으로 배제되어 있다고 볼 수 있는데, 재정가치는 위로부터의 정치사상 흐름에 따라야 할 것인데, 이는 경제원리에 배치될 수 있는 정치가치가 있기 때문일 수도 있기에 말이다.

그러나 재정관료는 원칙적으로 재무행정의 효율성을 위해 자율적인 가치를 주장할 수 있어야 한다. 그렇더라도 재무행정을 초월하여 세제 및 세정 또는 재정지출의 우선순위 등에 대해 사적인 의견이 배제되지 않고 재정관료의 잠재적인 자율성은 인정해야 할 것으로 생각된다. 따라서 재경부 간부급, 장차관회의에서 이런 잠재적 자율성의 재정가치는 표출되어 재정정책에 대한 논쟁을 할 수도 있는 것이다. 세법 · 세정에 있어 예산의 배분문제, 지출의 우선순위 등 수다한 재정변수는 먼저 재정관료의 자율적인 가치에 의해 결정된다고 보아야 한다.

이러한 재정가치의 부처 간 의견조율이 있은 후에는 청와대와의 공동체적인 재조정 타협이 수행되어 국회에 제출될 것이다. 이렇게 볼 때, 재정관료의 역할은 재정과정에서 핵심적이고 중추적인 기능을 행사하며, 재정목표지향적인 재정수단의 합리화를 추구하는 것이라고 볼 수 있다.

(2) 재정관료의 수단가치

어떤 의미에서 수단가치는 인간행동의 의지 내지는 의도된 목표로 볼 수도 있는데, 이 경우 위로부터의 정치적 목표달성을 위한 재정수단을 효과적으로 제시하여야 한다. 따라서 그런 수단은 목표를 위한 합리성을 구유해야 한다.

재정관료는 목표달성을 위한 재정수단을 저비용으로 제시하여 국민경제의 번영을 추구해야 한다. 이러한 합리적인 행동은 우선 예산편성과 그 집행의 효율적인 관리에 있다. 그러나 이러한 재정정책의 목표가 민의에 기초한 다수의 재정선호에 기초한 것이냐에 대한 검토는 재정관료로서는 그 한계가 있다 하겠다. 그렇지만 분명한 것은 재정관료는 하나에서 열까지 합리성을 추구하는 이타적 개인이며, 그는 고립된 개인이 아니라 공동체적인 재정관료의 일원으로서

행동한다고 볼 수 있다.[30)]

노무현 대통령의 재정관료의 수단가치를 전기와 후기로 나누어 고찰해 보았다.

1) 전기의 수단가치: 경기부양적 재정운용

김대중 대통령의 집권기에는 외환위기 극복을 위한 재정운용으로 볼 수 있다. 즉, 재정지출 확대를 통한 경기대응기능 강화(1998~1999)와 재정건전성 강화를 위한 노력(2000~2002)으로 요약될 수 있다.

그 결과 2002년 말 국가채무는 133조 6,000억 원(GDP 대비 19.5%)으로 국제적 기준에서는 상대적으로 낮은 비율을 나타내고 있음을 정부는 발표하고 있다. 참여정부 전반부(2003~2004)에 재정운용의 정책가치는 대체로 김대중 햇볕정부의 그것과 유사하였다. 즉, 경기부양적 지출확대와 재정건전화에 정책가치를 집중하였다.

첫째, 2003년의 재정운용은 경기대응적 기능을 강화하였다. 2003년 상반기 재정의 조기집행을 단행하는 한편, 두 차례의 추경을 편성하였다. 그리하여 경제활성화를 위한 종합투자계획을 추진하였다.

둘째, 참여정부는 저소득층의 과세를 약화시키고 있는 자들의 부동산투기를 잡기 위해 재산세율을 인상하였다. 이로써 부익부 빈익빈의 양극화현상을 제거하려 하였다.

셋째, 재정운용의 효율성과 투명성을 제고하기 위해 재정제도의 선진화가 요구되면서 국가재정법의 제정으로 이어졌다.[31)]

2) 후기 재정운용의 정책가치

첫째, 참여정부 후기(2005~2007)에 들어서면 재정운용의 정책가치는 역시 전

30) Ludwig von Mises(2008), p. 123.
31) 재정경제부, 2004년도판, p. 77.

기에서처럼 재정제도의 선진화에 있었다. 그리하여 무엇보다도 탄력적인 재정운용으로 경기를 부양하고, 아울러 지출을 확대하여 민간투자를 활성화하고 임대형 민자사업제도를 도입한 바 있다.[32)]

둘째, 2006년에는 국고채에 있어 원금과 이자를 분리하여 다루는 제도를 도입 국고채시장의 다양한 수요를 충족시킬 수 있다고 하였다.

셋째, 2005년부터는 복식부기, 발생주의회계제도를 중앙관서에 도입 · 집행하였다.[33)]

이러한 재정제도의 개혁은 1997년도 외환위기시 IMF로부터 지적된 회계제도의 불투명성을 시정하기 위한 개혁이었으며, 결국 재정제도의 선진화를 추구하는 것이었다. 그런데 문제는 이러한 재정가치가 사실상 재경부 내의 고위층 재정관료의 의지로 제기되어 수용되었다고 볼 수 있으며, 이런 의미에서 그들은 특정 재정가치에 대해 소신을 가지면서 추진된 것으로 볼 수 있다. 당시 재경부 장관은 김진표, 권오규 등이었는데, 이들의 실무경험과 재정가치의 실용성에 대한 노하우는 수준급으로 보아야 하며, 이러한 측면에서 그러한 재정가치에 대한 나름대로의 소신을 지니면서 추진하였을 것으로 추측할 수 있다.

4 참여정부의 재정행태 단상(斷想)

(1) 2003년도 재정행태: 재정 조기집행 및 양도소득세의 강화

참여정부의 재정운용은 초기에 경기진작을 위한 재정기능에 집중하였다. 그래서 재정집행을 앞당겨 집행해서 경기진작효과를 조속히 실현하고자 하였

32) 재정경제부, 2005년도판, p. 80.
33) 재정경제부, 2003년도판, p. 78.

다. 그리하여 2003년 전반기의 재정집행률은 53.2%로 위축된 내수의 보완을 강화하였다. 아무튼 당시의 전반적인 경제계 분위기는 위축적이었으며, 소비와 투자심리는 저조하기 짝이 없었다. 연간 경제성장률은 약 0.2%였다.

그러나 2003년 하반기에 경기침체는 심화되어 두 차례의 추경편성을 단행하였다. 4조 2,000억 원 규모의 1차 추경은 소외층에 대한 지원, SOC 구축, 중소기업 지원 등으로 배정되었다. 이러한 추경의 재원은 적자국채를 발행하지 않고 세계잉여금, 한은잉여금, 세수경정 등 가용재원으로 충당하였다. 2차 추경은 3조 원 규모로 태풍으로 인한 공공시설 복구에 소요되었다.

이 밖에 세제개편이 있었는데, 이는 주로 가진 자의 부동산투기를 억제하기 위한 것이었다. 우선 부동산보유세를 3%p 인상하였다. 특히, 과표를 공시지가를 기준으로 하지 않고 현실거래가격을 기준으로 적용하기로 하였다. 부동산 양도소득세에 있어 1세대 1주택의 양도는 비과세요건으로 하였지만, 단기보유 부동산의 양도에 대해서는 양도소득세율을 40%로 인상하였으며, 2년 이상 보유시 9~36%로 정하고[34] 미등기양도시 70%로 인상하였다.[35]

한편, 비업무용 부동산에 대한 과세는 양도차익의 60%를 과세하도록 하여 주민세까지 포함해서 66%의 고과세로 투기를 억제하도록 하였다. 또한 일반과세자의 다른 지역 간이과세를 배제하였다. 그리고 있는 자의 탈세기법을 통한 상속세 · 증여세의 탈루를 배제하는 완전포괄주의를 도입하도록 하였다.

저소득층을 위한 세제지원을 강화하였다. 즉, 각종 근로소득공제율의 확대, 농어민 축산농가의 세제지원, 농어촌특별세의 과세시한 연장 등 양극화현상을 극복하는 세제를 단행하였다.

34) 재정경제부, 2003년도판, p. 78.
35) 재정경제부, 2003년도판, p. 276.

(2) 2004년도 재정행태: 국가재정법, 지출세 보고, 종합부동산세

2004년도에도 전년과 유사한 예산 조기집행과 추경편성으로 하반기에 재정 지출을 확대하였다. 다른 것이 있다면 국가재정법의 제정에 있다.

재정운용의 효율성과 투명성에 있어 종래의 예산회계법으로는 그 한계가 있으며, 이를 극복하기 위한 제도가 국가재정법이었다. 그 내용은 회계와 기금의 일원적 처리, 재정제도의 선진화로 중기재정계획, 성과주의 재정운용, 하향식 재정운용이었다. 한편, 세계잉여금은 채무상환에 쓰도록 명문화하였으며, 특히 국세감면과 관련된 지출세(expenditure tax)에 대해 국회에 보고하도록 하였다.[36] 이러한 조치는 과거에도 제기된 정책이며, 다만 이를 법제화하였다는 데 그 의미가 있는 것으로 보아야 한다.

한편, 국고금의 칸막이식 관리를 배제하는 국고금의 통합계정을 설치하여 타회계의 여유자금을 활용할 수 있도록 하였다. 즉, 국고금의 통합계정을 한국은행에 설치하여 자금조달의 원활을 촉진하였다. 이 밖에도 정부계약제도의 개선, 국채시장의 활성화를 위한 제도개선 등 재정제도의 전반적인 선진화에 기여하고 있다.

또한 양극화현상을 억제하기 위해 종합부동산세를 도입하기로 하였다. 토지와 건물을 합하여 일정 금액 이상의 가격이 되면 국세로서 종합부동산세로 과세한다는 것이다. 그리고 일정 금액 이하인 재산에는 지방세인 재산세가 과세된다는 것이다. 종합부동산세는 일종의 부유세인데, 서구에서도 폐지된 세목으로 중진국인 한국에 도입시행은 시기상조이며, 이중과세, 재산세의 국세화 등 많은 비난을 받았지만 참여정부는 이를 실천에 옮겼다.[37]

이 밖에 근거과세 및 과표의 양성화를 위해 영세소매업자인 음식업, 숙박업의 경우 현금영수증제도를 도입 활성화하였다. 특기할 것은 소득세 세율을 1%p

36) 재정경제부, 2004년도판, p. 77. 국가재정법은 재경부와 기획예산처가 공동으로 발의해 2004년 국회에서 심의를 보았으며, 2006년 1월 1일부터 시행하기로 하였다.
37) 재정경제부, 2004년도판, p. 310.

인하하여 내수회복에 일조하고, 근로자에 대한 표준공제도 확대한 바 있다. 따라서 소득세율은 8%, 17%, 26%, 35%로 조정되었다.[38]

(3) 2005년도의 재정행태: 재정의 조기집행, 국채발행, 임대형 투자사업제도

2005년도에도 그 재정운용의 기조는 전년도와 다를 게 없었다. 즉, 재정의 조기집행과 경기부양을 자극하기 위한 지출증대에 있었기 때문이었다. 2005년 전반기에 GDP 성장률은 2.9%였으나 하반기에는 4.9%였다고 한다. 이는 상반기의 재정조기집행 효과가 후반기에 시현되고 있음을 나타내어, 정부는 재정이 경기보완적 기능을 한 것으로 시사하고 있다.[39] 그리하여 2005년도 전체의 GDP 성장률은 4.0%였다.

한 가지 특징적인 재정행태는 국채발행에 있었지 않아나 생각된다. 그래서 2003년도 2차 추경편성시 태풍피해로 인한 국고지원을 3조 원 규모의 국채를 발행해 충당하였다. 그리고 2004년도 추경편성시 공기업 추가사업으로 1조 3,000억 원의 국채발행이 있었으며, 2005년도에는 추경편성에 3조 8,000억 원의 국채를 재원대책으로 발행하였다.[40]

한편, 민간투자 활성화를 위한 '임대형 민자사업제도'(Build-Transfer-Lease: BTL)를 도입한 바 있다. 이는 민간이 사회기반시설을 건설하여 소유권을 지자체로 이전하면 설정받은 관리운영권을 국가, 지자체, 시설운영 전문회사 등에 임대하여 투자비를 회수하는 민자사업의 추진방식을 뜻한다. 이는 민간자본의 유치를 통해 건설경기 등 경기의 활성화에 기여할 것으로 기대하였다.[41]

38) 재정경제부, 2004년도판, p. 321.
39) 재정경제부, 2005년도판, p. 79.
40) 이상의 국채발행 액수는 모두 그 해의 『경제백서』에 근거해 자료를 인용하였음을 밝힌다.
41) 재정경제부, 2005년도판, p. 80f. 2005년도에 86개 사업을 3조 8,000억 원 규모의 투자계획을 공고하였으며, 그 대상은 교육복지시설, 충주군인아파트 등으로 구성되고 있다.

(4) 2006년도 재정행태: 국채발행, 국가재정법, 복식부기, 발생주의 회계, 통계법

2006년도에는 주로 재정운용의 효율화와 그 선진화에 있었다. 이러한 계획안은 이미 전정부에서도 추진되었던 정책안이었다. 우선 2006년도에 발행된 국채는 72조 3,000억 원에 이르렀다. 2006년을 기준으로 하여 국채발행 잔액은 258조 원으로 계상되고 있었다. 이러한 국채의 GDP 비율을 국제비교하면 한국은 불과 33.4%로서 일본의 176%, 이탈리아의 120%, 독일의 71.3%, 미국의 60.9% 등 선진 제국의 높은 비율에 비해 낮으므로 크게 걱정할 것이 못 된다고 정부는 자평하고 있다.[42)]

한편, 이렇게 대수롭지 못한 국채발행의 관리에 정부는 국가재정법을 제정해 건전재정운용에 집중하고 있어 별 문제가 없는 것으로 평가하고 있다. 특히, 추경편성의 제한 및 세계잉여금의 국채상환 의무화 등을 들고 있다.

그 밖에 복식부기, 발생주의회계제도의 개선책, 그와 관련 국가회계법을 2007년 국회에서 심의하도록 하였다. 또한 그간 국유재산의 관리는 방만하게 운용되어 이의 효율화를 위해 국유재산의 중 · 장기 종합계획을 추구하고 있다. 이를 지방자치단체에서 관리해 왔으나 앞으로는 한국자산관리공사, 한국토지공사 등 전문기관에 위탁 확대하는 방안을 모색하고 있다. 국유재산의 활용도를 제고해 매각 및 임대수입으로 재정수지에도 기여할 수 있는 방안을 추구하고 있다.[43)]

끝으로 통계법을 제정하여 국가통계업무의 투명성과 건전성을 촉진한 바 있다. 통계는 사회간접자본으로 보고 있으며, 정책수립의 방향성과 정책의 성과를 명확하게 평가하는 준거가 되기 때문에 그 유용성과 신뢰성은 정책적으로 중시되지 않을 수 없는 것이었다. 그리하여 각 부처에 통계전담조직을 신설하

42) 재정경제부, 2006년도판, p. 271f.
43) 재정경제부, 2006년도판, pp. 274~277.

여 소관 통계의 전문적이고 효율적인 생산 · 이용이 가능하도록 한다는 것이었다.[44)]

5 참여정부의 재정행태 귀결의 재정심리론적 의미

(1) 재정운용의 정치개혁적 의미: 세심의 위축

참여정부의 재정운용 행태는 배분의 효율화에서 배분의 정의로 그 정책방향을 선회하고 있다. 한편, 당시의 재정관료는 행정적이라기보다 상당 수준에서 없는 자의 후생을 증진시킨다는 사회정책적인 재분배적 정의의 실현에 몰입되어 있었다.

한국 경제가 고도성장 후 이러한 가진 자에 대한 도전적인 정책노선은 분배적 정의로 명분화되어 높은 세율을 적용하는 재정관료의 정책행동으로 몰아갔는데, 이는 한국 사회의 소외층에게 호감을 불러일으켰다. 외견상 분배정의는 바른 것으로 받아들여져 당시까지 축적에만 매달려 사회의 불평등이 높아지던 인상을 주었기에 그런 고과세정책에 큰 조세저항 없이 순응한 셈이다.

그러나 이러한 종합부동산세, 양도소득세의 고과세, 재산세의 고과세 등 납세자의 부담이 증가함으로써 국민의 세심(稅心)은 심히 위축되었음을 시사하지 않을 수 없다.[45)] 예로부터 나라의 세금은 덜 걷으면서 백성이 잘 살 수 있도록 정부가 이렇게 저렇게 애써 도와 준다면 백성도 나라에 대해 고마움을 표시하여 세금을 기꺼이 낼 것이라는 이야기가 있다. 바로 맹자(孟子)의 항산항심(恒産恒心)이라는 정치철학이었다.[46)] 사회질서를 잘 지키고 나라에 세금도 잘 바치는

44) 이와 관련해 통계청 산하에 통계개발원을 설치하도록 하였다(재정경제부, 2006년도판, p. 278).
45) 이필우(2006a), p. 27.
46) 이필우(2006a), p. 126.

백성의 한결 같은 마음인 항심(恒心)은, 그가 먹고 사는 데 불편이 없이 넉넉한 물질적 생활을 할 수 있는 항산(恒産)이 곁에 있을 때 백성의 마음에 다가올 수 있는 것이다.[47)]

여기에 더하여 저소득층에 대한 공제율을 늘리고 또 소득세율의 1%p 인하하였음은 환영해야 할 일이기도 하다. 납세자의 부담을 줄여 주니까! 그러나 세율인하가 납세자의 선호를 전제로 한다면 사전적인 국회에서의 심의나 국민적인 심사평가의 절차 없이 국회를 통과시키는 것은 어떤 면에서 전제적이고 비민주적인 재정행태였음을 지적할 수 있다.

한국 재정운용상의 기본적인 문제는 세금을 어떻게 얼마를 걷어야 할지를 생각하고 판단해 징세해야 한다. 그러자면 납세자의 세금에 대한 세심을 파악해야 한다. 그런데 세금을 누구로부터 걷어 누구를 위해 지출할 것인지에 대한 연구 없이 무작정 징세의 정의만을 가지고 세금을 걷고 있다. 징세의 정의도 중요하지만 그에 앞서 납세자 세심의 정의로운 정서를 먼저 알아야 할 것이기 때문이다.

경기는 침체해 사업이 위축되고, 고용기회의 축소로 실업자가 증가하고, 집값의 상승으로 시민의 생활수준은 저하되어 나라에 바칠 세금은 무겁기만 하여서는 국민에게 항산항심의 세심은 기대할 수 없었다.

(2) '참여사상'의 안보기능 약화로의 이행

참여는 나름대로 노무현정권을 대변하는 정치적 명분으로 내건 치국이념이라고 볼 수 있다. 즉, 정책결정에 있어 국민대중이 참여하여 결정할 때 민주의 뜻이 있다는 논리에 서 있는 것이었다. 노사모의 정치사상의 첫 발은 참여에 있었다. 그러면 여기에 모이는 사람은 노사모가 중심이 된 참여이지, 그것이 전 국민의 대표인 국회의원을 배제한 민간단체로서 공평성 있는 참여집단은 아니었

47) 이필우(2006a), p. 126.

다고 본다. 그러니까 노사모가 중심이 되는 노사모 참여집단으로 보아야 하지 않을까?

그런데 경제백서의 자료로는 국기(國紀)에 관한 이해가 불가능하고, 다만 국방비만을 확인할 수 있다. 어쨌든 참여정부는 햇볕정부에 뒤이어 나온 국치이념이 동일한 남북화해와 남북통일에 집중하는 민족통합사상을 구현하는 정부로서 정치적으로 그것은 햇볕정부를 승계하는 정부였다고 보아야 한다. 따라서 햇볕정부가 시행한 국가보안을 위한 정부요원을 대폭 감축함으로써 북으로부터 남파된 간첩의 수사기능이 약화될 수밖에 없었다. 참여정부는 이러한 안보기능의 해체과정을 촉진함으로써 표현상의 지나침이 있는지 모르지만 좌파적 친북사상이 한국 사회를 뒤덮는 분위기를 조성하였다고 보는 것이다.

그러한 분위기는 실제로 재독학자인 송두율 간첩사건, 강정구 동국대 교수의 국보법 위반사건 등 청와대 내의 386세력과 좌파단체들의 견제로 검찰의 수사를 어렵게 하였음은 자타가 다 아는 사실이었다.[48] 이러한 참여정부의 친북사상은 한국의 보안기능을 무력화시켰으며 안보수사관의 사기를 저하시켰다.

아무런 대책 없이 한미연합사를 해체하였으며, 군복무기간을 단축시키고, 대북방송을 중단하여 나라를 적에게 통째로 내주자는 것이 햇볕-참여사상이 되고 있는 것이다. 따라서 미군도 한국 정부를 불신하여 대북정보를 제공하지 않으며 참여정부시절 한미 간 정보교류는 단절되었다고 한다.[49]

이에 참고로 한국의 국방예산은 전두환정부 시절에 30%p, 노태우정부 시절에 약 25%p, 문민정부 시절에 25%p에서 노무현정부 시절에는 11%p 수준으로 떨어지고 있다. 이러한 사실로 미루어 볼 때, 남북화해 정치사상은 한국의 국가적인 기강과 안보를 소멸시키는, 즉 한국이라는 자유시장과 경제번영과 민주주의로 점철된 한국의 보수우파적인 주류를 소멸시키는 결과를 가져올 것이다.[50]

48) 이상혼(2008b).

49) 1997년 국보법 위반으로 검거된 사람은 877명이었으나, 2007년에는 39명으로 10년 전보다 1/22로 줄었다.

50) 정치지도자가 바뀌어도 부처 내에 이미 재직중에 있는 공무원 중에는 다수가 좌파적 남북통일사

(3) 재분배정의와 양극화현상 철폐수단

386세대가 중심이 되는 참여정부는 진보적이고 사회정의를 정책의 목표로 하고 있다. 그들이 추구하는 진보와 사회정의는 과거 군사독재정부의 제도와 정책을 전면적으로 부정하는 개혁적인 사상을 지닌 것으로 표현되고 있으며, 결과적으로 자유시장의 경쟁원리에 기초한 자본주의를 부인하고 보다 사회정책적 정의를 추구하고 있는 것으로 보인다.

사실상 386세대의 진보와 개혁사상이 독일의 라인강의 기적을 성취한 사회적 시장경제(soziale Marktwirtschaft)처럼 구체적으로 어떻게 개념화되고 있는지 저자는 알지 못한다. 다만 저자의 지식으로는 정확한 경제체제적인 개념이 없는 막연한 환상적 개념으로 한국의 자본주의적 시장질서를 통제하려 하고 있는 것으로 보인다.[51)]

참여정부의 경제정책은 위에서 본 바와 같이 가진 자에 고과세하고 없는 자에 세부담을 줄여 양극화현상을 제거함으로써 국민대중으로부터 참여정부 지지도를 높이고자 하였던 것이다.

(4) 세제개혁원리가 결여된 절름발이 세제

참여정부의 세제개혁은 충격적이었다. 사람이 살아가는 데 있어 평상시와 다른, 그것도 제도적으로 부담을 주는 외부로부터 자극적인 변화가 올 때 대부분의 사람들은 놀라움을 감지한다. 바로 이러한 자극적인 감지는 충격으로 표현되며, 이는 세법의 변화임을 제도적 충격이라고도 할 수 있다.

세법개정의 목적은 부동산투기를 막자는 것이며, 주택가격을 하락시키는 데 있었다. 그래서 주택의 단기보유시 양도에 고과세하고, 비사업용에 적용되

상에 집념하고 있어, 즉 참여사상에 잠입되고 있어 보수적 시장경제의 번영정책에는 그 한계가 있다는 것을 지적해야 할 것 같다.

51) 민경국 · 안두순 · 김태구 외 역(1993).

는 세율은 66%(주민세 포함)로 고과세하고, 또한 고시가격을 기준으로 과세하던 것을 이제는 실거래가격으로 과표를 결정하여 과세하도록 하였다.

세금은 정확하고 공정해야 한다. 그리고 세율은 인하하되 과표는 확대해서 과세함이 오늘날 조세학계에 지배되는 세제개혁의 원리이다. 이런 관점에서 참여정부의 세율인상은 세율인하와는 정반대이나 시장경쟁의 불공정한 투기행동에 대해 세율인상을 단행하였음은 옳다고 보아야 하지만 그 인상효과의 귀결을 간파한 연후에 그런 고과세 개혁을 단행하였어야 할 것이다.

왜냐하면 집값 하락을 목표로 한 세법개정이 세금부담이 증가된 상황에서 납세자인 부동산소유주는 전세값을 올려 받지 않을 수 없으며, 대도시 집값을 세금 오른 것만큼 더 올려 받을 수 있기 때문에 결국 집값은 더욱 인상될 수 없었던 것이었다. 그래서 참여정부의 세제개혁은 여기에서 실패하고 부동산가격의 상승과 거래의 단절과 경기의 부진을 더욱 악화시켰던 것이다.

여기에서 참여정부가 세법개정으로 잘한 것이 있다면 고시지가기준의 과표산정이 아니라 현실의 거래가격으로 대체한 것으로, 이것은 조세정의에 부합하는 개혁이었다. 그리고 소득세의 세율을 1% 내린 것도 국민부담을 줄여 주어 잘한 것으로 볼 수 있다.

그러나 세율을 인하하고, 소득공제를 축소해서 과표를 확대하면 공평과세가 실현될 것으로 알았는데, 실은 이와 반대로 각종 소득공제를 확대하여 과표는 축소되고 있어 참여정부의 세제개혁은 불공평과세를 치닫고 있는 인상을 받게 된다.[52)]

분배는 먼저 나누어 줄 수 있는 여유가 있어야 가능한 것인데, 즉 선축적 후분배인데, 축적의 길을 폐쇄해 놓고 없는 사람 구제한다고 세금폭탄으로 양극화현상을 다스린 꼴은 성장둔화, 경기부진으로 이어져 참여정부와 시민 간의 거리를 더욱 멀어지게 하였다.

52) 재정경제부, 2003년도판, p. 288f; 매일경제신문, 「6억 초과 주택보유세 2007년보다 30~70% 더 부담한다」, 2008. 1. 31.

(5) 국가채무의 증가와 지출의 확대: 재정파탄의 위기

참여정부 5년간에 누적된 국가채무는 무려 300조 원에 가깝다(298조 9,000억 원). 이러한 국가부채는 지출확대에 연유되고 있다.[53] 이러한 국가채무는 나라의 재정적자를 가져오며 건전재정을 해치는 요인이기도 하다. 한편, 국채는 언젠가는 후세대의 조세부담을 높이는 조상세대의 부덕으로 나타나 역사의 죄인으로 점철될 것이다. 현대국가의 국채증가는 빚을 갚기 위한 세금부담을 덜 주어야 투표에 유리할 것이기에 빚을 빚으로 갚는 국채의 연속적인 발행 때문에 발생한다. 빚으로 민간이 공공재를 얻어 씀은 공짜로 공공재를 소비하게 되어 당장은 납세자로서 편하게 느낄지 몰라도, 그 부작용은 물가고의 인플레이션과 공급의 부족으로 경기의 부진현상이 나타날 것이다.

아무튼 노정권의 지출은 통계상으로는 근소한 수치로 나와 있지만, 그 지출행태에서 보면 낭비적인 데가 많았고 많은 민간자문기구에 쏟아 붓는 돈도 엄청났다. 이것이 국민의 혈세로 조달되고 있음에 작은 정부의 요청이 나오기도 하였지만 참여정부는 끝내 큰 정부를 선호하였으며, 소외층 및 중소기업의 지원으로 사회정의가 실현되는 것으로 보았다.

한편, 재벌기업의 출총제 제한으로 공정거래를 촉진한다고 보았으며, 배분의 효율화에 빗나가는 정책으로 일관하였다.

국가채무는 2000년 19.6%에서 2004년에는 26.2%로 폭증하고 있어 나라살림이 적자재정으로 빚더미에 눌려 있었다. 여기에는 정부가 직접적으로 상환의무를 지는 직접적인 확정적 채무만을 포함하고 있다. 그러나 정부보증 채무, 통화당국 채무, 공기업 부채 등은 국가채무에 포함되지 않고 있어 갚아야 할 채무는 허다하다. 그래서 광의의 국가채무는 2004년 말 경상GDP(788조 원)를 넘어섰다고 한다.[54]

---

53) 문화일보(2008. 4. 1).
54) 2005년 10월 재경부 국정감사에서 한나라당 윤건영 의원에 의한 지적이었다.

노무현정부의 재정운용은 방만하기 이를 데 없으며, 조세와 정부부채가 늘어나 언젠가는 이 나라 살림은 빚더미로 쓰러져 재정파탄의 가시밭길을 걷게 될 것이다. 해법은 OECD 권장대로 건전재정, 균형예산일 뿐이다.[55]

참여정부의 첫 번째 도미노정책은 이 나라 성장의 길을 막는 반시장적 귀결을 가져왔다.[56] 대체로 1980년도의 5공, 6공을 거쳐 7공의 문민정부에 이르는 기간에 수입내지출원칙이란 건전재정의 덕목을 중시하였다. 특히, 5공은 다른 어떤 정부도 보여 주지 못한 건전재정의 모범을 보여 주었으며, 6공도 집권 첫 해를 제외한 나머지 기간 동안 적자재정을 나타내고 있지만 수입내지출원칙이라는 건전재정의 정신은 있었다. 김영삼 문민정부에 와서는 집권기 마지막 해인 1997년도만 적자재정을 보였으며, 나머지 4년 동안은 흑자재정을 보였음은 건전재정의 양심이 건재한 것으로 평가할 수 있다. 그러나 IMF 금융위기로 국난을 겪었던 김대중정부는 기업 및 금융부문 구조조정에 공적 자금 투입, 저소득층에 대한 안전망 구축, 경기대책적인 재정정책으로 정부의 지출규모는 클 수밖에 없었으나 경기침체로 세수는 감소해 적자재정을 면하기 어려웠다. 게다가 2000년대에 들어서 사회보장지출의 수요가 늘어나 국민의 정부와 참여정부의 재정운용은 수입내지출원칙이라는 재정준칙을 자연히 무의식적으로 망각하여 적자보전국채 발행이 하나의 관행으로 이루어지게 되었다.

그러니까 이러한 건전재정의 사상인 수입내지출원칙은 특히 참여정부에서 그 이완도가 강하게 나타났다. 참여정부는 국가재정운용계획을 세우고 하향식 재원배분, 자율예산편성제도, 성과관리제도 등 재정개혁을 추진하였으며, 또한 국가재정법을 제정해 재정운용의 선진화와 효율화를 시도한 바 있다.

그럼에도 불구하고, 이에 있어 단년도 예산편성에서 중장기적인 5년을 목표로 한 재정운용계획은, 즉 단년도 수입 · 지출의 균형예산 개념은 장기적으로 훼손되어 수입내지출원칙은 찾아볼 수 없게 되었고, 균형예산에 둔감해져 수입

55) 박동운(2006), p. 76.
56) 김상조(2004), pp. 18, 21.

내지출원칙이라는 재정규율의 공백상태를 가져왔다고 볼 수 있다.

참여정부는 매년 증가된 국가부채를 발표하였는데, 2007년에는 14조 8,000억 원으로 계획하였다. 이는 GDP 대비 44%가 되는 것이었다.[57)]

(6) 참여정부의 반시장적 정책의 귀결

끝으로 참여정부의 경제정책을 평가한 여론조사의 결과를 소개하기로 한다. 한 마디로 노정부의 경제정책은 시장기능을 무시하는 반시장적 정책이었다. 시장기능은 개인의 합리적 기준에 기초한 자유선택을 허용함으로써 자원의 배분이 효율성을 실현하여 개인적 이득과 사회성취도를 높여 시장의 수급이 원활히 순환되는 경제제도이기도 하다.[58)]

대재벌기업의 공정거래위원회에 의한 출자총액제한제도는 사계의 다양한 비판을 맞고 있다. 이는 기업투자를 상당히 제약하여 투자유도에 지장을 주는 제도로 평가되어 폐지하자는 의견이 지배적이었다(47.1% 폐지 주장). 또한 정부의 기업규제 강도는 선진국과의 비교에 따르면 74% 더 강하다는 결론에 이르고 있다. 국가경쟁력을 제고하기 위해서는 기업의 자율성을 최대한 보장해야 함에도 불구하고 참여정부의 기업규제는 다양하게 이루어지고 있다 한다. 예로서 규제 중 가장 부정적인 것은 준조세였으며(73.8%), 그 밖에 공장설립 인허가 등에서 어려움을 겪고 있다 한다.[59)]

이러한 반시장적 규제와 정책은 국제경쟁력을 약화시키고 개인소득을 감소시키는 결과를 가져올 것이며, 결국 재정적으로는 세금을 낼 수 있는 여력이 감소될 것이다. 세심이 위축되어 징세에 어려움을 겪게 될 것이다. 이런 상황에서 세금폭탄으로 부담을 주고 있어 이중 삼중의 개인적인 어려움을 가중시킴으로써 시장은 죽고 경기는 바닥으로 떨어질 수밖에 없었음을 인식해야 할 것이다.

57) 안태환(2008), p. 15.
58) Rose Friedman and Milton Friedman(1980), pp. 9~37.
59) 김혁규(2008).

제9장

역대 정부의 재정행태에 있어 재정가치의 흐름

1. 들어가는 말
2. 건국시대의 재정가치(군정 · 이승만 · 장면, 1945~1961)
3. 개발독재기간의 재정가치(박정희, 1961~1979): 재정자립의지, 개발재정의지, 건전재정의 허구화
4. 자선적 독재시대의 재정가치(전두환, 1980~1986): 긴축재정, 예산동결, 한은 차입 일소, 건전재정
5. '보통사람'시대의 재정가치(노태우, 1987~1992): 건정재정의 결여, 적자재정
6. '문민정부'시대의 재정가치(김영삼, 1993~1997): 일원론적 재정체제, 흑자재정의 실현, 징세권 최대화
7. '햇볕'정부의 재정가치(김대중, 1998~2002): 명목적 건전재정 추구, 적자재정 확대, 국민부담 확대, '친북예산' 도입, 권위주의적 재정체계
8. 참여정부의 재정가치(노무현, 2003~2007): 분배정의, 조세부담 강화, 종합부동산세, 국가재정법, 재정확대 큰 정부, 건전재정 결여, 행정중심복합도시
9. 반 세기의 재정가치 흐름(1948~2007)

1 들어가는 말

우리나라는 해방된 후(1945)부터 오늘에(2010) 이르기까지 10개 정부, 즉 군정·이승만·장면·박정희·전두환·노태우·김영삼·김대중·노무현 그리고 이명박정부가 들어서 국가를 운영해 왔다. 그러니까 한 정부가 국가를 운영하였다는 사실은 국민들로부터 세금을 어떻게 걷어 무엇을 위해 썼는가를 뜻하는 나라살림을 해왔다는 사실과 일치한다.

공공재의 가격인 세금을 국민이 얼마나 냈으며, 또 그 대가로 국민은 얼마만한 공공재의 편익을 받았는지? 정부와 국민 사이에 이루어지는 통치는 바로 재정적 교환이라는 하나의 장(場)이 전개되어 그것이 언필층 상생의 길을 열어갈 수 있으면 얼마나 좋을까라는 생각을 할 수도 있는 것이다.

아무튼 우리는 지금까지 지난 65년간 반 세기 이상 정부의 국가운영 속에서 살아왔으며, 그러한 긴 기간 속에서의 삶이 지역 또는 계층에 따라 모두 다른 삶을 영위해 온 것만은 사실이다. 그런 차별화된 삶이 과연 나라살림과 전혀 무관하지 않은 것이 아니라 밀접한 관련성을 가진다고 하면 여기에서 우리는 어떤 철학과 가치를 지니고 나라살림에 임하였는지를 생각하지 않을 수 없다.

그래서 우리는 10개의 역대 정부가 나라살림을 통한 국가운영의 생각이 어떠하였는가를 살펴보면서 당시 국민들 삶의 모습의 필연적인 인과관계를 탐구하고자 함이 이 장의 목적이다.

2 건국시대의 재정가치(군정 · 이승만 · 장면, 1945~1961)

(1) 군정의 재정가치: 무책임한 재정운용

해방 후 남한은 1945년부터 1948년까지 미군정하에 있었다. 앞에서 본 바와 같이, 당시 군정의 재정운용의 정책가치는 국민을 잘 살 수 있게 하기 위한 민생위주의 정책은 아니었다. 당시 하지 군정의 수반은 좌파와 우파의 정치적 갈등 속에서 평온하기만을 원하였으며, 재정은 일제 때 행하였던 관행을 답습하였다.

한편, 치안에 소요되는 경비는 중앙은행으로부터 조달되는 차입식 재원으로, 이는 물가상승을 가져와 국민의 경제생활을 어렵게 하였다. 군정은 나라살림에 있어 건전재정이라든지 근검절약의 효율적 지출원리, 즉 재정규칙은 없었다. 대신 군정에 필요한 재원이 없으면 이를 은행으로부터 조달받아 지출 위주, 아니 적자재정만을 누적시켜 재정악적 군정으로 평가해도 좋을 것이다.

재정규칙이 없던 군정으로서는 그런 무책임한 재정운용은 필연적이었는데, 다만 좌 · 우파의 격돌 속에서 그래도 우파인 이승만정권의 탄생을 가능하게 한 것은 군정의 정치적 기여로 볼 수 있다. 이러한 정치적 성공은 그 비용으로 재정적 희생이 있었기에 가능하였다고 볼 수 있다. 따라서 군정의 재정가치는 무분별한 지출확대정책만이 있었을 뿐 건전재정이나 근검절약의 정신은 없었다고 할 수 있다.

(2) 이승만정부의 재정가치: 건전재정의 허구성, 대외의존형 재정의지

1945년 8월 15일 일제로부터 독립을 한 후 군정을 거쳐 1948년 8월 15일 이승만이 주도한 대한민국 정부가 남한에 수립되었다. 대한민국의 나라살림의 예산은 건국 후 5개월이 지난 1949년 1월에 편성 국회에 제출되었다. 당시 이승만 대통령이 국회에 예산안을 제시하면서 시정연설이 있었는데, 이는 국무총리 또는 재무부 장관이 대독하였다. 특히, 제안설명에서 강조된 이승만정부의 재정가치는 다음과 같다.

당시 시정연설을 대독한 국무총리 및 재무부 장관들(이범석, 장면, 백두진, 원용석, 변영태, 이중재, 인태식, 김현철, 송인상, 허정 등)의 일관된 첫 마디는 모두 건전재정이었다. 이에 있어 양입제출(量入制出)의 예산편성과 근검절약이라는 원칙하에 경상비는 조세수입으로 지출하도록 하며, 중앙은행으로부터 차입식 조달을 해서는 안 됨을 강조하였다.[1] 그러나 당시의 현실은 이러한 규범적인 미사여구의 재정원리는 찾아볼 수 없었다. 왜냐하면 조세수입은 재정지출의 10%p 내외에 있었고, 나머지는 관업수입과 국채발행 또는 미국의 원조수입(대충자금)으로 충당하였다.

13년간의 이승만정부는 1951년을 제외한 모든 해에 재정적자를 나타냈다. 1950년에 발생한 한국전쟁 이후 국방비, 치안비의 재정압박으로 재정적자가 불가피하자 양입제출의 원리는 찾아볼 수 없었고, 대신 양출제입(量出制入)만이 있어 나라살림은 빚으로 꾸릴 수밖에 없었다.

그리하여 1950년 전쟁발발시 예산은 7번에 걸쳐 추경예산을 편성하여 대한민국 예산사에서 가장 많은 추경을 나타냈던 해로 기록되고 있다. 아무튼 건국초기의 건전재정이라는 미덕은 말뿐이고 현실은 정반대의 적자재정시대로 특징지을 수 있다.

그러나 이러한 재정적 미덕의 허구성은 한국전쟁으로 인한 불가피한 결과이므로 국가적 재앙으로 받아들일 수는 없다고 생각된다. 그러니까 내부의 인위적인 재정적자가 아니라 내부통제권의 틀을 벗어난 '재정적 외부성'(fiscal externality)의 영향으로 그와 같은 재정적 재앙을 맞게 된 것이었다.

한편, 건국 초기에 이 정권이 새롭게 취득한 국민적 권리는 미군정으로부터 재정권을 이양받아 헌법에 나라살림의 규칙을 규정함으로써 이 나라의 재정운

1) 본서 제2장 제2절 참조.

용의 자주권을 보장받게 된 것이다. 일제하에 재정주권은 일본에 있었고, 군정시에는 그것이 군정에 있어 나라살림의 자주권은 없었다. 그러나 이제는 잃었던 재정권을 다시 찾아 한국인의 자율적이고 민주적인 나라살림의 권한을 되찾은 셈이다. 1950년대 국민의 조세부담률은 불과 7~8%에 지나지 않았다.

정전 후 나타난 백두진의 재정의지는 적극적인 재정정책이었는데, 이는 건국 후 최초의 건설적인 재정의지로서 높이 평가해야 할 것이다. 1953년 당시 백두진 재무부 장관은 그간 돌볼 여유가 없었던 민생문제를 제기하며, 이를 경제개발을 통해 해결하고자 미국측과 협의를 이끌어냈다. 그 결과 군사원조와 더불어 산업부흥의 지원을 촉진하는 협정을 체결하였는데, 이것이 바로 '경제부흥 및 재정안정계획에 관한 협정'이었다. 건국 후 건전재정 의지는 한국전쟁으로 허구화되었지만, 휴전 후 백 장관의 적극적이고 자극적인 재정의지는 최초로 현시된 긍정적인 정책의지였으며, 건국 후 최초로 개발재정의지를 현시하였음에 그 의미를 부여할 수 있다.

3 개발독재기간의 재정가치(박정희, 1961~1979): 재정자립의지, 개발재정의지, 건전재정의 허구화

1961년 5.16군사쿠데타는 재정운용면에서 획기적인 변화를 가져왔다. 우선 국가안보와 민생을 위한 경제발전을 위해 사회간접투자와 근검절약정신으로 긴축재정을 하고 세수확보와 개발을 촉진하는 세제의 구축에 노력하고자 하였다. 군사정부는 민간정부에 비해 행정면에서 효과적인 집행과 정책실천이 강하였으며, 개발에 소요되는 자본은 해외(일본, 미국, 독일 등)로부터 지원을 받아 고속도로, 중화학공업 및 수출에 박차를 가하였다.

그러나 이러한 국정사업을 운용하기 위해서는 많은 개혁조치가 동원되었다. 즉, 인적 · 물적 자원을 공업화를 위한 목적지향적인 배분을 하자면 상당 수준의 통제가 필요하였으며, 자원이 거의 전무한 처지에서 믿을 것은 피나는 노력의 민간기업이었다. 이와 같은 상황을 효율적으로 통제하기 위해 유신체제를 도입하였다. 이런 정치 · 경제 여건하에서 재정운용은 어떤 모습을 보였는지 알아보자.

일반행정비는 총지출의 50%에 육박해 노동집약적인 행정에 치우쳤으며, 방위비는 예산의 1/3이나 되어 자주국방을 보장할 수 있는 목적세를 도입하기도 하였다(1975). 특히, 국방비는 대충자금이라는 미국의 지원에 의존하였는데, 1973년 대충자금이 종료되자 국채를 발행하여 방위비를 조달하였다. 그래도 재정수입의 부족은 매년 적자재정을 야기하였지만 당시 재정적자 비율은 13.7%로 나타나고 있다.[2)]

1970년대 초반에 개발계획의 첫 마디는 건전재정으로, 수입내지출원칙을 지켜 적자재정을 금기시한다는 것이었다. 하지만 집권기간 18년에 걸친 재정운용에서 추경은 모두 32번 있었으며 매년 적자를 면치 못하였다. 이러한 추경예산권은 재정법에 대통령 승인사항으로 되어 정부의 예산활용 재량권(discretionary fiscal power)이 큰데, 군사독재의 재정재량권이 오늘의 민간정부에도 이어져 내려오고 있음은 모순이 아닐 수 없다.[3)]

따라서 군사정부에서의 재정가치는 개발을 제외하고는 건전재정이란 포기되고 있음을 알 수 있다. 이승만정권 이래 건전재정은 말 뿐이지 한 번도 지켜보지 못한 황금률(golden rule)이었다. 대신 자립재정을 실현하기 위해 국세청은 징세극대화 권력자(tax receipt maximizer) 역할을 하였다고 평할 수 있는데, 이는 공공선택학파의 주장을 확인시켜 주고 있다.[4)]

자립재정을 성취하기 위한 방안으로 1977년에 아시아권에서는 최초로 부가가치세를 도입하였다. 그리하여 국세와 지방세를 합해 조세부담률은 16% 수준이 되어 1960년대에 비해 1970년대에는 배로 증가하였다. 1970년대 말경 개인당

2) 본서 제3장 제4절 참조.
3) 최근의 새로운 재정법에는 재난비상시 외에는 추경편성을 배제하는 것으로 되어 있어 다행이다.
4) J. Buchanan and G. Brennan(1980).

소득수준은 1960년대에 비해 수십 배로 증대하고 있음을 볼 때, 조세부담률의 증가폭은 결코 무리한 수준은 아니어서 독재정부일수록 세부담은 낮다는 몽테스키외의 지론이 적중하지 않나 생각된다.[5)]

구정권과 다른 점이 있다면, 재정자립 의지가 강하여 1970년대 초반 대외원조 없이 국방비를 국내재원으로 조달하여 국방의 자위를 실현한 것을 들 수 있다. 그러나 유감스럽게도 물가상승효과가 있는 한은 차입식 국가채무는 해마다 관행화되어 적자재정이 불가피하였으며, 건전재정은 정부의 헛소리였음을 재확인시켜 주었을 뿐이다.

어쨌든 박정권하에서 인정해야 할 것은 나라살림의 재원을 미국의 지원자금에 의존하지 않고 한국인의 힘으로 조달하는 자립적인 재정운용체제를 지향하고 그러한 생각을 실천에 옮겼다는 자립정신이었다.

한편, 당시 유신독재의 지배체제하에서 국민의 자율적인 의지나 재정적 선호는 허용되지 않았으며, 대신 그러한 국민 납세자의 재정적 선호는 개발독재정부의 개발의지에 일임되어 납세자의 선호는 배제된 일방적인 독재정부의 공공재 소비를 강요받아 왔다고 할 수 있다. 물론 입에 풀칠도 못하였던 절대빈곤 속에서 국민의 자율적 선호를 기대할 수는 없었으며, 때문에 그에 대신한 군사독재정부의 개발이 요구되었는지 모르지만 하여튼 당시 여론형성이 부재한 상황에서 개발독재의 존재가 더 유효하였다고 보는 견해가 지배적이다.

따라서 국민의 의지는 정부의 개발지향적 독재의 틀 속에서 가는 숨을 쉬며 자유의 길을 곁눈질하며 살아 왔지만, 경부고속도로의 재정적 편익으로 절대빈곤의 한을 풀었다고 볼 수 있다. 국민의 의무인 납세의 도리는 다 하였어도 납세자의 재정적 선호는 정부에 일임하여 통제를 요구한 것은 아닌지? 납세자 국민의 재정선호는 동양적 군신문화(君臣文化) 속에 체화(embedded)된 것은 아닌지? 그래서 납세자 의무만 중시되고 권리는 경시되는 것 같다.

5) 이필우(2006a), p. 108, 프랑스 철학자 몽테스키외는 그의 주저 『법의 정신』(*The Spirit of Laws*)(1748)에서 독재정부의 세부담을 논의하고 있다. 그는 조세는 근대국가의 자유의 대가로 보았다.

4 자선적 독재시대의 재정가치(전두환, 1980~1986): 긴축재정, 예산동결, 한은 차입 일소, 건전재정

이 시대는 5.18광주민주화운동으로 큰 정치변동을 겪고, 아웅산사건으로 전두환 대통령의 개인적인 좌절과 실패는 고뇌의 함정으로부터 탈출하고자 하였던 전 대통령의 노력과 기투(企投, Entwerfung)로 새롭게 전개되었다고 생각된다.[6] 한편, 아웅산의 분노는 전두환 대통령으로 하여금 그 고뇌를 만회할 수 있는 새로운 창의적인 가치를 실현해 국민들에게 보여 주어야 하겠다는 극기력은 초월적인 절대명제가 아니었나 상상해 볼 수 있다. 이러한 초월적인 극기의 정신은 바로 전두환정권기에 재정의 미덕으로 전이되어 재정사상 안정적 재정가치의 실현이 가능하였지 않았나 생각되는 것이다.[7]

아무튼 전두환 대통령의 집권기 재정가치는 결론부터 이야기해서 재정사상 가장 긍정적이며 성취적인 모습을 보여 주었다. 그것은 대체로 5.18광주민주화운동과 아웅산 참변의 악순환에서 극기의 반복을 통한 선순환으로 회귀한 것으로 조명된다. 그래서 니체의 영원한 회귀(ewige Wiederkehr)로 재생할 수 있었다고 철학적인 풀이를 해 보고 싶은 것이다.

첫째, 그러한 극기회생(克己回生)의 반복은 1984년 한국 재정사상 초유의 예산동결로 흑자재정을 이룩할 수 있었다. 당시 예산실장인 문희갑의 예산관리는 어떤 권력층과도 개의치 않고 긴축을 강조하였다.

둘째, 전 대통령은 당시 경제운용에 대한 전문지식에는 문외한이기에 가정교사인 비서관 김재익으로부터 이를 배웠으나, 아웅산사건 후 그가 추진하였던

6) 독일 철학자 하이데거의 인간은 내던져진 존재이지만 다른 사람들과 세상에서 잔존하여 살아가자면 자기 나름대로의 극기적인 노력을 할 것이며, 이것을 그는 Entwerfung이라고 하였다(M. Heidegger, 1977).

7) 독일 철학자 니체는 인생을 순환으로 보고 재귀 또는 '영원한 회귀'(ewige Wiedcerkehr)를 삶의 과정으로 보았다. 순환적 회귀는 선이 악이 될 수도 있고 악이 선이 될 수 있음을 시사하면서 이는 반복을 통한 회귀는 대립적임을 말해 주고 있다(F. Nietzsche, 1883).

경제안정과 사회복지제도를 계속 추진하였다. 아마도 사회복지제도는 5공의 재정제도에서 최초로 이 나라에 등장하였음을 인식해야 할 것 같다.

어쨌든 경제정책만은 자신은 정책결정에 참여하지 않고 경제전문 관료에게 일임하였음은 박정희 대통령과 다른 점이다.

셋째, 당시 1984년도는 흑자예산으로 예산동결을 하였을 뿐 아니라 긴축예산을 시행하였다. 그리고 1985년도의 예산규모 증가는 9.9%(일반회계)로 GNP 증가율 12%를 하회하였으며, 지출사업에 영기준예산제도를 적용하고 공무원봉급 인상도 3% 수준에서 자제하였다. 재정의 조세의존도는 95.6%로 늘어났으며 종래 세수부족시 늘 한은 차입식 재원조달방식을 차단한 것도 전두환정부의 재정가치의 덕목으로 볼 수 있다. 그러나 방위세수는 예산총액의 약 30%를 배정하여 자위에 최선을 다하였다. 한편, 1986년도의 조세부담률은 국세와 지방세를 합쳐 18.4%였다

넷째, 전두환정부는 이렇게 해서 1985년에 소비자물가 2.1%로 경제의 안정기조를 이룩하고, 수출의 증대로 개인소득 2,000달러시대를 자축할 수 있었으며, 역대 정권의 경제운용의 시범을 보여 주기도 하였다. 그러니까 가장 중요한 재정가치인 적자재정이 없는 건전재정원리를 철저히 지킨 정부였다고 평가할 수 있다.

그러나 한은 차입을 하지 않는 대신 시중은행으로부터의 차입이 많아져 이때부터 지출재원을 민간기업에 의지하는 편법으로 준조세가 출현하였다. 뿐만 아니라 정경유착의 고리도 점증하였던 시기였음을 인정해야 할 것이다.

한편, 중기재정계획이 시도된 것도 이때이며, 과거 관례적이었던 추경도 자제되어 그 빈도도 낮아졌으며, 지자체 교부금도 13.27%에서 187.4%로 늘려 준 것도 이 시대에 이루어졌음을 생각할 때 전두환정부는 당시 여타의 다른 정치적 악재도 많았지만 그래도 나라살림에 있어서는 '재정선'(財政善)을 보여 주었던 성취적 정부였다고 본다.

사실상 '작은 정부'는 자선적 독재시대인 전두환정부였음을 재음미해야 할

것이다. 특히, 전두환정부의 인력감축규모는 4만 6,438명으로, 김영삼정부의 감축규모(1,345명)보다 40배나 더 커서 이 정부가 작은 정부였음을 확인시켜 주고 있다.

5 '보통사람'시대의 재정가치(노태우, 1987~1992): 건정재정의 결여, 적자재정

일국의 대통령이 되겠다는 개인적 의지가 결여된 상황에서 대통령이 된 사람이 노태우 대통령이라고 해야 할 것이다. 의리심이 강한 전두환 대통령의 천거에 따라 자의 반 타의 반으로 대통령으로 당선된 노태우는 어떤 의미에서 준비되지 않은 대통령이었다.

첫째, 집권 초기인 1988년에는 흑자재정을 시현하였다. 집권 첫 해의 이러한 흑자는 전정부의 긴축적인 재정운용의 여파로 잉여금의 산출, 저위의 조세부담률(1987) 등 전정부의 근검절약적인 재정관행이 새 재정관료의 재정행태에 준 결과가 아닌가 추론한다. 특히, 1988년의 흑자재정은 당시 건전재정의 원론적 가치가 강하였던 나웅배 부총리의 덕으로 가능하였다고 본다.

노태우 대통령은 과거 군출신 대통령의 권위주의적 지배를 배제하고 '보통사람'이라는 하나의 평범한 소시민으로 백성을 부드럽게 다스리겠다고 하였다. 경제정책을 전문관료에게 일임시키는 것은 5공과 같았지만, 다른 것이 있다면 중대사안에도 전혀 감시와 통제가 없는, 즉 재정운용에 있어 재정관료에 일임해 자유방임적 재정운용을 한 것이다. 5공은 중대사안에 대해서는 위로부터의 감시와 통제가 늘 있어 왔다.

둘째, 그 후 1989~1992년까지 4년에 걸친 노태우정부의 살림은 적자재정으로 돌아섰다. 5공과 다른 점은 당시 빈부격차의 불만에 따른 복지정책의 강화, 도농 간 격차의 해소, 의료보험제도의 확산, 북방외교의 확대와 개방성 확대 등 정부지출은 확대의 길을 강요받고 있었다.

이와 같이 지출확대로 정부실패(government failure)를 면하고자 하였다. 조순, 이승윤과 같은 재정책임자는 학계 출신으로 지출 위주의 케인즈적 재정정책에 의지해 확대재정의 길을 택함으로써 해마다 재정수지 적자를 가져와 건전재정의 모습은 찾아볼 수 없었다.[8)]

셋째, 러시아와 수교 후 2,000억 달러의 자금을 대여하고 상환은 러시아제 낡은 구식 무기로 대체해 대여액의 일부를 받았다고 한다. 그러나 완전한 상환은 아직 이루어지지 않고 있으며, 이는 한국의 납세자 국민의 피땀인 세금이 러시아 수교비로 강요된 북방외교비로 치부해야 할 것인지 알 수가 없는 것이다.[9)]

넷째, 노정부시대에 재정규모의 확대는 GNP 성장률을 앞질렀는데, 이는 자기 체력을 초과한 규모로서 국가재정의 파탄을 예고하는 것이었다. 한 가지 특이한 점이 있다면 당시 부동산투기의 만연으로 사회기강이 저조하였음에도 토지초과이득세를 도입한 것이었다.

6 '문민정부'시대의 재정가치(김영삼, 1993~1997): 일원론적 재정체제, 흑자재정의 실현, 징세권 최대화

주지하는바, 문민정부란 과거 3공, 5공, 6공 정부는 모두 군인이 집권함으로써 군사독재의 정부였으나 민주투사 김영삼은 일개 시민으로 군인이 아닌, 즉 총보다 붓을 선호하는 시장질서의 합리성을 존중한다는 뜻에서 7공을 문민정부라고 호칭하였다.

그리하여 그는 군부 사조직의 권력을 상징하였던 하나회를 해체시키고 권위주의와 정경유착, 집단이기주의 등 '한국병'을 치유해 '신한국'을 건설하자는

8) 본서 제5장의 제4절 참조.
9) 이는 당시 김종인 경제수석이 전담하였던 국정과제였다. 이러한 국가재원의 지출은 역시 국민의 선호에 의지함이 재정민주주의라고 생각된다.

데 목표를 두었다. 이런 통치철학하에 추진된 중요한 경제개혁은 금융실명제의 도입이었다.

다음에서 문민정부하에서 전개된 재정가치에 대해 특징적인 측면만을 간추려 살펴보자.

첫째, 문민정부 이전에 있었던 한국의 재정체제는 이원적이었다. 즉, 예산은 경제기획원 예산실에서 편성되었고, 조세의 입법안과 세금징수는 재무부 세제실에서 도맡아 해왔다. 그러나 개인소득수준이 1만 달러, 수출이 1,000억 달러 시대가 되어 국제경쟁력 시대로 접어들자 자율적인 경쟁체제가 요구되었다. 이에 경제기획원의 폐쇄가 요구됨에 따라 예산기능을 재경부 내에 예산실을 두어 관리하도록 함으로써 예산과 조세의 행 · 재정기능을 일원화하여 수입 · 지출의 연계성을 확보하고 효율적인 재정운용을 가능하게 하였다. 그래서 재무부가 아니라 국민경제 관리, 예산편성권을 포함하는 재경부라 하였다.

둘째, 김영삼 대통령은 시정연설에서 관례적인 건전재정원리를 내세웠다. 재정규모는 노태우정부 말기(1992)에 27.2% 증가를 보였으나 김영삼정부에서는 1993년 27.8%의 증대를 보이다가 정권 말기(1997)에는 33.2%로 대폭 늘어났다. 그런데 통합재정수지는 1993년부터 1996년까지 4년간 재정흑자를 기록하여 예산동결만 없었지 5공의 전두환정부의 흑자재정과 유사한 재정의 미덕을 보여 주었다. 즉, 1% 미만의 재정수지 흑자를 보여 주었다. 그러나 1997년 정권 말기에는 지역 간 균등발전, 농어촌 개발, 중소기업의 지원 등 고지출을 정치권으로부터 강요받아 재정수지는 -1.5%의 적자를 시현할 수밖에 없었다.

셋째, 권위적인 3공과 5공은 징세권력을 자제하여 세부담이 하위수준(3공: 16%, 5공: 16%)을 유지하였으나 탈권위주의 시대인 6공과 7공은 징세권력을 최대화하여 조세부담률을 상승시키고 있다. 즉, 노태우정부는 17~18%, 김영삼정부는 18~19% 이상의 조세부담률을 보여 주었다. 이는 군사독재일수록 국민에 부담이 되는 세금은 덜 걷겠다는 보상심리에 기인한다. 이와 달리 반독재이고 권위주의를 탈피한 민간정부일수록 조세는 오히려 무겁게 부과하되 규제와 통제를 풀고 자유시장질서에서 개인의 자율성은 보장한다. 이는 결국 조세는 자유의 대가로 나라에 지급된다는 프랑스 철학자 몽테스키외의 명제에 일치되는 현상으로 풀이할 수 있다.[10]

넷째, 김영삼정부의 또 하나의 재정가치는 17개 부처를 10개 부처로 정부조직을 간소화하였다는 것이다. 건설부와 교통부, 동력자원부와 상공부, 경제기획원과 재무부, 수산청 수로국과 해운항만청을 통합함으로써 행정체계를 간소화하였다. 그렇지만 통합결과 재정적 비용이 축소되어야 하는데 이에는 실패하고 있어 외형적인 축소에 불과하였다.

기구축소와 함께 공무원의 수도 축소해야 하였으나 현실적으로 공무원이 자기 목숨을 끊는 개혁작업은 불가능한 것이었다. 특히, 재정투융자특별회계를 일반회계로 이관전입시킨 것은 조세부담을 증가시키는 요인으로 볼 수 있다. 민간사업을 지원한다는 명분으로 기금의 수는 1993년에 114개였으나 1996년에는 76개로 정비 축소하였다. 이러한 축소는 기업의 준조세 부담을 감소시키고 조세부담도 줄어드는 이점이 있다.

그러나 이러한 재정적 미덕에도 불구하고 국제적인 금융흐름에 관한 정보의 미숙으로 IMF 외환위기에 봉착하였으며, 이를 차기정부에 넘겨주게 된다. 재정보다 국민경제의 주체가 되는 분야는 바로 금융이며, 재정은 그 뒤를 따르게 되어 있다. 그러나 금융의 부실이 배설한 하자는 항시 재정이라는 국민의 세금부담으로 해결점을 보게 되는, 그러니까 재정은 금융의 하수인이며 무한책임자이다. 국민경제의 최종적인 보루는 결국 재정의 힘이기 때문이다.

10) 본서 제6장 제4절 참조.

7 '햇볕'정부의 재정가치(김대중, 1998~2002): 명목적 건전재정 추구, 적자재정 확대, 국민부담 확대, '친북예산' 도입, 권위주의적 재정체계

김대중정부는 국민의 정부라고 하였으며, 여기에 '햇볕'이란 포용의 의(義)를 두어 남북 간의 교류와 통합을 추구하는 정책을 내세웠다. 국민의 정부의 재정가치가 얼마나 국민을 위한 나라살림이었는지를 요약해 보자.

첫째, 나라살림에서 강조한 가치는 역시 관례적인 건전재정에 있었다. 특히, 외한위기 극복을 위한 국채발행은 공적 자금과 함께 재정은 거액의 국가채무와 재정수지 적자를 결과하였다. 그러나 건전재정의 기치를 들고 경기회복적인 재정지출 확대로 경제회복에 따른 세수증대와 세수부족은 적자보전용 국채발행으로 메웠다. 이와 같은 상황에서 균형재정을 이루었다고 한 것은, 국채가 실질적으로는 국민이 갚아야 할 빚이므로 이러한 명목적인 건전재정은 왜곡된 건전재정이라고 볼 수 있다.

특히, 사회보장기금을 제외하였을 때 재정수지는 적자로 나타나고 있다. 2000년도부터 흑자재정을 이룩하여 건전재정으로 내세우고 있으나, 사회보장기금을 제외하고 일반회계 적자보전용 국채발행규모를 포함시킨다면 나라살림은 실질적으로 적자를 나타낸다.

둘째, 이러한 적자재정의 누적은 엄청난 국가채무를 증가시켜 2000년도에는 119조 원에 이르고 있으며, 정권 말기에는 200조 원을 초과하고 있다. 이러한 국가채무의 증대는 국민부담을 늘린다. 국채를 상환하기 위한 수단은 세금을 그만큼 더 걷는 것인데, 그것은 후대에게 저축의 상속은 못할지언정 빚을 떠넘기는 부덕한 조상이 될 것이기에 더욱 안타까운 것이다.

셋째, 일원론적 재정체계를 다시 예산기능과 조세분야를 분리하는 이원체계로 전환하였다. 그 이유는 두 개의 재정기능을 합치면 행 · 재정권한이 지나치게 크다는 것이며, 또한 기획원의 예산실이 아니라 재무부 내에 속하는 예산처를 설치하는 것이 합리적이라는 것이다. 하지만 재경부 부속기관이라 하더라도 기획예산처는 대통령 직속하에 대통령령으로 집행됨으로써 대통령이 예산권을 전담하는 예산독점의 재정가치를 보여 주었다. 이러한 대통령의 예산독점 체계는 노무현정권으로 이어지고 있다.

넷째, 김대중정부도 탈권위주의를 추구하고 국민의 정부라고 하였지만, 대북정책을 보면 국민선호와는 무관하게 일방적인 주장이 담긴 6.15선언이 나왔으며, 특히 노벨상으로 보이지 않는 권위주의가 엿보였다. 이는 군사적 권위는 아니지만 또 다른 정치적 지배력에 기초한 권위주의가 출현하였다고 볼 수 있다.

이러한 정치지배적인 권위주의하에서 세금은 덜 걷는 것이 명제이지만(Montesqiue), 오히려 징세력의 최대화를 추구하였음은 민주주의를 강조하고 있는 그의 정치철학에 좀 걸맞지 않는 모습을 보여 주고 있었다. 이러한 정치 · 경제적 여건하에서 볼 때 재정적 양심의 문제가 제기될 수도 있다. 더욱이 고과세는 자유의 대가임을 상기할 때 마치 6.15선언이 통일정신의 상징임을 수용하면서 자유 대신 통일과업의 수행을 위해 고과세의 당위성을 찾을 수도 있겠다.

다섯째, 끝으로 김대중정부의 부정적인 재정가치로 '친북예산'의 편성이다. 아마도 여기에서 표현된 '친북예산'이란 재정용어는 저자의 소견의 산물로서, 김대중정부가 왜 기획예산처를 대통령 직속하에 설치하였는지 알 수 있다.

앞에서도 지적하였듯이, 김대중정부는 이 나라의 국가안보기능을 약화시키는 예산을 편성하였다. 즉, 북으로부터의 간첩활동을 제지하는 검찰의 수사기능, 경찰, 검사에 이르기까지 그 부서를 철폐하여 그에 속하였던 인력을 축소함으로써 국가안보기능을 약화시켰던 것이다. 이로 인해 예산은 절감되어 긴축예산의 효자노릇을 하였지만, 우리의 남북관계는 아직도 대치상황에 있음을 인식할 때 이러한 안보기능의 감축은 돈으로 퍼 주고 그것도 모자라 국가안보기능을 포기해 나라의 위상이 약화되고 있음을 무엇으로 보상해야 할 것인지?

'안보예산'은 뒤에서 보는 바와 같이 노무현정부로 이어지고 있다. 그것은 또 하나의 김대중정부의 재정적 양심의 일그러짐을 보여 주고 있는 것이었다.

이에 반론을 제기할 수도 있다. 보안기능을 약화시켜야 남북통일의 분위기를 확장할 수 있을 것이며, 정보화사회에서 IT산업의 발전으로 모든 정보는 인터넷을 통해 알 수 있기에 그러한 안보기능을 제도로 묶어 두는 것은 비합리적일 것이다. 맞는 말이다. 그러나 이 나라 백성의 생명과 재산을 보호받기 위한 제도나 법은 유지되어야 하며, 나라의 근본을 북에 내주는 꼴이 되어서는 안 되는 것이다. 따라서 저자는 이러한 '친북예산'은 재정적 양심에 크게 훼손되는 부정적인 재정가치였음을 지적한다.[11)]

그리하여 방위비는 전두환정부 때는 약 예산의 30%대 수준이었으나, 노태우정부 시절에는 20%대 수준으로 저하되고 있으며, 김대중정부 시절에는 15%대 수준으로 크게 줄어들고 있었다.

8 '참여정부'의 재정가치(노무현, 2003~2007): 분배정의, 조세부담 강화, 종합부동산세, 국가재정법, 재정확대 큰 정부, 건전재정 결여, 행정중심복합도시

노무현정부의 주요 재정가치는 그가 견지한 좌파적 경제사상에 치중한 나머지 양극화를 문제시하면서 분배정의에 근거한 재정운용을 하고 있다. 재정운용상 현시된 특징적인 재정가치는 다음과 같다.

첫째, 머스그레이브의 두 번째 재정기능이 분배기능이다. 그 사회구성원 다수가 분배의 공평성을 요구해 소득의 재분배를 요구한다면 당연히 정부는 정책으로 채택 재분배수단을 강구해야 할 것이다. 그 근거는 지니(Gini)계수가 스웨덴보다 한국이 높기 때문이라고 한다. 어쨌든 그 수단으로 양도소득세율을 3~5%씩 올렸으며, 특히 비사업용인 경우 60%의 세율을 적용하고 주민세를 포함하면 66%로 인상하여 시장에서 부동산거래가 끊겨 서민생활을 어렵게 하였다.

11) 본서 제7장 제5절 참조.

그 여파는 주택가격을 인상시켰는데, 신세의 도입은 인상된 재산세를 내기 위해 그만큼 가격을 올렸기 때문이다. 부동산세율 인상은 항시 세입자에게 전가되며 저소득층에 전가된다는 조세론의 기본도 모르는 세법운용이었다.

또한 분배정의는 언제나 축적의 문을 열어놓아 분배의 몫을 창출해야 하는데, 양극화를 없애야 한다고 세금만 고과세하면 분배의 몫을 창출할 수 없어 잘 사는 사람을 못 사는 사람으로 내려 앉히고 못 사는 사람은 더욱 못 살게 되는 부익빈 빈익빈 현상을 가져와 국민경제의 피폐현상만 초래해 백성의 꿈과 희망을 앗아간 것이다.

이와 아울러 선진국에서도 폐지된 부유세를 도입하였다. 종합부동산세가 그것이며, 이는 중산층에 속하는 서민경제에도 큰 타격을 주어 축적의 폐쇄와 서민경제를 어렵게 하였다.

둘째, 정부가 세금을 공평하게 걷어 어디에 쓸 것인가는 그때그때의 공공수요를 파악해 지출을 효율적으로 투명하게 잘 써야 할 것이다. 그런데 노무현정부는 참여정부라고 해서 정책결정에 시민이 참여해 결정할 때 민주주의가 실현되는 것으로 보았다.

그래서 노무현정부는 수백 개의 시민단체를 포용하여 각종 정책자문기구를 설치하고, 그에 지출되는 재정자금도 엄청 많았으며 이렇게 해서 재정지출은 확대되어 큰 정부를 지향하고 있었다. 주지하다시피 큰 정부는 국민의 조세부담을 늘리며 조세수입으로도 감당이 어려워지면 빚을 내서 쓰게 되어 적자재정의 발생과 국채발행에 한은 화폐발권 인쇄기는 바삐 돌아갈 수밖에 없다.

셋째, 여기에 더하여 이 나라 안보기능의 약화정책은 계속되어 대한민국의 국민의 생명과 재산에 위협을 받는 불안한 좌파세력의 사회분위기로 포장하였음은 한국의 보수우파의 주류를 소멸시키는 역할을 하고 있었다.

넷째, 공정거래위원회의 출자총액제한제도는 기업의 축적능력을 폐쇄하며, 여기에 각종 세금의 고과세는 시장기능을 봉쇄하여 거래를 소멸시키는 반시장적인 정책은 이 나라 경제를 쇠퇴시켜 먹고 살 수 있는 길을 막아 놓았던 것이다.[12)] 이런 상황에서 납세자의 세심은 위축되어 세금내고 싶은 마음은 사라져 고과세정책은 그 한계에서 고심하지 않을 수 없었다.

다섯째, 한 가지 바람직한 것은 재정법의 도입으로 재정운용상의 효율화와 선진화를 도모하였다. 여기에는 정부가 보조한 지출세를 국회에 보고하도록 하였으며, 국고금의 칸막이식 관리를 배제하는 국고금의 통합계정을 설치하여 타 회계의 여유자금을 활용하도록 하였다. 또한 발생주의회계법을 도입 복식부기만이 허용되며, 추경예산은 재난 등 국가비상시에나 편성할 수 있는 것으로 결정하였다. 이러한 제 조치의 개혁은 재정제도의 선진화로 볼 수 있으며 긍정적인 재정가치로 평가할 수 있다.[13)]

여섯째, 이 밖에 노무현 정부는 행정중심복합도시를 충남에 설치할 것을 결정하였다. 지역 간 균등발전을 위해 필요하다고 판단 이를 정책사업으로 차기 정부에 넘겨 주었으나 서울과 공주, 연기 간의 교통은 1시간에 도달할 수 있어 또 하나의 유령도시를 만들 뿐으로 여겨서 문제가 되고 있다. 이 역시 재정적으로 전 국민이 선호하지 않는 지출의 확대로 세금이 부족하면 또 국채발행을 하여 조달할 것이다. 결국 그것은 재정적인 분수에 맞지 않는 재정적 양심에서 벗어난 정책으로 보아야 할 것이다.

9 반 세기의 재정가치 흐름(1948~2007)

(1) 들어가는 말

앞에서 우리는 역대 정부의 재정운용에서 귀결된 재정적 특성을 중심으로

12) 본서 제7장 제5절 참조.
13) 본서 제7장 제5절 (2)항 참조.

살펴보았다. 즉, 재정운용상의 공과를 지적하였다기보다 여기에서는 각 정권이 보여 주었던 재정가치를 중심으로 서술하였을 뿐이다. 왜냐하면 공과를 운위한다는 것은 특정 기준이 있어야 하며, 그러한 규범적 기준은 논자에 따라 다를 수 있어 불분명한 공과의 논의는 여기에서는 피하고자 한다.

그러나 재정운용상 몇 가지 건전성과 관련된 지표, 즉 재정지표의 변동을 중심으로 재정가치의 흐름을 추적해 볼 수도 있다. 이를 통해 역대 정권의 나라살림 흐름을 엮어 보고자 한다. 그러한 재정가치는 조세부담률, 재정수지의 대GDP 비율, 추경예산 횟수, 차입금의 대GDP 비율, 국가부채 대GDP 비율 등의 재정지표를 채택해 재정가치의 흐름을 재정건전성과 직결시켜 이해해 보고자 하였다.

그러나 이러한 재정지표는 나름대로 정부가 정책목표로 하는 경제성장과 번영을 고려하지 않을 수 없다. 이는 통계표 없이 그때그때 필요시에 서술적으로 인용하고자 한다.

(2) 조세부담률의 흐름

나라살림의 기본적인 재원인 조세부담률의 흐름을 보자. 1953년부터 2010년까지 57년간의 흐름은 비교적 유연한 변동추세를 보이고 있다. 1953년의 대GNP 5.2%에서 시발한 이승만정권은 말기에 10.0%로 종료하고 있으나 박정희 군사정권은 1962년에 10.0%로 시작해 중화학공업으로 고도성장을 추진하였던 1970년에는 조세부담률이 14.3%로 상승하고 있으며, 정권 말기인 1979년에 17.4%를 보여 주었다. 그러한 고부담률로 당시 1770년대 연평균성장률은 11%였으며, 시해되기 전 해(1978)에 수출 100억 달러, 1인당 GNP 1,000달러를 이룩함으로써 국민이 부담한 세금의 대가는 나름대로 가치를 실현하고 있었다.[14)]

전두환 5공 정부는 1981년에 18.0%의 부담률로 시발해 1987년에 17.5%로 집

14) 설봉식(2006), p. 271.

권을 마감하였다. 집권기에 경제안정에 목표를 두고 예산을 동결 긴축재정운용을 단행하였음은 재정사상 근검절약정신과 수입내지출원칙을 보여 주기도 하였다. 이에 소요된 조세부담률은 17.0%대 수준에 그치고 있어 건전재정정신을 보여 주기도 하였다. 정권 말기에 부담률은 17%로 정권 초기의 조세부담률 18%를 하회하고 있음은 주목해야 할 것이다.

다음 민선으로 건립된 보통사람의 노태우정부는 1978년에 17.0%의 부담률로 시발해 1992년 18.7%로 마무리하고 있다. 약 2.0%의 증가율로 당시 정부업적은 초토세 도입과 공산권 국가와의 외교확장 등이었으며, 시장경제는 투기와 물가고로 부진한 상태에 있었다.

문민정부는 그 부담률이 18~19%로 근소한 진폭 속에서 금융실명제와 지방자치를 시현하였음은 나름대로의 업적이었으나 1997년 말기에 IMF위기를 김대중의 국민의 정부에 떠넘기게 된다. 고물가, 대량실업, 기업 및 은행의 도산은 거액의 공적 자금을 발행 · 지원해 국가부채는 점증하지 않을 수 없었다. 국민의 정부 기간에 약 20%대의 조세부담은 저성장 속에서 민간부담이었으나 IMF 부채를 단 2년 내에 청산하였음은 큰 업적으로 평가하지 않을 수 없다.

끝으로 참여정부는 성장보다 분배에 재정가치를 두어 종합부동산세의 도입, 양도소득세의 강화 등 투기억제라는 명분은 있었으나, 시장활성화에 저해되는 반시장적 규제 및 큰 정부의 시행으로 집권기간에 20%대 수준을 능가하는 조세부담률은 납세자 국민의 부담을 무겁게 하였다.

(3) 재정수지의 흐름

다음은 역대 정부의 재정수지의 대GNP 비율을 보기로 하자. 재정수지에는 회계제도상의 변화로 총재정수지와 통합재정수지로 나뉜다. 통합재정수지는 최근의 관리대상수지의 개념이 제시됨으로써 쓰이는 재정수지이며, 여기에서는 일반회계와 특별회계 및 기금을 포함하는 총재정수지를 지칭하는 재정수지로 사용하고자 한다.

1945년부터 1961년까지는 통계숫자의 미비로 정확한 대GDP 재정수지 비율을 확인할 수는 없다. 다만 해방 직후 군정시에는 총예산의 45~50%가 적자재정으로 처리되었으며, 이승만정부도 한국전쟁으로 인한 군사비의 중압으로 약 50% 내외의 적자재정을 시현하였음을 참고로 부기한다.

군사정부가 들어서자 1962년에 재정수지 적자는 대GNP 비율 11.2%를 보였으며, 중화학공업 건설로 확대재정을 추진한 1972년에는 4.1%의 재정적자, 1979년 말기에는 1.5%의 재정적자를 보였다. 국가안전보호위원회로 5공을 설립한 전두환정부는 1982년 4.0%대 수준의 적자를 보였으나 집권 후 안정정책에 집중한 후 0.2%대 수준으로 근접해 균형재정를 보여 주기도 하였다.

건전재정의 살림틀을 이어 받은 노태우정부는 초기에 1.3%의 흑자를 보였으나 후기로 접어들어 0.7%(1992)의 근소한 적자를 보였다. 역시 당시의 재정관료의 건전재정 정신은 건재하지 않았나 하는 느낌을 갖게 된다.

그 후 김영삼의 문민정부도 긴축재정으로 일관해 1995년에 0.4%의 재정수지 흑자를 시현하였으나 1997년에는 IMF위기로 그 적자가 확대되어 1.5%의 적자를 보였다. 건전재정행태를 수량화하여, 균형재정을 0, 흑자재정을 1, 적자재정을 -1이라 하자. 이때 노태우정부는 5년 평균 적자재정으로 -2에 근접하고 있으며, 김영삼 문민정부는 평균해 0인 균형재정으로 볼 수 있겠다. 전두환정부는 집권 말기에 0.2의 흑자재정을 보여 한국재정사에 있어 건전재정의 정신을 최초로 보여 주었다. 김대중 국민의 정부는 5년 평균 약 -2의 적자를 시현하고 있는데, 이는 IMF 구조조정으로 불가피하였으며, 노무현 참여정부도 분배 위주의 큰 정부를 추진함으로써 적자를 시현해 건전재정의 점수는 -0.2로 볼 수 있겠다.

(4) 국가채무 비율

국가채무의 대GNP 비율은 공적인 통계가 1953년부터 시현되었다. 이승만

정부는 정전의 해인 1953년 국가채무의 대GNP 비율은 6.5%로 나타났으며, 1959년에는 11%로 상승하였고, 1961년 정권 말기에는 13.8%의 부채를 안겨 주었다. 당시 한국전쟁으로 인한 군비조달에서 재정은 대외의존형으로 국가부채는 불가피하였다.

그 후 군사정부가 들어서자 1962년에 국가채무의 비율은 13.5%로 시발하였다가 1970년 12.3%로 내려갔으나 1971년부터 지속적인 증가로 1974년에는 23.1%의 정점을 현시하였다. 그러나 그 후 박정희의 재정의지는 자립재정체제로 전환해 그 비율이 점차 하강추세를 보여 정권 말기인 1979년에는 17%의 저율을 보여 주었다.

전두환 5공 정부는 1981년도에 21%를 보이다 정권 말기인 1987년에는 약 16%를 시현하였다. 이러한 저율의 국가채무 비율은 차기 정부(노태우)에 이전되어 1992년에 13.5%로 차기 정부에 넘겨주었고, 김영삼 문민정부는 12%, 1995년에는 9.4%의 저비율을 시현하였으나 정권 말기인 1997년에는 14.5%를 보여 주었다.

그러나 김대중 국민의 정부로 들어오자 IMF 구조조정으로 인한 국가부채가 폭증하여 2000년에 23.1%를 시현하였으며, 분배 위주의 참여정부는 2003년에 25.2%의 고비율을 나타내고 정권 말기인 2007년에는 무려 36.5%의 비율을 시현해 부채국가의 낙인을 불러들였다. 이는 큰 정부를 지향하며 낭비적 지출이 허다하였음을 말해 주기도 할 것이다. 이로 미루어 참여정부의 재정행태는 방만재정의 모습을 보였던 지출 위주의 양출제입(量出制入)만을 견지하였던 '재정만능적' 정부가 아니었나 생각된다.

금융위기를 결국 재정지원으로 극복해 왔는데, 그것은 국민의 부담으로 국가부채를 지원해 차세대 국민부담만을 더해 주고 있다. 금융버블은 재정버블을 유도해 언제 재정파탄을 맞을지 알 수 없다. 그리스, 스페인 등 일부 OECD 국가는 재정위기를 맞고 있다. 재정파탄은 곧 국가파탄으로 이어져 국민의 삶이 국가부채에 의해 위협당하고 있음을 생각할 때 나라살림의 건전성을 되찾아야 하지 않을까?

정부는 OECD 제국에 비해 한국의 부채 비율이 낮은 것으로 평가해 아직은 위험수준이 아님을 설파한다. 그러나 일본, 그리스, 스페인과 같은 고율의 부채 비율을 제외하면 우리의 부채 비율이나 OECD의 비율 간에 큰 격차가 나타나지 않고 있음을 알아야 할 것이다.

(5) 차입금의 대GDP 비율

차입금은 국가부채를 구성한다. 이는 국내차입과 해외차입으로 구성된다. 이는 국채와는 달리 국가의 순부채로서 처리된다. 왜냐하면 정부가 외부로부터 돈을 꾸어다 쓰는 일종의 대부이기 때문이다. 이는 유가증권의 발행 없이 직접 차입한 빚이다. 특히, 국내차입은 주로 한국은행과 시중은행으로부터 차입을 하게 된다. 시중은행과 달리 한국은행으로부터의 차입은 돈을 찍어 내어 재정자금으로 정부에 대부하는 인플레이션적 차입으로 볼 수 있으므로 국민경제적으로 금기시되고 있는 자금조달방식이다.[15)]

어쨌든 차입금의 비중이 클수록 국민경제적으로 납세자 부담이 가중되고 재정운용상 어려움을 겪게 될 것이다. 따라서 이는 건전재정정신과는 위배되는 재정악적(財政惡的)인 행태로 볼 수 있겠다.

이승만정부 시절 초기인 1953년에 차입금의 대GNP 비율은 5.8%였는데, 1955년에는 3.0%로 하강하였다가 그 후 점증해 1960년에는 9.0%로 상승하였으며 1961년의 정권 말기에는 1.8%로 하강하였다.

그러나 군사쿠데타 후 1962년에는 차입금 비율은 7.8%로 높게 상승하였다. 그 후 차입금 비율은 점감하다 1968년에는 2.0%, 1971년에는 1.7%의 최저 비율을 시현하였다. 그 후 동 비율은 다시 상승하여 1975년에는 7.0%로 상승하였다. 이렇게 차입금 비율이 상승한 것은 당시 군사정부의 재정자립 의지는 강하여 차

15) 국회 예산정책처(2009), p. 174.

입을 늘리면서까지도 해외의존형 재정의 모습을 불식시키고자 하였던 것이다.

전두환 5공은 1980년에 3.7%의 비유을 보이다 1982년에 4.4%의 비율을 시현하였다. 그 후 정권 말기인 1997년에는 2.9%의 저비율을 보여 주었다. 이는 긴축재정으로 일관한 동결예산을 추진함으로써 나타난 결과로 볼 수 있다.

그러나 노태우정부는 집권하자마자 차입금을 증대시켜 1998년에 6.1%의 비율을 시현하였다. 그리하여 1990년에는 9.6%의 고비율을 시현하였고, 정권 말기인 1992년에는 3.8%의 저율로 차기 정부에 넘겨주었다.

이러한 저비율의 차입금을 김영삼 문민정부는 긴축재정으로 일관해 1996년에는 1.9%의 최저율을 보여 주기도 하였으나, 말기에는 4%의 비율로 김대중 국민의 정부에 넘겨 주었다. 어쨌든 문민정부의 건전재정정신은 강하였으며 전두환 5공과 흡사하였다.

국민의 정부도 IMF위기하에서 차입금의존도를 억제하였으며 2000년에 4.0%, 2002년에 3.0%로 차기 정부에 넘겨주었다. 위기극복에 소요된 재정자금은 주로 IMF 자금지원 및 공적 자금으로 해결해 차입금의존도를 줄일 수 있었다고 보는 것이다.

이러한 차입금의존도의 축소는 노무현 참여정부에도 그대로 이전되어 2003년에 저비율의 2.7%를 보였으며, 정권 말기인 2007년에는 0.6%의 재정사상 최하위 비율을 보이기도 하였다. 당시 국가부채의 고비율을 나타낸 대신 차입금의존도를 최저화시켜 그래도 일말의 건전재정정신의 내재화를 보이기도 하였다.

(6) 추가경정예산 횟수

끝으로 재정불건전행태의 하나인 추가경정예산을 보기로 하자. 이는 추가로 예산을 변경하는 경우로 재정지출의 추가적인 증대를 가져오고 있어 지출을 확대시켜 적자재정의 함정 역할을 하고 있다.

1948년부터 1961년까지 집권한 이승만정부는 추경을 모두 30회에 걸쳐 수행하였다. 역대 정부 중 가장 많은 횟수이기도 하다. 한국전쟁으로 인해 예산의 추가변동은 불가피하였다고 이해되지만 12년간 매해 평균 2.5회를 반복하고 있음은 당시의 시대적 격변성을 이해해야 할 것 같다. 하지만 이는 미래예측이 항시 불확실하였음을 말해 주기도 해 아쉽다.

그 후 군사정부는 집권기간 18년간(1961~1979)에 31회에 걸쳐 추경을 시행한 바 있다. 이는 연평균 거의 2회에 걸쳐 추경을 시행한 셈이다.

전두환 5공 정부는 집권기 7년간(1981~1987)에 5회였으며, 연평균 1회가 좀 못 되는 0.7회의 근소한 횟수를 보여 주고 있다. 역시 안정을 추구하였던 정책으로 중기재정계획을 도입 미래예측을 확실히 하였던 데 기인한 것으로 풀이할 수도 있겠다.

그 후 노태우 보통사람의 정부에서는 집권기간(1978~1992) 5년간의 추경횟수는 7회로 연평균 1.4회를 기록함으로써 전두환 5공보다 높게 나타나고 있다.

한편, 김영삼 문민정부로 넘어오면 집권기간(1993~1997) 5년간에 4회였으며 연평균 0.8회로 재정사상 최소횟수를 보여 주고 있다. 재정수지, 차입 비율, 국가부채 비율, 조세부담률, 추경횟수 등 건전재정 지표의 흐름을 볼 때 한국재정사상 전두환 5공 정부와 김영삼 문민정부가 건전재정의 귀감이 되어야 하지 않을까? 나름대로의 설득적(rhetoric) 접근을 기반으로 한 재정건전성의 감지적 설득적 귀결을 이에 현시하고자 한다.

IMF위기로 구조조정에 힘쓴 김대중 국민의 정부는 집권기간(1998~2002) 5년간에 모두 8회에 걸친 추경을 보였다. 이는 연평균 1.6회로 비교적 높은 횟수를 나타내고 있음은 역시 격변하는 해외정세하에서 국내의 구조조정사업은 재정운용에도 많은 변경을 요구해 추경횟수가 증가하지 않을 수 없다는 변을 언급하지 않을 수 없다.

이러한 고도의 추경빈도는 노무현 참여정부로 오자 좀 감소하는 경향을 보여 집권기간(2003~2007) 5년에 추경횟수는 불과 5회로 매년 한 번씩의 추경을 시행하였다. 당시 재정운용은 재정법 제정하에 중장기 재정운용을 추진하였으며,

추경의 조건도 합리화해 적용함으로써 그러한 근소한 추경횟수가 가능하였다고 볼 수 있겠다.

원래 추경은 현 재정법하에서는 (1) 전쟁이나 대규모 자연재해가 발생하는 경우, (2) 경기침체, 대량실업, 남북관계의 변화, 경제협력과 같은 대·내외 여건에 중대한 변화가 발생하는 경우, (3) 법령에 따라 국가가 지급해야 하는 지출이 발생하는 경우 등에 한해 추경편성이 가능하다.

그런데 문제는 금지규범의 형식에서 허용규범의 형식으로 바꾸었던 것이다. 즉, "…… 의 경우에는 추경편성이 불가능하다"에서 "…… 의 경우에는 추경편성이 가능하다"로 변경함으로써 추경의 빈도가능성을 조장하는 법규로 제시되고 있는 것이다(국가재정법 89조, 2009. 2. 6. 시행).

아무튼 추경편성은 확대재정을 가져오며, 이는 재정적자의 주범으로 건전재정정신에 위배되는 재정악(fiscal bad)으로 보아야 할 것이다. 특히, 경기부양을 위한 지출효과에 치중한 나머지 조기재정집행이 관례화되고 있는데, 이는 하반기에 가서 예산집행이 완료되면 지출의 필요성이 추가로 발생할 수 있으며, 조기집행은 초과지출의 기회를 조장하는 또 하나의 재정불건전성으로 보아야 할 것이다.[16)]

16) 이는 2010년 3월 26일에 개최된 한국재정학회 춘계학술대회에서의 토론내용이었음을 밝힌다.

제10장

역대 정부의 재정적 양심

1 들어가는 말

끝으로 역대 정부는 나라살림의 책임자로서 진실된 나라사랑의 마음, 즉 국민을 위한 마음으로 세금을 걷었으며, 또 국민의 편익을 주기 위해 경비지출을 적합하게 하였는지를 알아보자.

재정학도 사회과학의 일부이며 하나의 재정현상은 정치 · 사회 · 문화적인 영향을 바로 이해할 때 보다 만족스러운 이해가 이루어질 수 있다고 생각한다. 그런데 조세와 지출을 포함하는 나라살림도 그 잘잘못의 책임은 대통령과 재정부 장관이 져야 마땅할 것이다.

재정정책의 결정은 정책적인 합리성이 전제되어 집행된다고 하겠지만, 그러한 합리성이 정책결정자의 재정적 양심에 기초한 합리성인지, 아니면 국민을 떠난 정치적 목적에 합리적인지는 운용자의 도의적 측면에 대한 판단이 뒤따를 때 가능한 것이라고 생각한다.

여기에서는 정부의 재정운용에 제시 · 적용된 정책수단들은 과연 재정관료들의 양심에 기초하고 있는지를 확인하고 싶은 것이다. 재정운용에 동원되는 양심을 저자는 재정적 양심(fiscal conscience)으로 표현하고자 한다.

이러한 재정적 양심을 다음의 규범적 재정가치인 재정의 미덕을 중심으로 논의하고자 한다. 즉, '항산항심'(恒産恒心), 건전재정, 민의수렴이라는 세 개의 고전적인 나라살림의 미덕을 기준으로 하여 대통령과 고위층 재정관료들의 양심이 어떻게 이 세 재정의 덕목에 작용 반향되었었는지를 역대 정부의 재정행태에서 살펴보고자 한다.

이러한 재정적 양심은 이성에서 산출되지는 않고, 도의적 근본에서 헤아리는 순수한 오염되지 않은 맑은 마음에서 비롯된다. 대체로 정치가의 행태는 근본을 망각하고 말(末)이, 즉 이권과 이득에 치중함으로 본(本)이 말(末)로 환치 처

리되고 있는 것이다.[1)]

2 항산항심

동양의 고전적 재정의 덕목은 항산항심에 있다고 본다. 공자와 맹자의 이상적인 왕도는 바로 항산항심에 있었다. 국정운용은 곧 백성을 다스리는 치민(治民)에 있었다. 그러데 치민의 전제는 수기(修己)와 양민(養民)에 있었다. 즉, 국가는 백성들로 하여금 먹고 살 수 있는 생업을 보장해 주어야 하고, 왕의 항산이 백성에게 주어져야 하며, 그래서 백성은 먹고 살 수 있어야 항심이 생겨 나라에 대한 백성으로서의 예의도 차릴 수 있다고 하였다. 여기서 예의는 나라에 세금을 바치는 예의로 나라에 대한 백성의 도리로 여겼다.

그래서 왕의 백성에 대한 도리는 항산이고, 백성의 나라에 대한 도리는 항심이었다. 공자가 위나라에 갔을 때 염유(苒有)가 말을 몰고 있었다. 이때 공자가 "백성이 많도다"라고 하였다. 이에 염유가 "백성이 많으면 어떻게 해야 합니까?"라고 묻자, 공자는 "부유하게 만들어야 한다," "부유한 다음에는 백성을 교화해 가르쳐야 한다"고 하였다.[2)]

항산이 없더라도 항심을 지키는 사회계층은 선비뿐이라고 하였다. 대체로 백성들은 항산이 없으면 항심도 없는 것이 통례가 되고 있다. 사업도 부도가 나고 고용도 해고되어 실업자 신세가 되니 법도에 맞는 예의도 차리기 어렵게 된다. 여기에 국가에 대한 납세의식도 부정적으로 지향될 것이다. 따라서 항산이 항심에 우선해야 한다고 동양의 고전철학은 교의하고 있다.[3)] 그리하여 항심, 즉

1) 최근 경제학에서 이러한 양심의 문제를 도입 논의하고 있는 저서가 있다. 즉, 크루그만은 미국 금융위기의 원인을 보수자유주의자들의 양심에 호소하고 있다(P. Krugman, 2009).
2) 『논어』, 子路 9.
3) 『孟子』, 梁惠王 上 7, "無恒産而有恒心者 士爲能 若民卽無恒産者 因無恒心."

납세의지 내지 애국심은 항산에서 나오며, 따라서 항심의 전제는 항산에 있음을 강조하였던 것이다.

역대 정부의 재정운용에 있어 항산항심의 사상으로 일관하였던 정부는 역시 군사독재시대에 나타나고 있음을 볼 수 있다. 산업화와 수출산업 육성에 집념하여 한국 경제를 빈곤으로부터 탈출해 백성을 배불리 먹게 하였고, 이에 민간에 대한 세부담률은 1960년대 13%대 수준이었으며, 1970년대 말에는 16%대 수준에 머물렀음은 항산항심이라는 재정의 미덕을 보여 준 좋은 예가 아닌가 생각되는 것이다.

결국 한강의 기적은 재정면에서 항산항심이라는 재정적 양심에 기초한 나라살림이 있었기에 가능한 것이었다. 물론 후술하는 국가부채, 재정적자 등 재정운용의 부정적인 측면도 있었으나 그것들은 백성을 배불리 먹고 살 수 있도록 한 정부성취의 비용으로 보아야 하지 않을까?[4)]

다음으로 역대 정부 중 항산항심의 재정적 미덕을 보여 준 정부는 그래도 전두환 5공 정부였으며, 그러한 미덕은 여타의 부정적인 측면과 분리되어 독립적이며 개별적인 관찰에 조명되기에 여기 특기하는 바이다.

2.5%의 물가안정은 백성의 먹고 살기에 안정을 가져다주었으며, 게다가 차입식 재원조달의 문을 폐쇄해 국채발행을 극소화하고 긴축재정을 계획해 종국에는 철혈의 예산실장 문희갑의 예산동결정책으로 흑자재정을 보여 주었고, 여기에 민간의 조세부담률은 16%대 수준에 머물러 있었음은 이 아니 항산항심의 재정가치가 아니겠는가?

여타의 민간정부인 문민정부, 국민의 정부, 참여정부는 백성을 잘 살게 해주고 그에 적합한 세부담을 주었어야 하나, 높은 국민부담, 각종 공공재 배분의 불균등, 서민주택시장의 완전 붕괴로 국민생활은 어려운데 세부담은 상대적으로 높여 왔기 때문에 가장 낮았다고 볼 수 있다.

---

4) 본서 제3장 제4절 제5, 6항.

3 건전재정

재정원리 중 으뜸이 가는 것은 역시 건전재정일 것이다. 그 뜻은 주지하는 바 수입과 지출이 같은 균형예산을 말하며, 국가부채가 없는 건전한 재정을 말한다. 앞에서도 지적한 바와 같이, 나라살림의 미덕은 건전재정에 있으며 국가의 예산운용도 가계원리와 같다는 주장은 이미 고전학파의 대부 스미스(A. Smith)뿐만 아니라 오늘날 공공선택학파의 대부 뷰캐넌(J. Buchanan)에서도 볼 수 있기에 건전재정을 재정의 덕목으로 다루어 보고자 한다.

한국의 역대 정부에서 건전재정에 이바지한 정부는 어떤 정부일까? 문제는 건전재정의 척도가 되는 기준이 무엇인가를 정하고 그 기준에 따라 평가해야 할 것이라고 생각한다. 그러나 수량적인 평가만으로 잴 수 없는 것은 국가부채의 개념적 틀에 포함되지 않는 부채, 예로서 정부보증하의 공공부채 등이 있음을 감안할 때 부정확한 판단이 나올 수 있기 때문이다. 따라서 저자는 이러한 수량적 기준에 전적인 의존을 하지 않겠다. 대신 재정관료의 근검절약정신, 예산의 긴축의지 강도 등 재정심리적 변수에 의지해 논의하기로 한다.

건전재정의 조건을 수입내지출정신, 균형예산, 재정규모 증가율이 GDP 성장률을 하회할 것, 국가채무의 GDP 대비 비율이 30% 미만이라고 한다면, 역대 정부 중 건전재정의 모범으로 평가되는 정부는 5공의 전두환정부였다고 볼 수 있다. 5공은 예산동결의 흑자예산, 재정규모의 증가율은 GDP 성장률을 매해 하회하였고, 국채의 GDP 비율은 0.1%였으며, 영기준예산제도의 도입, 세계잉여금의 실현 등 건전재정의 요건을 충분히 보여 주었다. 무엇보다도 나라살림의 근검절약정신이 투명하게 노출된 긴축정신은 자신과의 싸움으로 일관한, 즉 극기로 건전재정의 모습을 보여 준 5공의 재정적 양심은 높이 평가해도 지나침이 없다고 생각된다.

6공은 집권 초에, 즉 1988년도 한 해에 걸쳐 흑자재정을 보이고 나머지 4년은 모두 적자재정을 시현하였다. 한편, 6공인 문민정부는 집권 마지막 해에 적자재정을 시현하고 나머지 4년은 모두 흑자재정을 나타냈다. 이렇게 볼 때 건전재정은 노태우정부보다 김영삼정부가 더 강하였음을 보여 주고 있다 하겠다. 그러나 같은 점은 수입내지출원칙 또는 양입제출(量入制出)을 재정운용의 준칙으로 수용 이를 지키려고 노력하였다는 점이다. 반면에 국민의 정부와 참여정부는 이러한 건전재정의 정신이 결여되고 있음을 볼 수 있다.

한편, 한국전쟁이 끝난 후 이승만정부의 재정모습은 종전과는 다른 양상을 보였다. 이는 전시재정으로부터 국민이 살 수 있도록 나라살림을 보다 절도 있게 재정규칙을 지키겠다는 백두진 재정의 노력은 이 나라 최초로 건전재정의 정도를 보여 준 사례였음을 기억해야 할 것이다.

4 민의수렴

끝으로 재정적 양심을 민의수렴의 측면에서 보기로 하자. 사실상 정부가 세금을 걷어 나라를 위해 써야 하는데, 그것은 구체적으로 세금을 부담한 국민을 위해 써야 할 것이다. 공공선택이론에서는 납세자의 공공욕구에 따라 정부가 지출하는 것이 곧 재정민주주의로 보고 있는바 빅셀(K. Wicksell)이 그렇게 보았다. 결국 납세자가 정부에 대해 무엇을 요구하는지 백성의 정부에 대한 의지가 뚜렷이 있어야 이러한 공공욕구를 파악할 수 있는 것이다. 그러나 민의가 뚜렷하지 않을 때에는 정부가 공공의 욕구를 추론해 정책을 일방적으로 결정하여 재정정책으로 추진할 수 있을 것이다.

이러한 측면에서 역대 한국 정부의 재정유형은 어떤 것이었나를 살펴보자. 시대의 변천과 함께 이러한 민의도 변화해 왔다고 볼 수 있다. 적어도 한국에 있어서 민의가, 즉 여론이 발생하여 그것이 사회문화적인 정서로 확산되는 어떤 시점이 있다고 생각되는 것이다.

먹을 것이 없고 배고팠던 해방 직후 우리는 자발적인 민의를 찾아볼 수 없다. 한국전쟁시대에 민의는 부재하였다고 본다(1945~1960). 당시 국민은 먹고 살 수 있는 호구지책의 시대가 언제 올 것인가만을 심중에 두었을 뿐 자발적인 의지를 나타내지도 못하는 무기력한 의지의 부재시대였었다.

그러나 1961년도 군사쿠데타가 도래하였다. 입에 풀칠도 못하였던 연소득 70달러 수준에서 그러한 군사쿠데타는 국민이 잘 살기 위한 돌파구를 제각기 찾기 시작한 시대였다. 그러한 민의가 다양하게 돌출하면 혼란만을 가져올 것이므로 국민의 의지는 군사독재정부에 의해 통치되어 결국 민의통제시대를 전개하고 있었다. 따라서 재정운용은 정부가 국민이 잘 살 수 있는 길을 택해, 고속도로도 건설하고 경공업뿐만 아니라 제철 등 중화학공업을 육성하여 백성이 잘 살 수 있는 길을 열어 주었던 것이다(1961~1979).

이러한 민의제약시대는 5공이 끝날 때까지 지속되었다. 그러나 1987년의 민주화투쟁은 국민의 자유선거가 허용되어 민주사회로 진입기에 이른다. 이 당시만 해도 개인당 소득은 2,000달러에 300억 달러에 가까운 수출을 실현해 후진국에서 벗어나 중진국의 위상을 확보하였다. 이러한 민의 또는 여론의 출현은 그 전제로 중산층의 출현으로 볼 수 있다. 특히, 5공에 이르면 중산층의 비중은 여론형성에 자극적이었으며, 이에 따른 정부에 대한 공공욕구도 공공연히 돌출되었다. 그것은 바로 1987년의 5.28선언으로 민주화의 길을 열게 한 힘이었다.

이러한 상황에서 국민의 의지는 공공선택적으로 구체화되어 민의형성의 시대를 맞고 있었다. 따라서 6공에서 7공까지는 민의수렴시대로 볼 수도 있다. 그러나 김대중 대통령의 국민의 정부는 백성의 의지를 남북통합의 길로 규범화시켜 민의수렴에 따른 재정운용을 거부하였으며, 이는 노무현정부도 같은 길을 택하였다.

민의수렴과 관련된 재정적 양심에 대한 저자의 견해는 역시 노태우정부와 김영삼정부를 우선적으로 들어야 한다고 생각한다. 그러나 민의수렴과 관련해 그 밖의 정부는 비양심적이었나를 생각할 때 3공과 5공의 민의제약시대의 정부도 재정적 양심은 충분한 것이었음을 주장하고자 한다.

제11장

결론: 한국 재정형태의 현실과 규범

이제 저자는 지금까지의 논의를 근거로, 첫째 한국의 역대 정부 재정행태의 특성을 가려내며, 특히 재정가치의 다양성이 주는 현실의 재정운용의 문제가 무엇이며, 둘째 앞으로 한국 정부가 재정적 미덕을 보여 줄 수 있는 재정행태는 무엇인가, 즉 재정행태의 앞으로의 과제는 무엇인가를 살펴보도록 보자.

1 재정운용의 현실

우리나라의 나라살림을 되돌아보는 작업은 한국의 정치를 역사적으로 고찰하는 것과 같으며, 저자는 그러한 지난 60여 년간에 펼쳐진 재정행태의 모습을 정치문화적 정서면에 치우쳐 담론적인 표현으로 알기 쉽게 집필하고자 노력하였다. 그러나 이에 있어 얼마나 성공적이었는지는 많은 분들의 비판과 계도를 받고 싶다.

오늘날 재정의 모습이 과거로부터 쌓아진 역사적 유물의 누적된 결과로 본다면, 좀 현세에 적합지 않은 접근인지 몰라도 오늘의 나는 어제의 나와 미래의 나를 묶은 것이기 때문이다.

오늘의 재정모습은 과거의 미성숙함을 극복하고 미래지향적인 혁신적이고 효율적인 재정모습을 지향한 결과 오늘의 재정이 존재한다는 사실을 분명히 인식해야 할 것이다. 이러한 재정의 오늘날 모습은 수많은 역경과 가시덤불을 헤쳐 나왔으며, 이제는 내일의 보다 좋은 사회와 경쟁력이 강하고 평화로운 세계화에서 우뚝 선 대한민국을 지향하는 재정의 모습을 보여 주어야 할 것이다. 그에 앞서 오늘의 재정모습은 어떻게 나타나고 있는지를 먼저 살펴보기로 하자.

우리는 이제 2만 달러시대가 도래한다고, 그리고 G20의 국제적인 모임의 주관자가 되었다고 자랑도 하지만 그것에 만족할 수만은 없다고 생각한다. 나라살림을 들여다보자. 하나에서 열까지 어려운 길만이 우리 앞에 있기 때문이다.

재정운용의 근본은 건전재정인데, 다 아다시피 국가부채라는 빚더미 위에 안주하고 있는 것이 우리의 나라살림 모습이기 때문이다. 해외선진국에서도 GDP 대비 국가부채는 50~60%로 나타나고 있어 불과 30% 수준인 한국은 문제가 안 된다는 중론이 있기도 하다. 선진국 국채의 GDP 비율은 일본이 가장 높으며(60%), 보통 50% 수준을 보이고 있어 우리는 아직 문제되지 않는다는 것이다. 그러나 2004년도 추계로는 국가채무가 2007년에는 302조 원, 2009년도에는 366조 원으로 계획하고 있었다. 이제 이런 추세로 나간다면 올해의 국가부채는 GDP 대비 35.6%인데, 그 비율은 앞으로 40~50%를 육박해 빚더미 위에 올라앉은 사상누각의 나라가 될지도 모르는 것이다.

선진국 국채 비율의 고위성은 재정의 기강이 이미 붕괴되고 있음을 보여 주고 있으며, 공짜로 살기 좋아하는 그리고 지출 위주의 재정은 국가재정을 파탄시키고도 큰 소리 치는 선진국은 사이비 자본주의가 아니고 무엇인가?

금융위기까지 들이닥친 자본주의는 그 양심을 놓고 진지하게 진실된 마음으로 공짜소득을 노리는 투기적 거품의 마음을 닫고 시장의 규칙을 지켜야 할 것이며, 나라살림도 주어진 재정의 준칙을 바르게 지켜야 할 것이다.

왜 국가채무가 공짜로 힘 안 들이는 나라살림이 되고 있는지는 납세자의 실질적인 부담이 없기 때문이다. 세금부담을 덜어 주는 정치가를 백성은 좋아해 투표할 것이며, 그래서 어떤 의미에서 국채발행을 많이 할수록 정치가의 당선율은 높을 것으로 추론할 수도 있는 것이다.

국채의 발행은 당장의 세금부담이 없어 납세자들로부터의 불평이 없다.[1] 있다면 차세대 부담을 준다는 미래를 걱정하는 정도다. 미래세대에 오면 또 그때 가서 국채를 발행해 부담을 덜 준다. 현재세대나 미래세대는 공공재를 공짜로 얻어 써 편할 뿐이다. 지하철, 고속도로 등 나라 빚으로 건설해 공짜로 이용할 수 있으니 좋다고 하겠지만 언제까지 그런 공짜세상이 갈 것인지는 아무도 모른다. 빚더미 위에 앉은 대제국이 하는 소리는 모두 허구라고 믿음을 상실하

1) B. Bonner and A. Wiggin(2006); N. V. Gianaris(1989), p. 206.

고 있는 것이 현실이다.

하지만 우리의 경제상식으로 보아 그런 공짜 나라살림이 무한정 갈 수는 없다. 이자가 늘어날 것이고, 빚에 빚을 내서 공짜살림을 할는지 몰라도 빚이 GDP 규모를 초과하면 실질적으로 개인소득은 0이며, 아니 빚으로 살아갈 것이다.

인플레이션의 고조는 화폐가치의 하락을 가져와 거래가 끊어질 테고 국민경제는 시장의 폐쇄로 파탄되고 말 것이다. 국가부채의 증대는 자멸의 길로 가는 것이나 다름이 없다 하겠다. 자본주의가 건재하자면 나라살림의 기강을 바로잡아야 할 것을 강조하고 싶다.

먼저 오늘의 재정모습을 내년도 예산에서 살펴보기로 하자. 2010년 예산크기는 2009년도 본예산에 비하면 2.5% 늘어난 291조 원의 총지출이 결정되고 있으며, 이러한 규모는 올해 추경에 비하면 오히려 10조 원, 즉 3.3%나 줄어들고 있는 것이다. 이런 면에서 5공 때 문희갑 실장의 예산동결 다음으로 가는 긴축예산으로 볼 수도 있다.

이에 대해 총수입은 287조 원에 지나지 않고 있어 역시 적자재정을 면치 못하고 있다. 이는 감세를 공약으로 한 결과 어쩔 수 없는 정치적 귀결로 이해할 수 있다. 그러나 경기회복을 위한 정부의 적극적 정책이 부진한 것으로 비난될 수도 있다. 왜냐하면 2.5%의 재정규모 증대는 경제성장률 6.6%에도 못 미치고 있기 때문이며, 혹자는 내년도 성장률의 과도한 수치는 재정운용의 실패를 가져올 것이라고 경고하고 있다.

그러나 일반회계는 재정적자를 내고 있어 재정수지상 적자를 보이고 있다. 이는 우리의 재정이 예산을 줄여 긴축을 하고 있으며, 군인 월급도 동결하는 근검절약정신을 보이고 있으나 전체적인 통합재정은 관리대상 수지면에서 32조 원의 적자를 보이고 있는 것이다.

2009년의 적자는 51조 원이었음에 비해 적자폭이 줄어들었지만, 이러한 적자는 전정부로부터 이어 받은 재정적 유물이기도 한데, 2007년도 노무현정부의 국가채무는 302조 원이었음에 비해 이명박정부의 집권 초기인 2008년의 국가부채는 308조 원으로 6조 원을 초과하였다. 그리하여 윤증현 재정부 장관은 관리대상 수지를 해마다 줄여 2013년에는 6조 원으로 줄어드는 계획치를 제시함으로써 건전재정 노력을 엿볼 수 있다.[2] 2013년에 국가부채의 관리대상 수지 GDP 비율은 0.5%로 거의 0%에 근접하고 있어 균형재정이 실현된다면 얼마나 좋을까? 그것은 한국재정사에 있어 건전재정의 금자탑적인 위상을 나타내 주고 있다고 볼 수도 있다.

그간 세제개혁에 있어 세율을 내리고 고소득층의 각종 소득공제를 축소 내지 철폐하였음은 이론상 합리적인 개혁으로 보아 마땅하다. 세율은 내리고 대신 과세베이스는 확대한다는 것이다. 이러한 조치는 세제개혁원리에 합치되고 있는 것으로 볼 수 있다.

한편, 국가채무에 대한 기준이 외국과 달라 외형상 한국의 국채 비율은 안전하다고 낙관하고 있음은 주의를 요하는 부분이다. 보증채무, 공적 연금, 공기업의 부채 등은 재원조달면에서 중앙정부에 의존하고 있어 이 역시 재정위험요인으로 볼 수도 있는 것이다. 언필층 국가의 범위를 어디까지로 보느냐에 문제가 있으며, 또한 잠재적 부채대상 등에 면밀한 관찰이 요구되는 것이다.[3]

재정의 현실적인 문제는 경기부양을 진작시켜 국민경제의 번영과 발전을 도모하면서 그런 목적을 건전재정하에서 나라살림을 주도할 것인가에 있으며, 이 두 개의 목적은 상호 역기능적인 관계에 있어 그 해법이 더욱 어려운 것이다.

이들 두 목표가, 즉 시장과 정부가 상생할 수 있는 길은 무엇인지를 다음에서 논의해 보자.

---

2) 한국일보(2009. 9. 29), p. 6.
3) 국회예산정책처(2009), p. 177.

2 재정운용의 과제

재정운용에 있어 황금률(golden rule)은 건전재정이라고 생각한다. 그러나 우리의 실정은 위에서 본 바와 같이 극기해야 할 과제가 많다. 다음에서 우리는 재정운용에 있어 극기해서 건전재정을 이룰 수 있는 방법이 어디 있는지를 살펴보기로 하자.

이와 관련하여 채택된 과제는 세 가지로 압축해 보았다. 첫째가 항산항심(恒産恒心)이고, 둘째가 가시적 정치욕구이고, 셋째가 재정규율이다.

(1) 항산항심

주지하는바, 항산항심은 맹자의 왕도로서 재정운용의 고전적인 명제이다. 비록 수천 년 전에 제시된 재정명제이지만, 그것은 21세기 오늘날의 재정원리에도 적중하는 명제가 되고 있다고 저자는 확신하다.[4)]

항산항심은 과세원리와 관계되고 있다. 국민을 다스리자면 먼저 국민이 잘 살 수 있도록 한 후에야 세금도 걷을 수 있다는 것이다. 그러니까 과세의 전제는 민생을 경제안정 속에서 활성화하는 삶의 번영을 보장하는 것이다. 나라에 충성하고 세금을 납부하려는 마음인 항심은 먼저 항산이 있을 때, 즉 국민이 먹고 살 수 있는 투자 및 고용기회를 국가가 마련해 민생의 보장, 다시 말해 항산이 그 선행요건으로 보는 것이었다.

이러한 왕도는 오늘날 과세월과 납세의무와 깊은 관계가 있다. 오늘날 현대국가는 법치국가이며 국민은 국가에 납세의 의무를 진다. 이론적으로는 슘페터적인 조세국가(租稅國家, Steuerstaat)는 시민과 정부 사이에 이루어지는 통치와 자유의 대가로 국민의 조세의무는 사전적으로 주어지고 있다.

4) 이필우(2006a), p. 105.

그러나 왕도에 따른 재정원리는 먼저 지배자의 의무를 수행한 후에 세금을 걷을 수 있는 징세의 권리를 얻을 수 있다면 그것은 권리행사로 점철된 현대국가가 정부의 의무가 무엇인지 성찰해야 됨을 시사해 주고 있다. 납세자의 의무와 권리가 있다면 정부의 권리와 의무는 무엇인지를 인식하고 이를 실천해야 할 것이다. 이런 의미에서 항산항심은 바로 정부의 의무는 항산이며 이 의무가 수행되었을 때에 한해 정부의 권리인 항심을 향수할 수 있는 것이었다.[5)]

재정적 양심은 바로 항산항심에 있는 것은 아닌지? 항산도 없으면서 항심을 요구한 정부는 없었는지? 민생이 어려울 때 경기가 불황에 처해 있었던 어려운 시절에 세율인상으로 항심만을 요구하였던 참여정부가 있었음을 우리는 기억한다.

항산항심의 재정철학은 원래 대학(大學)의 수기치인(修己治人)의 교의에서 비롯되고 있다. 남을 다스리려고 한다면 먼저 자기의 마음을 다듬어 수양하고 자기의 의무를 도리로 알고 실천해야만 수기(修己)가 되는 것이다. 그런 연후에 다른 사람을 다스릴 수 있다는 것이다. 자기의 의무와 도리를 모르는 사람이 백성과 나라를 다스린다는 것은 나라살림의 경우 재정파탄을 가져올 것이다.

세금을 징수할 수 있는 권리는 백성에 대한 정부의 의무를 다하였을 때 비로소 정부의 권리인 항심을 향유할 수 있을 것이다. 따라서 세법만을 강조하여 징세하지 말고 민생의 안정을 실형한 후 징세라는 항심을 요구하는 민위주의 민본적인 재정운용이 있어야 할 것이다. 이는 개인주의로 포장된 서구식 재정민주주의와는 다른 백성이 으뜸인 '민본적 재정민주주의'라고 할 수 있다.

항산항심의 정치사상으로 재정운용에 임한다면 정부와 납세자 사이에 화합과 평화가 있을 것이며, 정부와 국민은 상생의 길에서 번영을 이룩할 것이다.

5) 이필우(2006a), p. 76f.

(2) 가시적 정치욕구의 자제

대통령으로 당선되어 집권한 후에는 사회가 요구하는 큰 일을 성취해 국민 앞에 전시하여 자기성취도를 높이 평가받고 싶어 한다. 히틀러는 아우토반(Autobahn)으로 이름을 높였고, 박정희도 경부고속국도로 그 업적이 평가되고 있다. 김대중은 서해고속국도와 아셈(Assem) 빌딩으로 평가되고 있다. 그뿐만 아니라 6.15선언, 노벨상 수상 등 아마도 성취면에서 으뜸의 대통령이었다고 할 수 있다. 이러한 공공재는 모두 가시적이며, 그래도 전 국민이 요구하는 순공공재이기도 하다.

대통령의 가시적이고 야망적인 정치욕구는 국정사업으로 채택되며, 그럴 경우 큰 사업으로 인한 엄청난 재원을 요구할 것이고, 때로는 재원부족으로 어려움에 처하게 될 수도 있다. 이런 경우에 재정당국은 국채발행에 의존할 수 있어 건전재정원리를 저해할 수도 있다. 전 국민이 요구하지 않는 대운하건설은 그래서 무산되었으며, 4대강사업과 세종시 건설은 중도실용의 국정철학에 적합하게 추진하는 것으로 알고 있다. 청계천개발사업은 당초에는 시민의 절대찬성에 따른 것은 아니었는데, 개발 후 청계천의 맑고 깨끗한 물의 흐름은 전 국민의 호응을 얻고 있어 순공공재로 보아 무방할 것이다.

어쨌든 여기에서 논의하고자 하는 것은 전 국민적 수요가 없는 일부 국민의 요구에 따른 준공공재를 정권 지배자의 가시적 정치욕구로 충족한다면, 그러한 대형사업의 비용은 재정규모의 확장을 가져올 테고, 경우에 따라서는 국채발행 또는 추경을 강요받을 수도 있는 것이다.

이러한 가시적 대형사업은 지하철, 철도, 선박, 첨단무기의 수입, 위성발사 등에서 강하게 나타난다. 특히, 금번 G20 개최를 한국이 주관하면서 이에 소요되는 비용은 약 3조 7,000억 원 정도가 될 것으로 추산되는데, 보도에 따르면 한강에 대규모의 컨벤션 홀(convention hall)도 건설한다고 한다.

김대중정부는 동아시아유럽회의의 장소로 아셈 빌딩을 새로 지어 개최한 바 있다. G20 국제회의도 건물을 새로 짓지 않고 아셈 건물에서 개최한다면 비용이 절약될 것이기에 말이다. 하지만 G20 국제회의 개최국으로서의 위상에서, 게다가 그로부터 발생하는 경제적 수익(상거래 수출증대, 영상매체 수입 등)도 엄청 크다는 것을 생각할 때 재정적으로도 부담이 안 되는 G20회의가 되길 바랄 뿐이다.

특히, 자치단체 지출이 항시 지출증대지향형을 일관하고 있음은 정치적 이기심에 집중한 국회의원의 지역구 관리에 있음을 알 수 있다. 이러한 지역관리를 위한 경비지출도 가시적 정치욕구에 해당하는 이기적 지출로 보아야 할 것이다. 가시적 정치욕구에 따른 재정지출의 증대는 김영삼 대통령의 일제 잔재 철폐로 중앙청 건물을 철거하였다. 그뿐 아니라 청와대 앞에 있던 안가들도 철거하여 부정부패상을 일소하였다. 이 역시 개인적인 가시적 정치욕구로 보아야 하며, 건물철거에 소요된 비용은 재정지출을 증대시켰을 것이다.

이러한 가시적 정치욕구보다 비가시적인 제도개혁에 집중함은 국민의 사회 · 경제생활에 효율성과 합리성을 증대시켜 재정지출에도 부담이 되지 않아 좋을 것이다. 비가시적 지출로서 소외된 계층의 편익을 높이는 시설의 건설, 장애인을 위한 사회활동서비스, 노인복지시설 확대 등 가시적이고 비가시적인 소외층 사업을 증가시킴이 사회후생면에서 바람직할 것이다.

(3) 재정규율

재정이란 정부의 돈 씀씀이 행태라고도 할 수 있다. 나라살림인 재정은 가계보다도 더 엄중한 규칙 속에서 행해져야 하며, 그것의 대상은 곧 전 국민이기 때문이다. 재정행태에 일정한 준칙이 적용될 때 나라살림은 안정적으로 운용될 것이고 재정건전성도 확보될 수 있다. 이러한 엄중한 준칙이 우리나라에는 전무하였으나, 지난 참여정부 말경에 재정법을 제정하여 이에 따라 재정운용계획을 수립하여 국회에 제출하도록 하였다.

재정법에 명시된 재정규율(fiscal rule)은 다양하지만 그 중에서 현안문제로 등장하고 있는 준칙만을 논의대상으로 보면 다음과 같다.

첫째, 추경편성의 요건으로 원래 대규모 천재지변, 재해, 전쟁 등 국가위기 상황에 처하였을 경우에 한해 추가경정예산을 편성할 수 있게 하였다. 그러나 이명박정부는 경기침체, 대량실업, 남북관계의 변화, 경제협력 등 추가사항을 포함시켜 개정하였다(2009. 2. 6). 과거 전시재정 때에는 1년에 13번의 추경을 편성하였으며, 평시에도 관례적으로 편성되어 국채발행을 통해 적자재정을 발생시키는 주요인으로 작용하였다.

추경은 어쨌든 적자재정의 함정으로 역할하고 있으며, 이는 건전재정의 악재로 작용하고 있어 문제시되고 있다(국가재정법 제89조). 추가로 제시되고 있는 요건은 남북관계의 변화, 경제협력, 경제위기로 인한 대량실업 등으로 그 요건이 확장되어 이 역시 건전재정의 위험요인으로 되고 있다.

하지만 이명박정부의 경제위기에 대처하기 위한 추경은 당연한 것으로 보아야 하며, 남북관계, 대외적인 경제협력 등의 추가도 타당하다고 볼 수 있다. 문제는 "……한 경우에 한해 추경이 가능하다"는, 즉 이를 제외한 경우에는 허용치 않는다는 금지규정의 법형식을 "……한 경우에는 추경편성이 가능하다"라는 허용규정으로 바뀌었다. 금지규정에서 허용규정으로 바뀌어 추경편성의 기회는 더 늘어날 가능성을 보이고 있어 건전재정의 길은 더 멀어지고 있는 것은 아닌지 걱정이 앞선다.

둘째, 국가채무와 재정수지의 재정행태는 특정한 준칙이 설정되어 운용되어야 할 것이다. EU의 경우 국가부채는 GDP 대비 60%를 넘어서는 안 되고, 재정수지 적자는 GDP 대비 3%를 초과할 수 없으며, 영국은 국가부채를 40%로 제한하고 있다. 그러나 우리나라의 경우 이러한 규정이 없다. 다만 국채의 차환발행은 무제한으로 늘려 발행할 수 있도록 개정하였다(국가재정법 제20조, 2009. 1. 1). 적자재정요인을 더 확장시키는 것은 아닌가 염려스럽다.

국채발행의 요건을 추경요건과 유사하게 법으로 정하며, 또 그 한도를 정할 것을 건의한다. 국채는 연내에 상환할 것을 전제로 발행할 수 있지만, 때로는 대형 국채발행으로 상환이 불가능한 경우 이것이 누적되어 그 이자는 빚의 빚을 지게 되는 악재가 도출될 것이기에 투명한 준칙을 제정해 건전재정의 길을 앞당겨야 하지 않을까?[6)]

셋째, 지출에는 의무지출과 재량지출이 있다. 의무지출은 사회보장지출, 이자지불 등이다. 문제는 사회보장지출의 비중이 점차 확대되고 있다는 것이며, 이에 세입세출 균형원칙의 제정을 검토해야 할 것이다.[7)] 따라서 건전재정을 도모하는 세계잉여금은 재량지출에서 나오며 근검절약정신으로 긴축적인 지출을 강요하는 규정이 요구되고 있다 하겠다.

넷째, 재량지출의 방만한 지출을 방지할 수 있는 규정이 바로 지출상한제이다. 지출상한제를 제정해 자율적 예산요구에 이를 반영하면 건전재정의 길에 기여할 수 있다. 지출상한제는 없었지만 1980년대에서 1997년까지는 그래도 경상적 지출은 수입지출의 균형을 유지하여 재정운용을 한 바 있다. 그러나 이러한 건전한 재정관례는 1997년 외환위기로 재정적 부담은 적자재정을 불가피하게 하였으며, 특히 참여정부에 와서는 5개년도의 중기적 수지균형에 초점을 맞추다 보니 결과는 자제적이고 관례적인 재정준칙이 자연 이완되어 적자재정이 타성화되는 경향을 보이게 되었다.

따라서 지출한도를 두는 지출상한제를 도입하여 재정건전화에 도모해야 할 것이다. 그래도 2003년까지는 일반회계의 균형집행을 준수하였으나, 2005년 재정제도 개혁으로 일반회계는 통합재정수지에 포함됨으로써 기존의 관례적 균형재정정신은 소멸되고 그렇다고 새로운 틀에 적응하기에도 부족하였다.

미국에서는 1990년대에 재량지출의 지출상한제를 도입하였으며, 영국에서는 경상지출은 항시 수지균형의 준칙을 지키도록 하고 있다. 우리의 국가부채 비중은 선진국보다 작아 안정적으로 볼 수 있지만, 외국에 비해 부채의 범위가

6) I. S. Rubin(1990), p. 168.
7) 국회예산정책처(2009), p. 97.

훨씬 편협하여 늘어나는 부채에 보다 효과적으로 대처할 수 없다. 그러므로 지출상한제를 조속히 제정하여 운용함으로써 우리는 건전재정의 꿈을 확인할 수 있을 것이다.

그러한 나라 빚이 없는 건전재정의 꿈은 재정책임자의 나라살림에 대한 양심이 살아 있을 때 가능한 것임을 재삼 강조하고 싶다.

부록

〈부표 1〉 조세의 수입 비율(결산기준) [단위: %]

연도	비율	연도	비율	연도	비율	연도	비율
1945	43.0	1962	10.6	1978	17.1	1994	18.7
1946	7.0	1963	8.6	1979	17.4	1995	19.1
1947	23.3	1964	7.1	1980	17.9	1996	19.7
1948	19.8	1965	8.6	1981	18.0	1997	19.5
1949		1966	10.7	1982	18.2	1998	19.1
1950	35.5	1967	11.9	1983	18.5	1999	19.5
1951	53.9	1968	13.9	1984	17.7	2000	20.0
1952	69.9	1969	14.6	1985	17.3	2001	22.2
1953	5.2	1970	14.3	1986	17.0	2002	19.8
1954	6.1	1971	14.4	1987	17.5	2003	20.4
1955	6.6	1972	12.5	1988	17.2	2004	19.5
1957	7.5	1973	12.1	1989	17.7	2005	20.2
1958	9.0	1974	13.5	1990	18.6	2006	19.7
1959	12.2	1975	15.3	1991	17.9	2007	21.0
1960	12.0	1976	16.6	1992	18.7	2008	20.8
1961	9.7	1977	14.4	1993	19.1	2009	20.5

〈부표 2〉 조세부담률 추세(1950~2007) [단위: %]

연도	비율	연도	비율	연도	비율	연도	비율
1953	5.2	1968	13.9	1982	18.2	1996	19.7
1954	6.1	1969	14.6	1983	18.5	1997	19.5
1955	6.6	1970	14.3	1984	17.7	1998	19.1
1957	7.5	1971	14.4	1985	17.3	1999	19.5
1958	9.0	1972	12.5	1986	17.0	2000	20.0
1959	12.2	1973	12.1	1987	17.5	2001	22.2
1960	12.0	1974	13.5	1988	17.2	2002	19.8
1961	9.7	1975	15.3	1989	17.7	2003	20.4
1962	10.6	1976	16.0	1990	18.6	2004	19.5
1963	8.6	1977	14.4	1991	17.9	2005	20.2
1964	7.1	1978	17.1	1992	18.7	2006	19.7
1965	8.6	1979	17.4	1993	19.1	2007	21.0
1966	10.7	1980	17.9	1994	18.7		
1967	11.9	1981	18.0	1995	19.1		

주: 1993년까지는 GNP 대비, 1994년 이후는 GDP 대비임.

자료: KDI(1991), 경제기획원, 재정경제부(1994).

〈부도 1〉 조세부담률 추세(1945~2007)

주: 〈부표 2〉를 그림으로 나타낸 것임.

〈부표 3〉 재정수지 비율(1962~2007) [단위: %]

연도	비율	연도	비율	연도	비율	연도	비율
1962	−11.2	1974	−3.9	1986	−0.1	1998	−3.9
1963	−5.3	1975	−5.5	1987	0.2	1999	−2.5
1964	−3.4	1976	−2.8	1988	1.3	2000	−1.0
1965	−3.5	1977	−2.6	1989	0.0	2001	−1.3
1966	−3.6	1978	−4.0	1990	−0.9	2002	0.7
1967	−2.5	1979	−1.5	1991	−1.0	2003	0.1
1968	−1.8	1980	−3.5	1992	−0.7	2004	−0.5
1969	−3.1	1981	−4.6	1993	0.3	2005	−1.0
1970	−1.8	1982	−4.4	1994	0.5	2006	−1.3
1971	−1.7	1983	−1.6	1995	0.4	2007	0.4
1972	−4.1	1984	−1.4	1996	0.3		
1973	−2.1	1985	−0.1	1997	−1.5		

주: 1989년까지는 GNP 대비, 1990년 이후는 GDP 대비임.

자료: KDI(1991), 재정경제부(2003).

〈부도 2〉 재정수지 비율

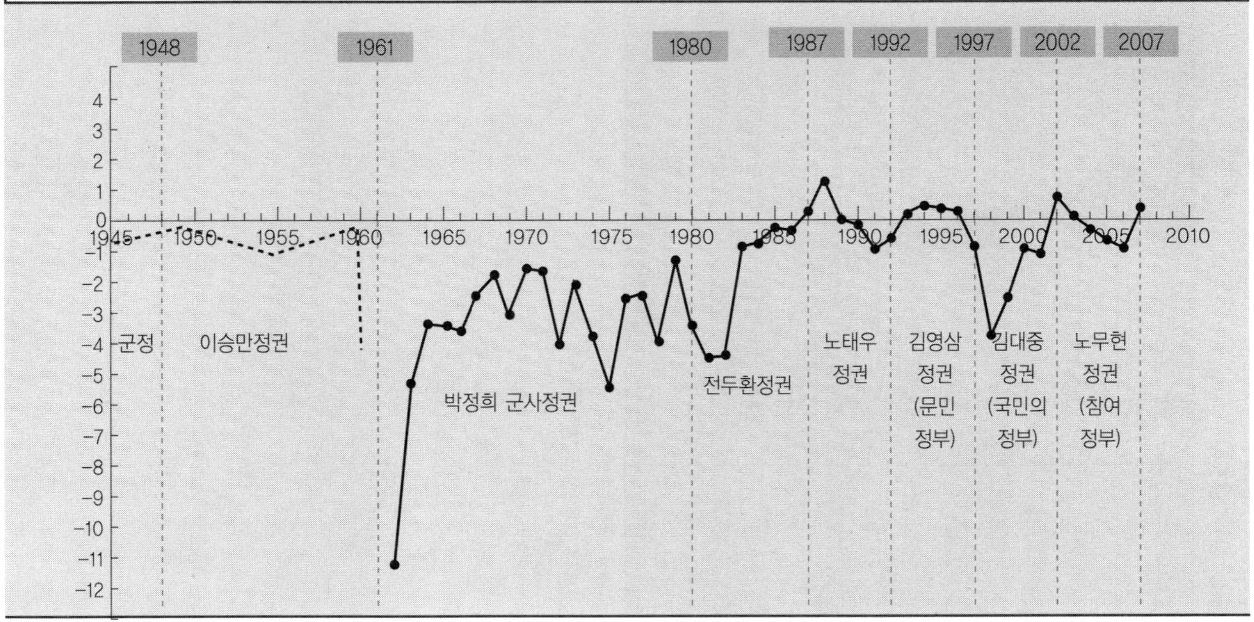

주: 〈부표 3〉을 그림으로 나타낸 것임.

〈부표 4〉 국가채무 비율: GNP 대비, GDP 대비(1953~2007) [단위: %]

연도	비율	연도	비율	연도	비율	연도	비율
1953	6.5	1968	9.7	1982	23.1	1996	11.9
1954	5.7	1969	11.0	1983	21.5	1997	14.5
1955		1970	12.3	1984	19.1	1998	10.7
1956		1971	14.4	1985	18.0	1999	22.3
1957	8.8	1972	18.7	1986	16.6	2000	23.1
1958	10.1	1973	18.2	1987	17.8	2001	20.5
1959	11.0	1974	19.3	1988	15.0	2002	21.2
1960	13.7	1975	23.1	1989	15.0	2003	21.9
1961	13.8	1976	21.6	1990	14.9	2004	25.2
1962	13.5	1977	21.1	1991	13.4	2005	30.6
1963	10.6	1978	19.6	1992	13.5	2006	33.4
1964	9.4	1979	17.0	1993	12.0	2007	33.2
1965	9.0	1980	20.3	1994	10.6		
1967	10.2	1981	20.9	1995	9.4		

주: 1992년까지는 GNP 대비, 1993년 이후는 GDP 대비임.

자료: KDI(1991), 제4권, p. 619; 재정경제원, 『재정금융통계』, 1995.

〈부도 3〉 국가채무 비율 [단위: %]

주: 〈부표 4〉를 그림으로 나타낸 것임.

〈부표 5〉 차입금 비율(1953~2007)

[단위: %]

연도	비율	연도	비율	연도	비율	연도	비율
1953	5.8	1967	2.9	1981	4.4	1995	2.1
1954	5.1	1968	2.0	1982	4.4	1996	1.9
1955	3.0	1969	2.6	1983	4.2	1997	4.0
1956		1970	2.2	1984	3.7	1998	4.8
1957	4.1	1971	1.7	1985	3.4	1999	4.4
1958	5.1	1972	4.3	1986	2.7	2000	4.0
1959	6.1	1973	4.3	1987	2.9	2001	4.0
1960	9.0	1974	5.6	1988	6.1	2002	3.0
1961	1.8	1975	7.0	1989	5.1	2003	2.7
1962	7.8	1976	6.1	1990	9.6	2004	1.9
1963	5.8	1977	5.5	1991	3.9	2005	1.2
1964	4.5	1978	4.8	1992	3.8	2006	0.8
1965	3.7	1979	3.3	1993	3.7	2007	0.6
1966	3.0	1980	3.7	1994	3.6		

주: 2000년까지는 GNP 대비, 2001년 이후는 GDP 대비임.

자료: KDI(1991), 제4권, 재정경제부(2003).

〈부표 6〉 역대 정부의 추경편성 횟수

정부	집권연도	횟수
이승만정부	1948~1960(12년간)	30
박정희 군사정부	1961~1979(18년간)	31
전두환 5공정부	1981~1987(7년간)	6
노태우정부	1988~1992(5년간)	7
김영삼 문민정부	1993~1997(5년간)	4
김대중 국민의 정부	1998~2002(5년간)	8
노무현 참여정부	2003~2007(5년간)	5

자료: KDI(1991); 기획재정부, 재정운용통계 internet 검색.

〈부도 4〉 추경횟수 및 차입금 대GDP 비율

주: 〈부표 5〉와 〈부표 6〉을 그림으로 나타낸 것임.

참고문헌

경제기획원, 『예산개요』, 1962.

______, 『예산개요』, 1963.

______, 『예산개요』, 1964.

______, 『경제백서』, 1981년도판.

______, 『경제백서』, 1982년도판.

______, 『경제백서』, 1984년도판.

______, 『경제백서』, 1986년도판.

______, 『경제백서』, 1987년도판.

______, 『경제백서』, 1988년도판.

______, 『경제백서』, 1989년도판.

______, 『경제백서』, 1990년도판.

______, 『경제백서』, 1994년도판.

______, 『경제백서』, 1996년도판.

______, 『경제백서』, 1997년도판.

경향신문사, 『선진한국의 고동, 해외에서 본 전두환 대통령과 제5공화국』, 1984.

고재학, 「좋은세금, 나쁜세금」, 중앙일보, 2009. 8. 29.

국회도서관 입법조사관, 『연도별 예산심의 개요』, 1973.

국회사무처, 『국회회의록』.

국회예산정책처, 『대한민국재정』, 2009.

기획예산처 예산실, 『재정관련법령집』, 2000.

기획재정부, 『2009 나라살림, 예산계요』, 2009.

김건중, 「제4차 경제개발 5개년계획」, 전국경제인연합회, 『한국경제정책40년사』, 보진재, 1986.
김동건, 『현대재정학』, 박영사, 1984.
______, 『철도정책론』, 박영사, 2009.
김명윤, 「적자재정의 누증과 전시조세체계(1945-1953)」, 전국경제인연합회, 『한국경제정책30년사』, 1975.
______, 「경제재건과 재정」, KDI, 『한국재정40년사』 제6권, 1991.
김상조, 「참여정부 1년의 경제정책 평가: 개혁후퇴와 불안정 심화의 악순환」, 민주사회정책연구원 15회 학술심포지움 '참여정부 1기 평가', 2004. 7. 19.
김석준, 『미군정시대의 국가와 행정』, 이화여대 출판부, 1996,
김옥근, 『朝鮮王朝 財政史』(1, 2, 3), 일조각, 1992.
______, 『日帝下 朝鮮財政史』(1, 2, 3), 일조각, 1994.
김완순, 『재정학』, 법문사, 1973.
김충남, 『성공한 대통령, 실패한 대통령』, 전원, 1992.
김혁규, 「참여정부의 경제정책 평가, 전문가 여론조사 결과를 중심으로」, 『Happy Korea 정책자료집』, 2008. 10. 13.
『論語』, 교육출판공사, 1986.
대통령비서실, 『전두환 대통령 연설문집: 제5공화국 출범편』, 1981.
______, 『노무현 대통령 연설문집』, 제1권(2003.2.25-2004.1.31), 2003.
______, 『노무현 대통령 연설문집』, 제2권(2004.2.1-2005.1.31), 2005.
______, 『노무현 대통령 연설문집』, 제3권(2005.2.1-2006.1.31), 2006.
______, 『노무현 대통령 연설문집』, 제4권(2006.2.1-2007.1.31), 2007.
______, 『노무현 대통령 연설문집』, 제5권(2007.2.1-2008.1.31), 2008.
민경국 · 안두순 · 김태구 외 역, 『사회적 시장경제』, 비봉출판사, 1993(Otto Schlecht, *Grundlagen der sozialen Marktwirtschaft*, J.C.B. Mohr, Paul Siebeck, Tuebingen, 1990).
박동운, 『경제정책의 방향을 돌려라: 노무현 정부의 반시장정책 비판과 대안』,

자유기업원, 2006.

박영희, 『한국의 예산과 정책』, 다산출판사, 2002.

박희현, 『과도회계실무』, 1948.

배국환, 『한국의 재정 2001』, 매일경제신문사, 2001.

배한경, 「경제개발계획과 자립경제의 확립」, 전국경제인연합회 편, 『한국경제정책30년사』, 사회사상사, 1975.

______, 「經濟開發計劃과 自立經濟確立」, 전국경제인연합회, 『韓國經濟政策40年史』, 1986.

백영철, 「국가기구의 제도적 특성과 행정개혁」, 한국정치학회 편, 『한국정치경제의 위기와 대응』, 도서출판 오름, 2001.

백원우, 『이명박정부의 재정정책』, 미래경제발전연구원, 2008.

「부끄러움 모르는 망발, DJ노욕이 무섭다」, 『월간 경제풍월』, 2009. 7.

설봉식, 『박정희와 한국경제』, 중앙대 출판부, 2006.

손원일 옮김, 『세금의 철학, 세금 많은 국가는 반드시 쇠퇴한다』(渡部昇一 지음), 하이테크정보, 1994.

송석구, 「이율곡의 이기론」, 『한국의 사상』, 열음사, 1994.

송인상, 「안정구축과 성장의 모색」, 『한국경제정책30년사』, 1975.

신무섭, 『재무행정학』, 대영문화사, 2004.

신봉식, 「제3차 경제개발 5개년계획」, 전국경제인연합회, 『한국경제정책40년사』, 보진재, 1986.

신승우, 「대통령의 시정연설과 예산배분의 관계」, 고려대 박사학위논문, 2004.

신철원 편역, 『孟子』, 恩光社, 1999.

안태환, 「이명박정부의 재정개혁 과제: 총량적 지출상한제(spending czaps) 도입을 통한 재정준칙 제정을 중심으로」, 국가안보전략연구소, 2008. 9. 30.

엄기섭, 「제2차 경제개발 5개년계획」, 전국경제인연합회, 『한국경제정책40년사』, 1986.

옥동석, 「국회의 재정권한과 예산법률주의」, 납세자포럼, 조세정의를 위한 납세자연합회, 2005. 2. 21.

유석진, 「민주주의와 시장경제: 제도주의적 관점」, 한국정치학회, 『한국정치경제의 위기와 대응』, 도서출판 오름, 2000.

유영혁, 「국경제의 부침」, 『무너진 경제 그리고 희망: 정치의 거인–박정희, 김영삼, 김대중의 라이벌사』, 미래와 사람들, 1998.

유한성, 『한국재정사』, 박영사, 2002.

윤사순, 「한국유학의 전착과정」, 『한국의 사상』, 열음사, 1994.

윤영진, 『새재무행정학』, 대영문화사, 2006.

이광세, 「포스터모더니즘, 다원주의 그리고 지평선의 융합, 동과서」, 『철학과 현실』, 2005 봄호.

이남영, 「理氣四七論辯과 人性同異論」, 『한국의 사상』, 열음사, 1994.

이상흔, 「추적 김대중, 노무현 정부의 대북 무장해제 실태」, 『월간조선』, 2008a. 12.

______, 「지난 10년간 검찰, 경찰, 국정원의 보안인력과 예산 절반으로 줄어」, 『월간조선』, 2008b. 12.

이석윤, 「국가재건과 재정」, 한국개발원, 『한국재정40년사』 제6권, 1991.

이수범, 『한국공공경제론』, 백림연구소, 1996.

이승영, 「미국의 대한정책과 존 리드 하지–신탁통치를 중심으로」, 명지대학교 석사학위논문, 2002.

이용걸, 「일자리 창출을 위한 경제 woehir 예산」, 국회보, 2008. 11.

이장규, 『경제는 당신이 대통령이야(전두환시대 경제비사)』, 올림출판사, 2008.

이창세, 『韓國財政의 近代化過程』, 박영사, 1965.

이철성, 『韓國財政論』, 博英社, 1986.

이춘근, 『기업의 준조세실태에 관한 연구』, 한국경제연구원, 1991. 4.

이필우, 『재정학개론』, 법문사, 1976.

______, 「예산동결과 건전재정」, 매일경제신문, 1983. 7. 2.

______, 「한국재정운용의 이원화에 대한 실증적 고찰」, 『한국조세연구』 제2권, 한국조세학회, 1986.

______, 「한국의 재정구조의 변동과 재정책임(1897년-1982년)」, 『재정론집』 창간호, 1987a.

______, 「二元的 財政運用의 실태와 평가」, 『韓國租稅研究』 제3권, 韓國租稅學會, 1987b.

______, 「고도성장기의 재정」, KDI, 『한국재정40년사』 제6권, 1991.

______, 「예산동결의 정치경제적 의미」, 『稅心을 가꾸는 나라살림의 지혜』, 계축문화사, 1993.

______, 「韓國의 附加稅 負擔分布 分析」, 『社會속의 財政理論』, 1994a.

______, 『조세론』, 법문사, 1994b.

______, 「독일의 재정조정제도」, 차병권 외 공저, 『현대지방재정제도론』, 지방경제사, 1995.

______, 『개발독재와 재정환상』, 서울대학교 출판부, 1996.

______, 『세심(稅心)은 어디에?』, 한국납세자연합회 출판부, 2006a.

______, 『유교경제학의 기초』, 법문사, 2006b.

______, 『경제학과 철학과의 만남』, 건국대학교출판부, 2009.

이필우 외, 『主要國의 財政改革』, 社團法人 韓國財政研究會, 1988.

______, 『한국조세의 이해』, 세학사, 1996.

이필우 역, 『케인즈적 사고의 유산』, 건국대학교출판부, 1981(J. Buchanan, Democeacy in Debt).

이형, 『장면정권과 민주당: 제2공화국의 재평가』, 삼일서적, 2005.

재무부, 『예산개요』, 1961.

______, 『한국세제사』 상, 1979.

______, 『금융실명제 1주년 백서』, 1994a.

______, 『한국의 재정통계』, 1994b.
재정경제부, 『경제백서』, 2004년도판.
______, 『경제백서』, 2005년도판.
______, 『경제백서』, 2006년도판.
재정경제원, 『재정금융통계』, 1995.
전국경제인연합회, 『한국경제정책 30년사』, 사회사상사, 1975.
______, 『민간경제백서』, 1985.
______, 『한국경제정책 40년사』, 보진재, 1986.
정영현 · 노영훈, 『경제정의의 첫걸음: 금융실명제와 부동산실명제』, 미래미디어, 1996.
정용덕, 「국가기구의 제도적 특성과 행정개혁」, 한국정치학회 편, 『한국 정치경제의 위기와 대응』, 도서출판 오름, 2001.
정정길, 『대통령의 경제리더십, 박정희, 전두환, 노태우의 경제정책관리』, 한국경제신문사, 1994.
조갑제, 『박정희전집』(전13권), 조세닷컴, 2006.
조세금융신문, 「조세정의를 위한 한국납세자연합회 제5차 나라살림 토론회」, 2000. 7. 13.
조용중, 『미 군정하의 한국정치현상』, 나남, 1990.
주한미군사령부 하지 장군 문서철, RG338. Box NO. 1.
중앙일보, 「사설」, 2009. 8. 29.
차병권, 『재정학개론』 제2전정판, 박영사, 1972.
______, 『한국경제정책30년사』, 1975.
차상철, 「존 하지와 미군정 3년」, 『동방학지』, 제89~90집, 1995. 12.
채의순 편역, 『맹자』, 한국교육출판공사, 1986.
「1946년 6월 19일 군정장관 A. L. Lerch의 상신서」, 『法政誌』, 1946.
최광, 「미군정의 재정정책」, 『미군정시대의 경제정책』, 한국정신문화연구원,

1992.
최영욱, 「미군정의 중도정책과 군정내 추진기반」, 『동양학』 제25집, 단국대학교 동양학연구소, 1995.
최호진, 『재정학』, 민중서관, 1949.
KDI, 『한국재정40년사』, 제1~7권, 1991.
_______, 『재정통계자료집』, 1996.
한경동 · 하정훈, 『조세의 공평부담과 재정』, 한국경제연구원, 1999.
한국개발연구원 재정복지팀, 『재정통계자료집』, 1996.
한국일보, 「2009 세제개편안」, 2009. 8. 26.
_______, 「세금 사각지대, 2009 세제개편안」, 2009. 8. 26.
_______, 「4대강 예산」, 2009. 9. 8.
한국정신문화연구원 편, 『5.16과 박정희정부의 성립』, 1999.
한국정치학회 편, 『한국 정치경제의 위기와 대응』, 도서출판 오름, 2001.
함상득 편, 『김영삼 정부의 성공과 실패』, 나남출판사, 2001.
홍사덕, 「사회복지원년 대통령」, 한국일보, 2009. 8. 22.
황성현, 「이명박 정부 1년의 조세 · 재정정책의 평가와 향후 정책방향」, 『한국경제연구』 제25권, 한국경제연구학회, 2009. 6.

林建彦, 『朴正熙の時代: 韓國「上からの革命」の十八年』, 東京: 悠思社, 1991.

Aronson, J. R., *Public Finance*, McGrow Hill Book Co., 1985.
Bonner, B. and A. Wiggin, *Empire of Debt, The Rise of an Epic Financial Crisis*, Wiley, 2006.
Buchanan, J. K., *The Limits of Liberty, Between Anarchy and Leviathan*, 1975.
Buchanan, J. and G. Brennan, *The Power to Tax, Analytic Foundation of a Fiscal Constitution*, Cambridge University Press, 1980.

_______, *The Power to Tax, Analytical Foundation of a Fiscal Constitution*, Cambridge University Press, 1990.

Buchanan, J. M. and D. Lee, "Politics, Time and the Laffer Curve," *Journal of Political Economy*, Vol. 89, 1982.

Buchanan, J. M. and R. D. Tollison, *Theory of Public Choice, Political Application of Economics*, Ann Abor, The Univ. of Michigan Press, 1972.

Buchanan, J. and R. Wagner, *Deficit in Democracy, The Legacy of Keyensian Thought*, 1974.

Buchholz, Todd G., *New Idreas From Dead Economics, Introduction to Modern Economic Thought*, revised edition, A Plume Book, 1989.

Ching, Tao Te, S. Addis, and S. Lombardo, *LAO-TZU*, Indianapolis, Cambridge, Hackett Publishing Co., 1993.

Cullenberg, S. and others, eds., *Postmodernism, Economics and Knowledge*, London and New York, Routledge, 2001.

Dretske, Fred, *Explaining Behavior, Reasons in a World of Causes*, Massachusetts, London, Cambridge, A Bradford Book, 1988.

Dow, Sheila, "Modernism and Postmodernism: A Dialectical Analysis, in S. Cullenberg," J. Amariglio and D. F. Ruccio, eds., *Postmodernism, Economics and Knowledge*, London and New York, 2007.

Downs, A., *An Economic Theory of Democracy*, New York, Harper and Row, 1957.

Friedman, Rose and Milton Friedman, *Free to Choose, A Personal Statement*, New York and London, 1980.

Gianaris, N. V., *Contemporary Public Finance*, Praeger, New York, London, 1989.

Hands, Wade, *Reflection without Rules, Economic Methodology and Contemporary Science Theory*, Cambridge University Press, 2001.

Heidegger, M., *Being and Time* (Traznslation), San Francisco, Harper, 1962.

_______, *Basic Writings*, ed. by D. F. Krell, New York, Harper and Row, 1977.

Hinrichs, H., A *General Theory of Tax Structure Change during Economic Developmenmt,* Cambridge, The Law School of Harvard University, 1966.

Krugman, P., *The Conscience of a Liberal*, New York, London, W. W. Norton and Company, 2009.

Martin, J., 「질주하는 하는 한국경제 한국경제」(번역), 영국 *Financial Times*, 1984. 2. 3.

Mises, Ludwig von, *The Ultimate Foundation of Economic Science, An Essay on Method,* Indianapolis, Liberty Fund, 2006.

_______, *Planning for Freedom, Let the Market Stsrtem Work*, Liberty Fund, Indianapolis, 2008.

New York Times, 16 August 1983.

Nietzsche, F., *Also Sprach Zarathustra, Ein Buch fuer Alle und Keinen,* B. G. Teubner, Leipzig, 1883.

_______, *Der Wille Macht, The Will to Power*, trans. W. Kaufmann, New York, Vintage, 1968.

_______, *Beyond Good and Evil*, trans. Helen Zimmern, Great Books in Philosophy, 1989.

Niskanen, W., *Bureaucracy and Representative Government*, New York, 1971.

Nurkse, R., *Backwardness and Problems of Underdeveloped Countries*, 1948.

Persson, T. and G. Tabellini, *Political Economics, Explainingf Economic Policy*, London, Massachusetts, The MIT Press, 2000.

Puviani, A., *Teria della illusione finanziaria*, Remo Sando, Milan, 1903, translated by G. Schmoelders, *Die Illusionen in der oeffentlichen Finanzwirtschaft*, Hamburg, Duncker und Humbolt, 1960.

Rachels, J., *The Elements of Moral Philosohy*, Boston, New York, McGrow Hill, 2007.

Rhee, Pil-Woo, "The Main Arguments for Tax Policy ion Developing Countries," *The Korean Economic Review*, The Korean Economic Association, Vol. 12, 1966.

_______, "The Trend in Direct and Indirect Tax Ratio During Transition: The Case of Korea," *Essays in Economic Theory, Application and Practice*, in Hornor of Prof. Hochin Choi, Seoul Korea, 1974.

_______, "Morality and Constitutionalism in Transition: A Case Study of the South Korea," George Mason Univ. Center for Study of Public Choice, Working Paper, 1996.

_______, *Irrationality in Public Finance during Development in Korea*, Bubmoonsa, 1999a.

_______, The National Debt Issue in Fiscal Exchange in Korea, presented at the 55th Conference of IIPF in Moscow, Aug. 23-26, 1999b.

_______, *Confucianm Globalization, Toward a Fused Market Order*, The Korean Taxpayers Union, 2006.

_______, "Fiscal Illusion during Development Periods in South Korea," *Korean Journal of Public Choice*, Vol. 3, No. 1, Dec. 2008.

Riggs, F., *Administration in Developing Countries, The Theory of Prismatic Society*, Boston, Houghton Mifflin Co., 1964.

Rosenberg, A., *Philosophy of Social Science*, West View, 1995.

Ross, D., *Economic Theory and Cognitive Science, Microexplanation*, Massachusetts, London, A Bradford Book, The MIT Press, 2005.

Rubin, I. S., *The Politics of Budgeting, Getting and Spending, Borrowing and Balancing*, Chatham, New Jersey, Chathan House Publishers, Inc., 1990.

Schlecht, Otto, *Grundlagen der sozialen Marktwirtschaft*, J.C.B. Mohr, Paul Siebeck,

Tuebingen, 1990.

Schmoelders, Guenter, *Wohlfahrtstaat am Ende, Adam Riese schlaegt zurueck*, Wirtschaftsverlag Langen-Mueller/Herbig, 1963.

Schumpeter, J., *Theorie der wirtschaftlichen Entwicklung*, Berlin, Duncker & Humblot, 1904(1911).

_______, *Die Krise des Steuerstaates*, Graz und Leipzig, 1918.

Sen, A., *On Ethics and Economics*, Oxford, UK, Cambridge, USA, Blackwell, 1987.

_______, *Rationality and Freedom*, Cambridge, Massachusetts, London, Belknap Press of Harvard Univ. Press, 2002.

Shermer, M., *The Mind of the Market, Compassionate Apes, Competitive Humans, and Other Tales Frome Evolutiponary Economics*, New York, Hery Holt and Company, 2008.

Simon, Herbert, *Administrative Behavior*, 3rd edition, Free Press, 1976.

Spinks, L., *Friedrich Nietzsche*, Routledge, 2003.

The Korea Times, "IMF says Korea's Rising Fiscal Deficit Worrisome," Aug. 9, 2009, p. 1.

Winchester, J. J., *Nietzsche's Aesthetic Turn, Reading Nietzsche after Heidegger, Deleuze, and Derida*, State Univ. of New York Press, 1994.

찾아보기

ㅇ

ㅊ

한국재정사의 행태적 탐구(1945~2007) -재정적 양심을 위하여

2010년 6월 1일 초판1쇄 인쇄
2010년 6월 5일 초판1쇄 발행

저자와 협의하에 인지 생략

저　자　이필우
발행인　노현철
발행처　도서출판 해남
서울특별시 서대문구 충정로 3가 227-1 우리타워 6F
전화 739-4822　팩스 720-4823
e-mail haenam30@dreamwiz.com
homepage www.hpub.co.kr
등록 1995. 5. 10 제 1-1885호

정　가　18,000원

ISBN　978-89-6238-021-7　93320